한국 현대밀교사

일러두기

- 한국 밀교사를 집필하면서 밀교의 영역을 최대한 넓게 설정하였다.
- 새로운 연구보다 기존 연구된 학설을 최대한 반영하는데 중점을 두었다.
- 한국 밀교사 각 장의 내용은 전적으로 집필자의 견해를 반영하였다.
- 참고문헌은 집필자의 의도를 알 수 있도록 각 장 말미에 수록하였다.

한국밀교
문화총서 19

한국 현대밀교사

경정(김무생) 김경집

대한불교진각종
한국밀교문화총람사업단

간행사

우리의 근·현대 속에서는 강대국의 침략과 민생의 고난 그리고 한국전쟁이라는 깊은 상흔(傷痕)이 자리하고 있습니다. 일본의 침략과 함께 전장의 소모품이 되었던 산하(山河)와 민족말살의 가슴 아픈 상처를 미래에 전할 수 없다는 선각자의 피와 땀이 서린 역사 또한 근현대사의 자취로 남아있습니다. 무자비한 침략과 학살, 부족했던 과거를 살펴 새로이 보다 나은 한반도의 꿈을 펼치고자 노력했던 항일, 그리고 독립의 서원 속에 맞이한 해방의 인연 속에는 민족이 있었습니다. 침략과 항일 그리고 해방의 격변 속에는 불교를 새로이 바로 보고자 했던 민족불교의 움직임 또한 움트고 있었습니다. 바로 밀교입니다.

기복(祈福)에 머물러 저마다의 안위(安慰)만을 꿈꾸었던 옛 불교의 부족함을 자주적인 삶으로 다시금 세우고자 했던 선각자도 있었습니다. 나와 부처님, 기도하는 사람과 기도의 대상이라는 자타(自他)의 개념, 지배자와 피지배자는 상하(上下)의 개념, 그리고 서로 다르다는 분별(分別)의 개념을 '다르지 않음'의 시선으로 바라보고 기복이 아닌 주체로 바로 서는 불교를 생각으로 이끌어 실천으로 드러내었던 밀교의 선각자도 있었습니다. 밀교는 '다르지 않다'는 진여(眞如)의 평등함을 나누어 키워왔습니다. 진여(眞如, tathatā)는 모든 현상은 있는 그대로의 참모습이자 차별을 떠난 평등의 관계 속에 있는 그대로의 참모습입니다. 나의 생각으로 다름을 분별하거나 집착하는 어리석음을 떨쳐 부처님의 생각과 같이, 부처님의 말과 같이, 부처님의 행동과 같이 나의 생각과 말과 행동이 부처님과 같이 자주적 지혜와 자비 그리고 용기를 키우는 일입니다. 이처럼 저마다의 곳간에서 내어 쓰는 역량은 본디 갖추고 있는 청정한 성품이자 내어 써야 다시금 채워 커지는 곳간이기에 이를 달리 심인(心印)이라 부르기도 했습니다. 이러한 밀교의 바탕은 이 땅에 불교가 유입된 순간부터 부지불식(不知不識)의 시간 속에 이어져 왔습니다. 그리고 이를 드러내어 키우거나 실천으로 나누었던 역사는 현대에 이르러 교학체계를 갖추고 조직을 이루어 수행의 공동체를 이루어 왔습니다. 승속(僧俗)의 분별을 떠나고 기복(祈福)의 한계를 벗어, 한 주체로 바로 서는 자주적 삶의 가치를 세운 현대 밀교의 과정이 있었습니다.

이 책은 격변의 세월 속에 기복에 지친 체념의 삶이 아니라 현실을 마주하고 현실적인 통찰을 근본으로 나와 세상을 연기적으로 살피고자 노력한 현대 밀교의 지난 역사를 담았습니다. 나아가 이 책은 부처님과 같이 저마다 자주적 주체가 되어, 다름을 넘어 공감하고자 다가서는 지혜와 크고 작음을 떠나 나누어 함께 하고자 하는 자비 그리고 어렵고 힘든 그 어느 곳에나 다가서고자 하는 용기를 키워 복과 지혜 가득한 미래의 꿈을 이루고자 하는 대한불교진각종의 서원이 담겨져 있습니다. 바로 역사를 밝혀 미래를 담고자한 서원입니다. 다함이 없으나 한권의 책에 담은 서원과 함께 '복과 지혜 가득한 미래'라는 의미 있는 인연에 힘이 되어 준 문화체육관광부와 긴 시간의 흔적을 밝혀 밀교의 길을 닦아준 필자와 연구자 여러분께 거듭 감사드립니다.

진기 74(2020)년 3월
한국밀교문화총람사업단 단장 회성 김봉갑

머리말

1876년 개항이후 유입되기 시작한 서양의 문물과 사상은 한국사회에 새로운 시대의식을 형성시키는 원동력이 되었다. 그 힘은 많은 변화를 초래하였다. 유교적 치국이념이 와해되고 상대적으로 소외받고 있던 불교가 새롭게 인식되는 계기가 되었다. 그렇지만 주체적 역량의 미흡과 일제의 강점을 받으며 30본산 체제로 변질될 수밖에 없었다. 이 기조는 광복 때까지 지속되었다.

1945년 8·15 광복을 맞아 한국불교는 식민지 불교를 청산하고 새로운 불교로 거듭나려 하였다. 그렇지만 좌우 이념의 갈등이 불교계에도 미쳐 어려운 상황에 처하게 되었다. 그리고 미군정의 기독교 편향정책은 상대적으로 불교의 사회적 역할을 저조하게 하였다.

이와 같이 조국 현실의 참담함을 체험한 회당 손규상은 자내증의 법문으로 깨달음을 이룬 후 한국 현대 밀교를 중흥시켰다. 1902년 근대 격동기에 태어난 그는 일제시대의 아픔을 온 몸으로 체험하였다. 그리고 불교에 귀의한 그는 이 땅의 모든 중생들에게 부처님의 은혜가 함께 하기를 서원하였다. 마침내 1947년 6월 오랜 수행 끝에 체득한 깨달음으로 교화를 시작하였다.

이러한 시대적 배경 속에서 불법의 진리로 이 땅의 중생들을 제도하고자 한 회당의 노력은 선구자답게 개혁적이었다. 그는 불교가 이 사회 속에서 민중들을 위해 어떠한 모습으로 정립되어야 하는지에 대해 숙고하였다. 그리고 현실적으로 가난과 고통 속에 힘들어하는 중생들을 위해 불교는 무엇을 실행하여야 하는지에 대해 고심하였다. 그 결과 밀교의 종지로 진각종을 창종하여 단절된 밀교신앙을 부흥하였다. 그리고 생활불교·실천불교를 선양하여 새 시대에 맞는 불교신앙을 펼쳤다.

이와 같은 진각종의 성립과 전개는 한국불교에 다음과 같은 의의를 남기고 있다. 제일 먼저 기존 불교에서 벗어난 불교관이 제시된 점이다. 교리와 교관의 이원(二元)과 수행자의 이원(二元)을 주장하였다. 이것은 변화하는 시대에 맞는 불교의 정체성을 확립하고자 한 회당의 생각이었다.

다음 진각종의 창종은 한국불교의 분열이 아닌 발전으로 제시한 점이다. 한국불교가 여러 종파로 재건될 때 민주적이고 자유가 보편화된 시대에 맞는 종교로 진일보 할 수 있다는 견해인 것이다.

진기 74(2020)년 3월
한국밀교문화총람사업단 한국밀교사편찬팀

목차

간행사 · 4

머리말 · 6

I. 한국 현대불교와 밀교종단의 창종 · 김경집 진각대 교수

   1. 8·15 광복과 불교계의 동향 · 14

     1) 조선불교 출범과 불교계 동향 · 14

     2) 미군정의 종교정책 · 22

   2. 회당 대종사와 한국밀교의 중흥 · 28

     1) 회당의 생애와 종교관의 형성 · 28

     2) 불교 귀의와 진각종 창종 · 33

II. 현대 밀교종단의 성립과 중흥 · 경정(김무생) 대한불교진각종 정사

   1. 진각종 창교의 연원과 법맥상승 · 42

     1) 진각종 창교와 교법의 기원 · 42

     2) 법신 비로자나불과 당체설법 · 44

     3) 회당대종사의 심인상승 · 46

2. 교화의 시작과 참회원 · 50

  1) 심인의 깨달음과 초전법륜 · 50

  2) 참회원의 개설 · 55

3. 심인불교 시대 · 58

  1) 혁신불교로써의 심인불교 · 58

  2) 심인불교의 조직과 활동상 · 60

4. 진각종 시대 · 67

  1) 진각종의 성립 · 67

  2) 종단의 정체성 확립 · 71

5. 교화발전과 교세의 확대 · 74

  1) 교화방편의 다각화 · 74

  2) 교육사업과 사회참여 활동 · 77

  3) 교세의 확충 · 79

6. 교법의 정비와 종조의 열반 · 84

  1) 교법의 체계화 · 84

  2) 종명의 정착과 종행정체계의 변화 · 99

  3) 종조의 열반과 종제의 재정비 · 103

7. 종조법통과 교상확립 · 109

  1) 종조법통의 논의 · 109

목차

　　2) 교상확립의 갈등과 총지종 분종 · 114

　　3) 종헌과 종법의 개편 · 121

　　4) 종단행정의 개선 · 126

　　5) 교법의 개선과 의식의례 · 128

8. 교육활동과 교육사업 · 133

　　1) 진선여자중고등학교 설립 · 133

　　2) 해외교화의 개척 · 134

9. 학술, 문학 활동 그리고 위덕대 설립 · 137

　　1) 회당학회 창립과 진각문학회 · 137

　　2) 위덕대학교 설립인가와 개교 · 138

10. 도제교육의 강화와 교법의 체계화 · 143

　　1) 중앙교육원의 개편 · 143

　　2) 진각대학의 설립 · 145

　　3) 교법의 체계화 · 148

　　4) 진각의범의 제정 노력 · 150

　　5) 본존가지와 대일상 · 152

　　6) 성전의 출판과 서원가 · 154

11. 교법의 정체성과 교화의 활성화 · 157

　　1) 종단 정체성의 정비 · 157

　　2) 교학증진과 교법결집 · 163

    (1) 교법결집회의 · 169

    (2) 교법확립과 실천 · 177

    (3) 도제의 양성과 진각대학원 · 183

  3) 시대변화에 따른 교화의 다각화 · 186

    (1) 총인원 성역화와 교화환경 개선 · 189

    (2) 교육, 복지와 문화를 통한 교화의 외연확대 · 196

    (3) 시대정신을 반영한 창교정신의 재해석 · 208

    (4) 세계화를 위한 교화방편 모색 · 213

    (5) 대중포교의 다각화 · 223

Ⅰ. 한국 현대불교와 밀교종단의 창종

김경집 진각대 교수

1. 8·15 광복과 불교계의 동향
2. 회당 대종사와 한국밀교의 중흥

1. 8·15 광복과 불교계의 동향

1) 조선불교 출범과 불교계 동향

8·15 광복이 되자 한국불교계도 발 빠르게 움직였다. 가장 큰 현안 문제는 앞으로 수립될 대한민국에 맞는 종단을 세우는 일이었다. 그렇게 되기 위해서 지금까지 존재한 총본사를 해체하고 대중의 뜻이 모아진 민주적인 종단 설립이 필요하였다.

일제하에서 독립운동을 하였던 혁신인물들은 광복의 새 기운에 순응하여 불교의 교정혁신(敎政革新)과 종단 간부들의 경질이 필요하다고 생각하였다. 기존의 종단에 찾아가 구태의연한 간부들의 퇴진을 요구하였다. 이종욱을 비롯하여 일제하에서 총본사를 이끌던 인물들은 1945년 8월 17일 모두 사직하면서 조선불교조계종 총본사 집행부는 해체되었다. 8월 19일 이들로부터 종권을 인수한 혁신인물들은 8월 21일 서울 근교에 있는 유지 승려 35명과 태고사에 모여 불교 혁신에 대한 의견을 교환하고 조선불교혁신준비위원회를 구성하였다. 그리고 8월 22일 물러난 집행부 임원들로부터 종무에 관한 업무를 인수받으며 성명서를 발표하였다

혁신준비위원회 위원장으로 선임된 김법린은 1945년 9월 22일에서 23일까지 태고사에서 교단의 혁신을 위해 전국승려대회를 개최하였다. 북한 지역의 승려는 참여하지 못하고 남한 대표 60여 명이 참석해 다음과 같은 사항을 결의하였다.

먼저 일제의 잔재를 없앤다는 명분으로 종단의 명칭을 바꾸었다. 그동안 불렸던 '조선불교조계종'의 명칭이 일제의 사찰령에서 생겨난 종명

이므로 이를 '조선불교'로 바꿔 역사성이 계승되도록 하였다.

다음 조선불교조계종총본사태고사법과 31본말사법을 폐지하고 행정구역인 13개도에 따라 교구를 두고 교무원을 신설하여 해당지역 사찰을 관리하도록 하였다. 그리고 중앙에는 총무원을 설치하여 각 지역의 교무원을 관리하도록 하였다. 그리고 교정의 심의기관과 감찰기관을 설치하였다.

종헌을 교헌으로 고치면서 새로운 교헌에 의해 총무원 집행부 임원을 선출하였다. 교정에 박한영, 중앙총무원장에 김법린, 총무부장에 최범술, 교무부장에 유엽, 그리고 사회부장에 박윤진이 선임되었다. 일제하에서 총무원장을 맡았던 이종욱에게 3년간의 승권 정지 처분을 내렸다. 그 밖에도 혜화전문학교 문제, 전국 불교재산 통합, 모범총림 창설, 광복사업 협조, 교헌기초 등에 관한 사항을 토의하였다.[1]

새로 출범한 총무원은 1946년 3월 15일 태고사에서 제1회 교무회의를 개최하고 교구제 실시와 강화, 재산 통합, 재래 일제강점기의 세력 축출, 광복사업 적극 협조, 교도제 실시, 그리고 역경사업을 발기 수행하는 등의 내용을 토의하였다.

그러나 이런 내용은 1945년 9월 승려대회에서 논의한 안건이었고, 그 실행에 있어서도 매우 미진하였다. 새롭게 논의된 안건에서 재산 통합은 각 사찰의 유지비에 5할, 각도 교구유지 및 사업기금에 3할, 중앙 사업비에 2할을 배당하도록 결정하였다.[2]

총무원은 1946년 4월 15일 사찰경제대책위원회를 개최하여 중앙에

---

1) 김광식, 「8.15해방과 불교계의 동향」 『한국 근대불교의 현실인식』(서울: 민족사 1998), pp. 250-253.

2) 이종익, 「광복이후 불교운동」 『불교사상』 21호, p. 67.

는 재단법인 불교중앙총무원 및 재단법인 조계학원의 재단을 결성하고 각 지방에는 교구별 교구재단을 결성한다는 원칙을 세웠다. 그리고 이전 교무회의에서 결정한 5, 3, 2제의 구체적인 실행방법을 정하였다.[3]

재산문제와 달리 교도제 문제는 여러 이견이 있었다. 일제강점기 보편화된 대처승과 관련된 문제여서 당사자들 간에 첨예하게 대립하였다. 실제 중앙과 지방 불교계의 중심인물들은 대부분 대처승이었다. 그런 현실에서 결론을 내지 못해 다음으로 연기되었다.[4] 1946년 10월 19일 태고사에서 다시 교도제 실시를 위한 준비위원회를 개최하였지만 해결되지 못했다.

광복 후 불교계가 교도제 문제에서 첨예한 이견을 보인 것은 단체 간의 구성원 문제였기 때문이다. 집행부는 불교 외곽단체의 유기적인 조직화를 계획하였다. 따라서 신도와 교단을 조직화하는 목적에서 교도제에 접근하였다. 그러나 혁신단체들은 대처승들을 교도로 보고 교단에서 배제하려고 하였다.

그 외 사안들은 사회적으로 필요한 당면과제라 그대로 추진되었다. 먼저 광복 사업은 사업비 70만원을 책정하고 중앙에 구제본부를 두고, 지방에 지부를 두어 전재민(戰災民) 구호활동에 하였다. 이에 대한 심도 있는 실천을 위해 1945년 10월 1일 원호부 부장 1인을 두고 불교전쟁동포원호회를 결성하였다. 이때 무의탁 고아들을 위해 시설도 설치되었다.[5]

역경사업은 의욕 있게 출발하였다. 총무원은 불교포교의 활성화를

3) '사원경제대책위원회 개최', <교계소식>, 『신생』 제3집, p. 15.
4) 이종익, 앞의 논문, p. 67.
5) 김광식, 앞의 논문, pp. 258-260.

위해 1945년 12월 17일 해동역경원을 창립하였다. 원장은 김적음이었다. 오전 10시 개최된 해동역경원 창립총회 개회사에서 일제강점기 우리말을 사용할 수 없었던 현실에서 역경사업이 발족할 수 없었으나 이제 광복의 대운을 입어 역경사업을 발족한다고 하였다. 세종 이후 전폭적인 역경이 없었던 것은 우리 자신이 우리 문화에 충실하지 못하고 우리 자신이 우리 경전을 시대에 살려가지 못한 탓으로 보았다. 사람이 옷과 물건을 다시 새롭게 하는 것처럼 문화 역시 시대의 옷이 필요하며, 지난 것을 버리고 새롭게 바꿔야 한다고 하였다.

창립총회에서 모두 8장 21조의 조직을 제정하였고, 서무부, 기획부, 번역부, 출판부, 판매부, 그리고 재무부 등 모두 6개의 부서를 두었다. 이 가운데 기획부가 제반 사업을 계획하고 번역부에서 교본, 번역, 증의, 운문, 교정 등 다섯 분야로 나누어 번역 사업을 전개하였다. 가장 중점을 둔 사업은 불교 고문헌의 출판, 포교자료 서적출판, 현대학자의 불교에 관한 저서 출판, 불전보급 및 선전사업, 그리고 역경원이 필요로 하는 사업이었다.[6]

그러나 총무원의 활동은 진척이 없었다. 총무원이 기획한 적산의 불하도 만족할 만한 성과를 거두지 못했다. 사찰령의 폐지도 미군정의 반대로 무산되었다. 그리고 광복 후 한국불교 최고 임무란 명목으로 출발한 역경사업 역시 결과는 미비하였다.[7]

그 결과 총무원의 혁신운동은 형식적으로 흘러갔다. 1946년 11월 25일에서 29일까지 태고사에서 개최된 제2회 중앙교무회의를 보면 앞서 개

---

6) 「해동역경원의 창립총회」『신생』 제2집, pp. 49-52.
7) 해동역경원'『녹원』 제1집, p. 81.

최된 제1회 교무회의에서 논의된 5,3,2제 및 8 교구제 실시의 확인과 동국대학 지원, 불경 번역사업, 해인사 모범총림 건설 등이었다. 이런 내용은 제1회 교무회의의 반복이라 할 만큼 별다른 것이 없었다.[8]

총무원의 안일한 현실인식에 한국불교의 자주적 발전을 기대한 많은 불교인들은 이를 비판하는 한편 보다 사회적인 불교의 혁신운동이 일어나기를 갈망하였다. 이러한 시대적 분위기를 따라 선학원을 중심으로 여러 가지 민족적이고 자주적인 불교운동이 일어나게 되었다.

선학원은 해방이 되자 1946년 9월 조직을 정비하고 각지에 퍼져있던 선승들의 의견을 수렴하여 종단에 건의하는 등 활발한 활동을 전개하였다. 11월 28일 선리참구원에 모인 불교청년당, 혁명불교도연맹, 불교여성총동맹, 조선불교혁신회, 선우부인회, 재남이북승려회, 선리참구원 등 7개 단체 대표 25명은 불교혁신총연맹결성을 위한 준비회의를 하였다. 그리고 12월 3일 불교혁신총연맹 결성대회를 개최하여 선언, 강령, 맹규 등을 통과시키고 중앙 집행위원 25명을 선출하여 연맹을 출범시켰다.

불교혁신총연맹은 본부를 서울에 두고 강령을 찬성하는 단체 또는 지방연맹으로 구성되었다. 최고의결기관인 대표대회는 대표의원과 의원으로 구성되었다. 매년 11월 대표대회를 소집하여 위원의 선임, 규약의 개정, 교학 및 교정, 예산 및 결산, 교화 및 사업 등 중요사항을 다루도록 하였다.

총연맹은 자문기구로 약간의 고문을 두었다. 그리고 운영 집행기관으로 위원회를 두었는데 위원회는 총무부, 재무부, 교무부, 조직부, 선전부, 조사부 등을 두고 각 부에 위원장 1인과 부위원장 약간 명 그리고 위

---

8) 「동아일보」 1946. 12. 07.

원을 두며 임기는 2년이었다. 총연맹의 지방연맹은 18세 이상의 불교도로 연맹의 강령을 찬성하는 자가 10인 이상 거주하는 지방에 둘 수 있었다. 이들은 성명서를 발표하고 다음과 같은 당면과제 10개조를 선포하였다.

① 교도제를 실현하여 대중 불교를 수립하자.
② 사유 토지를 개혁하여 교도는 생업에 노동하자.
③ 사찰을 정화하여 수행도량을 확립하자.
④ 사설 포교당을 숙청하여 전법도량을 통일하자.
⑤ 일제잔재인 계급독재의 교헌을 배격하자.
⑥ 교도는 모든 기관에 있어서 권리와 의무를 균등히 향유하자.
⑦ 매불적(賣佛的)인 법회와 의식을 철폐하자.
⑧ 친일파와 교단 반역자를 타도하자.
⑨ 교화운동에 전력하여 국가대업에 공헌하자.
⑩ 불편부당(不偏不黨)을 맹지(盟旨)로 하여 민족통일을 기하자.

이런 당면과제들은 총무원 집행부가 수용하기 어려웠다. 그런 관계로 불교혁신총연맹과 집행부는 서로 대립될 수밖에 없었다.[9] 이런 상황에서 1947년 4월 총무원 교무부장 유엽이 50만원을 횡령하는 사건이 일어났다. 총연맹은 이를 규탄하면서 5월 8일에서 13일까지 전국불교도대회를 개최할 것을 결의하였다. 5월 6일 총연맹 주요 인사들이 경찰에 연행되었지만 5월 8일과 9일 태고사에서 전국불교도 대표 500여 명이 참석

___

9) 김광식, 「불교혁신총연맹의 결성과 이념」 『한국 근대불교의 현실인식』(서울: 민족사 1998), pp. 291-299.

한 가운데 전국불교도대회가 개최되었다. 여기서 채택된 교단재건책은 5월 10일-12일 개최된 총무원의 임시 중앙교무회에 제출되었다. 교단재건책의 주요 내용은 중앙교단 간부의 총사직과 교헌의 수정 그리고 교도제였다. 총무원 측에서 받아들이기 어려운 내용이었다.[10]

불교혁신총연맹이 제시한 교도제는 수도교도(修道敎徒)와 대중교도(大衆敎徒)로 나누고, 수도교도가 전체교단을 영도하면서 종회·종무·감찰기관 등 3부 기관의 대표가 된다는 방안이었다. 대중교도는 종회의 양원 중 하원을 구성하는 방식이었다. 이것은 출가승과 재가승의 종단 내 지위와 역할 및 상호관계를 규정한 것으로 매우 급진적인 성격을 띠고 있었다.

대처승이 주류를 이루었던 총무원 측은 대처승의 지위 하락을 뜻하는 교도제를 수용하기 어려웠다. 총무원 측은 혁신세력이 신자들에 미치는 영향력을 고려하여 교구제의 실시, 재산통합에 대한 절충안을 채택하여 부분적으로 혁신세력의 요구를 수용하였다.[11]

총연맹 측은 총무원 측을 수구승배(守舊僧輩)로 규정하고 5월 14일 태고사에서 다시 전국불교도대회를 개최하여 새로운 교단 확립을 위한 준비에 돌입하였다. 500여 명의 대중이 모인 가운데 총연맹 측은 총무원을 부정하고 선학원에 조선불교총본원 설립을 결의하였다. 교정에 장석상, 총무원장에 송만암, 종회의장에 구하를 선출하였다.[12] 기존 불교혁신

10) 김광식, 「전국불교도총연맹의 결성과 불교계 동향」 『한국 근대불교의 현실인식』(서울: 민족사 1998), p. 314.

11) 김만수, 「일제와 미군정기 종교정책이 불교 종립학교에 미친 영향」 동국대 대학원 교육학과 박사학위 청구논문 2007, p. 132.

12) 동국대 석림회, 『한국현대불교사』(서울: 시공사 1997), p. 20.

총연맹을 해체하고 전국불교도총연맹으로 조직을 개편하였다.

　　이와 같은 총연맹의 활동에 대해 총무원은 승단의 화합을 깨뜨려 불교를 파멸시키려는 음모라고 비난하였다. 그러나 형식적으로 그들과 연합하는 등 양면성을 보이다가 한국사회에 좌·우익의 이념대결이 일어나자 선학원 이사장 경봉을 좌익으로 몰아 종로경찰서에 고발하였다. 검거된 경봉은 고문까지 받게 되었고, 미군정은 좌익으로 매도된 연맹 측의 사찰과 재산을 몰수하였다.[13]

　　입지가 좁아진 총연맹 측의 간부들은 1948년 평양에서 개최된 남북통일협상회의에 참석하고자 김구, 김규식과 함께 불교대표로 동행하였다가 그대로 남음으로써 세력이 크게 약화되었다.[14]

　　총무원 측도 혼란이 계속되었다. 유엽이 박원찬 총무원장을 협박하여 사퇴를 종용하는 일이 벌어졌다.[15] 불교계에는 혁신 측과 총무원 측 모두를 이끌어 갈 종단 지도자로 구하가 총무원장에 취임하였다. 그는 1949년 10월 교도제 실시 준비위원회를 구성하여 혁신세력을 등용하고 추진을 위한 연구를 진행시켰다. 그러나 1950년 6월 한국전쟁이 발발하자 더 이상 진행이 어려웠고, 총무원도 경남교무원으로 옮길 수밖에 없었다.

---

13) 정병조, 「한국사회의 변동과 불교」 『사회변동과 한국의 종교』(성남: 한국정신문화연구원 1987), p.79-80.

14) 강돈구, 「미군정의 종교정책」 『종교학연구』 12호, p. 24.

15) 「동아일보」 1949. 10. 03.

2) 미군정의 종교정책

8·15 광복은 지배세력이 바뀌는 일대 변혁이었다. 그러나 그런 변화를 예견하고 받아드릴 만한 여건이 갖추어지지 않았던 대한민국은 스스로 정부를 수립할 수 없었다. 강대국의 정치적 이해관계 속에서 우리에게 내려진 결정은 미군정(美軍政)이었다.

9월 2일 인천을 통해 우리나라에 진출한 미국은 9월 7일 맥아더 이름으로 포고 제1호를 발표하였다. 조선주민에 포고함이란 제목의 포고문은 북위 38도선 경계로 미소 양국이 조선을 분단 점령한다는 내용이었다. 이로써 남쪽은 미군정의 지배체제 속으로 들어가게 되었다.[16]

남한 지역을 통제하게 된 미군정은 개신교를 기본으로 하는 가치관을 갖고 있었다. 그들은 한국사회에 개신교가 확장될 수 있는 정책들을 실행하였다. 1945년 9월 29일 군정청 법령 제6호로 학교 교육에 있어 종교간 차별을 금지시켰다. 그리고 일제하에서 종교 활동을 통제하던 법령들을 폐지하였다. 이런 조치는 한국사회에 일제의 잔재 가운데 신도(神道)의 영향을 없애려는 조치였다. 이어 9월과 10월에 걸쳐 군정청 조령 5조에 의거 38선 이남의 모든 신궁(神宮)을 직접 해체 불태워 버렸다. 11월 각 도지사에게 신사(神社)의 소각과 소속 서류 및 재산의 압류 보관을 명하였다. 그리고 신사 본전을 불태울 때는 반드시 관리가 현장에 입회하고 결과를 주둔 미군 부대장에게 보고하도록 하였다.[17]

미군정은 일제가 남긴 적산(敵産)을 처분하는 일에도 개신교에 우

---

16) 한국법제연구회 편, 『미군정법령총람(국문판)』(서울: 법제연구회 1971), p. 1.
17) 위의 책, p. 125.

호적으로 하였다. 미군정은 법령 제2호에 의해 적산의 이전 및 처분을 금지하는 조치를 취하였다. 법령 제33호에 의해 일제의 소속기관의 재산 및 그 수입에 대한 소유권은 1945년 9월 25일을 기준으로 군정청에 속하게 하였다. 이로써 한국에 존재하던 일제의 적산은 미군정이 마음대로 처분할 수 있는 법적 조치가 이루어졌다.[18]

이렇게 확보된 적산은 미국에 우호적인 목사들에 의해 개신교를 확장하는 재정으로 활용되었다. 일본 종교관련 적산은 그에 상응하는 한국의 종교단체에 불하하는 것이 원칙이었다. 그렇지만 미군정은 이 원칙을 지키지 않고 개신교 단체에 많은 혜택을 주었다. 특히 신도 계통의 적산은 한국사회에 해당 종교가 없는 관계로 대다수 개신교 단체에 불하되었다.

한국불교에 불하하여야 할 일본불교의 적산도 개신교에 불하되는 경우가 많았다. 서울 지역에 있는 40여 개의 일본불교 적산 사원 가운데 4곳이 개신교 교회, 고아원 등으로 사용되었다. 10여 곳은 피난소, 13곳은 일반주거지, 심지어 동사무소와 지방정부 사무실로 사용되었다. 그런 반면에 한국 불교단체가 사용한 곳은 11곳뿐이었다. 이런 사례는 지방에서도 빈번하였다.[19]

이와 같이 일본불교 적산이 개신교에 유리한 쪽으로 이루어진 것은 개신교인과 미군정과의 우호적인 관계 그리고 군정청 및 정부의 행정기관에 많은 개신교인들이 소속되어 있었기 때문이다.

이런 재정 지원은 광복 후 한국사회에 많은 교회가 설립될 수 있는

18) 위의 책, p. 149.
19) 김만수, 앞의 논문, p. 120.

물적 토대가 되었을 뿐만 아니라 사회복지사업과 교육사업을 추진하는 재원으로 활용되었다. 그런 사회적인 기관의 성장은 한국사회에서 개신교가 다른 종교보다 우위를 점할 수 있는 결정적 계기가 되었다.

불교 측도 총무원장 김법린이 군정청 하지 중장을 만나 일본불교 재산을 한국불교로 귀속하는 문제를 협상하였다. 그러나 불교에 관심이 없는 미군정은 종교관련 적산 처리과정에서 불교계를 소외시켰다. 그 결과 한국불교는 사회적 토대를 마련하는데 많은 어려움을 겪을 수밖에 없었다.[20]

미군정은 인적 관리에 있어서도 개신교 중심이었다. 그들은 미군정 고위급 인사에 미국 선교사의 자제들을 임명하여 중요한 역할을 맡겼다. 1940년 공주에서 활동하다가 강제 귀국한 감리교의 윌리엄스(F. E. C. Williams) 목사의 아들인 죠지 윌리엄스(George Williams), 같은 해 추방된 웜스(C. N. Weems) 목사의 아들 클레렌스 웜스(Clarence N. Weems Jr.) 등은 하지 중장의 미24군단에서 대위로 복무하였다. 그들은 한국어를 능숙하게 구사할 수 있어 미군정 대외 역할은 물론 한국인을 천거하는데 영향력을 발휘하였다.

미군정은 대민교육을 위해 한국에서 활동하였던 선교사들을 다시 불러 활용하였다. 윌리엄스 목사를 비롯하여 피셔(J. E. Fisher), 윌슨(R. M. Wilson), 아펜젤러(Henry Appenzeller) 등이 다시 한국사회로 돌아와 미군정의 지원을 받으며 개신교 활동을 전개하였다. 1946년 말 재입국한 7명의 장로교 선교사들 가운데 5명이 미군정에서 근무하였다. 1947년 7월 장로교 선교사 11명이 미국 정부의 고용인 자격으로 일하였다. 그리고 한국에

---

20) 김만수, 위의 논문, p. 128.

서 태어난 선교사 2세들 역시 미군정의 인적자원이었다.[21]

　미군정은 자신들이 필요한 인력 선발의 기준은 미국에 유학 경험이 있는 사람 가운데 개신교를 신앙하는 사람이었다. 초창기 미군정의 행정 조직은 7과 8국이었다. 처음에는 미군 장교들이 국장직을 맡다가 한국인들이 군정에 참여하면서 각 국에 미국인 국장과 한국인 국장을 두었다. 이때 미군정에 참여한 한국인 국장 9명은 모두 유학 경험이 있으며, 그 가운데 개신교인은 6명이었다.

　미군정은 1946년 3월 29일 행정기구를 개편하여 국을 부로, 과를 처로 승격하는 한편 새로운 기구를 신설하거나 기존 기구를 통폐합하여 13부 6처로 구성하였다. 이때 부장과 처장에 임명되었던 한국인 관리들도 대부분 미국 유학을 했던 사람이었다.[22] 전체 19명의 관리 중 개신교인은 11명에 이르렀고, 도지사 및 지방 고위공직자도 개신교 신자가 많았다.[23] 이밖에 지방 장관과 부서장 등 하급 공무원에 이르기까지 수많은 개신교인이 채용되었다.

　입법부도 개신교인이 많았다. 1946년 2월 14일에 발족한 민주의원 28명 가운데 개신교인이 43%이었다. 12월에 개원한 과도입법의원 90명 중에는 7명의 목사를 비롯해 21명이 개신교 신자였다.

　교육계도 개신교인이 많았다. 미군정에서 교육정책을 담당했던 학무국의 주요 보직자 12명 가운데 개신교인은 8명이었다. 그 자문기구였던

---

21) 강인철, 「미군정기의 국가와 교회」『해방 후 정치세력과 지배구조』(서울: 문학과 지성 1995), pp. 222-223.

22) 방선주, 「미군정기의 정보자료:유형 및 의미」『한국현대사와 미군정』(춘천: 한림대학교아시아 문화연구소 1991), p. 9.

23) 강인철, 『한국기독교회와 국가·시민사회, 1945-1960』(서울: 한국기독교역사연구소 1996), p. 176.

조선교육위원회 위원 12명 가운데 7명이 개신교 신자였다. 그밖에 조선교육심의회, 미국원조심의회 등에 참여했던 대다수의 사람들도 개신교 신자였다.

교육 현장에도 개신교인 많았다. 1947년 4월, 전체 20개 대학 중 12개 대학 총장에 개신교인이 재직하고 있었다. 그리고 일제 식민지 교육의 잔재를 혁신하고 새로운 교육제도를 마련하기 위해 설치했던 '조선교육심의위원회'산하 '조선교육원조계획추진위원회'를 구성하면서 19개 분야의 대표를 선정할 때 종교계에서는 유일하게 개신교 분야가 고려되었다.[24]

그밖에도 개신교는 형목 제도의 실시, 크리스마스의 공휴일화, 서울방송에서 기독교 교리를 방송할 수 있는 기회 등의 특혜를 받았다.

이러한 미군정의 개신교 우대정책은 광복 후 우리 사회에 개신교가 교세를 확장시키는 토대와 종교 활동에서 우위를 선점하는 계기가 되었다. 광복 이후 15년 동안 개신교의 경우 최소한 연평균 25% 이상 교세가 성장하였고, 이와 더불어 천주교의 경우 1950년대 말까지 연평균 16.5% 이상 교세가 성장하였다.[25]

이러한 미군정의 개신교적 정책과 달리 불교정책은 무지에 가까웠다. 한국불교에 대한 지식이 전혀 없었던 관계로 그들의 불교정책 대부분은 일제의 사찰령을 그대로 답습할 뿐이었다. 한국불교계가 사찰령의 폐지를 요청하였으나 1946년 11월 미군정은 이를 무시하고 미폐지 법령의 존속을 규정한 군정령 제21호를 공포하였다. 이 법에 의하여 일제에 의해

---

24) 김만수, 앞의 논문, p. 111.
25) 김만수, 위의 논문, p. 140.

실행되었던 모든 법률 및 명령은 미군정에 의해 존속되는 결과를 가져와 상대적으로 한국불교의 자주적 모색을 저해시키는 원인이 되었다.

사찰령이 존속되었다는 것은 여러 가지 의미를 우리들에게 던져주고 있다. 첫째는 불교의 한국적 발전을 저해하였고, 둘째 자주적이고 민족적인 개혁의식을 지닌 단체보다는 어용성을 지닌 단체가 교단의 주도권을 지니게 되면서 개혁적 성향의 단체가 불법집단으로 몰리는 현상이 일어나게 되었다. 셋째 미군정은 악법을 자신들에게 유리하도록 이용하여 개신교 문화를 유입시키는데 활용하였다.

미군정은 한국불교의 혁신적 단체를 탄압하였다. 그러자 불교혁신총연맹의 선전부 장길형이 1947년 2월 28일 사찰령의 즉시 철폐를 바라는 담화를 발표하였다.[26] 1947년 5월 이후 좌·우익의 대결이 일어나자 미군정은 불교혁신연맹을 좌익 집단으로 매도하고 연맹의 지도부를 연행, 그리고 재산을 몰수하였다.[27]

1947년 8월 8일 종교자유를 가로막는 사찰령 등 일제의 악법을 폐지하되 사찰의 재산을 보호할 수 있는 제도적인 장치를 마련하는 것을 포함하는 사찰재산임시보호법(寺刹財産臨時保護法)이 입법의원을 통과하였다.[28] 그러나 미군정은 막대한 일본불교의 적산이 한국불교계로 넘어갈 것을 우려하여 1947년 10월 29일 이 법의 인준을 보류할 정도로 적대적이었다.[29]

---

26) 「경향신문」 1947. 03. 02.

27) 정병조, 앞의 논문, p. 79-80.

28) 「조선일보」 1947. 08. 09.

29) 「경향신문」 1947. 11. 28.

2. 회당 대종사와 한국밀교의 중흥

1) 회당의 생애와 종교관의 형성

회당은 1902년 5월 10일 경북 울릉도에서 태어나 1963년 10월 16일 대구시 북구 침산동 불승심인당에서 입적하였다. 그의 생애는 대략적으로 한국사에 있어서 외압과 내란이라는 격동의 시대와 일치하고 있다. 이와 같은 시대적 배경은 회당의 종교적 인식과 무관하지 않음을 시사한다.

회당의 생애는 크게 세 단계로 구분된다.[30] 그 첫 번째는 울릉도 출생부터 1922년 대구로 건너와서 계성학교에 입학하던 초년시절로 사회적 인식이 형성되는 맹아기(萌芽期)이다. 이 시기 우리의 현실은 사회적으로 외세의 침략이 가속화되어 민족의 현실이 한 치 앞을 예측할 수 없었다. 특히 1910년 일제의 강점기가 시작되면서 무단통치의 극한적 상황에 빠지면서 식민지 체제의 종속적 현실이 가중되었던 시기였다.

회당은 그런 제한적 상황을 극복하기 위해 무엇보다도 학업에 열중하면서 우리의 전통에 대한 가치관을 형성시키고자 하였다. 특히 태어난 곳이 섬이라고 하는 지정학적 특성으로 인해 자연에 대한 외경심과 함께 우리의 풍토에서 자란 자연물이 가장 우리에게 적합하다는 생각 그리고 그런 자연이 우리와 둘이 아님을 깊이 느끼면서 성장하였다.

회당의 청년기는 나이 21세가 되던 1922년부터 45세가 되는 1946년이다. 이 시기는 일제의 강점기로 회당의 청년시절은 모두 일제의 압박이

---

30) 김경집, 「회당 손규상의 사회사상 연구」 『회당학보』 제5집(서울: 회당학회 2000), p. 13.

라는 현실을 겪을 수밖에 없었다. 따라서 그의 인식에 중요한 영향을 미친 청년기의 현실관은 당연히 일제의 정책과 그것에 응전하는 이념이었음을 짐작할 수 있다. 그리고 이 시기는 사상형성에 있어서 매우 중요한 단계로 볼 수 있다. 그것은 불법(佛法)과 인연을 맺어 향후 자신의 신앙심은 물론이고 조국의 현실이해를 바탕으로 자신이 걸어가야 할 길에 대한 방향이 정립하였기 때문이다. 특히 1931년 만주사변을 시작으로 1937년 중일전쟁을 거치면서 더욱 노골화된 일제의 통치 아래에서 변질의 모습을 보여주는 불교계의 모습은 훗날 회당이 구습의 잔재를 없애고 새로운 불교운동을 펼치고자 하는 신념을 형성시켰기 때문이다.

회당에 있어 장년과 노년의 시기는 1945년 8·15 해방에서부터 입적하신 1963년까지이다. 이 시기는 회당의 종교적 인식이 구체적으로 우리 사회에 실현되었던 기간으로 볼 수 있다.

이 시기의 특징으로는 미군정의 지배, 좌·우의 갈등, 6·25 전쟁 그리고 정치적 갈등 등 혼돈의 시대였다. 이는 개인의 일생으로 보아도 험난의 세월이지만 민중 전체로 보더라도 좌절의 깊은 시름을 지닐 수 있는 시대였음을 부인할 수 없다. 회당은 그의 생애에서 보여지듯이 격변의 세월을 지내오면서 체념의 삶을 지탱한 것이 아니라 그런 현실의 극복을 위해 현실적 상황을 깊이 통찰하여 그 원인이 어디에 있는지를 살폈다. 그런 후 대안으로써 정신적 성숙을 위한 노력으로 종교적 인식을 고조시킨 생애를 보여주고 있다.

회당의 생애 가운데 초년시절과 청년시절은 식민지 체제의 종속적 현실이 가중되던 시기였다. 회당은 그런 시기 가운데 어린 시절을 울릉도에서 보냄으로써 지역적 제한과 편협한 사고가 형성될 수 있는 우려를 떨쳐버리고 오히려 드넓은 바다를 바라보면서 자신의 의지를 키울 수 있었다. 그리고 육지라고 하는 보이지 않는 미지의 세계를 동경하면서 도전적 의지를 형성시킬 수 있었다.

그는 자신에게 주어진 제한적 현실을 극복하기 위해 가장 애쓴 것이 배움이었다.[31] 그리고 섬 생활에서 필요한 자연과의 동화는 후에 자신만이 아니라 이웃에 대한 배려심을 형성시키는 데 크게 영향을 주었음은 미루어 짐작할 수 있다.

회당의 종교적 인식은 시대가 어려울 때 형성되었다고 볼 수 있다. 현실의 역경을 이겨낸 후 다가오는 희망에 대한 열망이 정신적 성숙을 가져왔기 때문이다. 그가 청년기에 접어든 1919년 3·1 운동 이후 우리 민족의 현실은 참담한 지경이었다. 거국적 운동의 실패 이후 민족이 겪어야 할 좌절감은 많은 애국지사들이 변절하는 상황으로 몰아갈 정도였다. 일제는 민족적 저항에 놀라 다소 문화정치를 표방하였지만 침략과 수탈이라는 식민체제를 변경하지 않았다. 그런 일제 식민체제의 경제적 침탈은 우리의 현실을 더욱 도탄에 빠지게 하여 끊임없는 유민(流民)을 만들어 내었다.

이런 과정 속에서 회당은 시름하는 조국의 현실을 체험한 것은 두 번에 걸친 국토순례였다. 그 첫 번째는 울릉도에서 어렵게 진학한 계성학교가 휴교 당하자 그 틈을 이용해서 친구와 함께 2개월에 걸친 국토순례이다. 짧은 시간이었지만 회당은 이 순례에서 나라 없는 백성의 처지와 조국이 일제의 강점에 들어간 것은 역시 민족의 힘이 없었던 데에서 비롯되었음을 여실하게 느끼게 되었다.[32]

---

31) 그의 이러한 생각은 뒷날 자신의 활동 가운데 교육을 중요시하는 경향으로 나타나고 있다.
32) 장용철 편, 『불법은 체요 세간법은 그림자라』(서울: 해인행 1999), pp. 56-57.

이와 같은 느낌은 후일 회당이 국가가 외세의 힘으로부터 벗어나고자 하려면 정치적인 자주력을 가져야 한다고 느꼈으며 이러한 생각은 뒷날 종교적으로 진호국가불사(鎭護國家佛事)로 귀착되었다고 볼 수 있다. 그리고 중생의 고통은 가난과 질병 그리고 불화로부터 오는 것을 깨달아 이를 벗어나는 데 필요한 신앙적 힘은 바로 자비심임을 인식하고 있음을 엿볼 수 있다.[33]

중생에 대한 연민의 마음은 이후에도 계속되었다. 국토순례 후 일본에 건너갔다가 울릉도로 돌아온 다음 해인 1924년부터 약 1년간 면사무소에서 근무하게 되었다. 회당은 이때 실제로 민중들의 삶이 얼마나 핍박받는 삶이었는지 여실하게 깨닫고 민중들의 삶을 체험하는 계기가 되었다. 이러한 행적 이외에도 젊은 시절 춘농상회를 설립해서 사업을 하던 중 외상장부를 태워 민초들의 삶에 대한 연민을 보이신 부분도 같은 맥락에서 이해될 수 있다.[34]

회당의 종교적 이념을 형성시키는 구도의 행동은 뒤에도 계속되었다. 1940년 2차 구법순례가 그것이다. 이 때에는 불교의 실태는 물론이고 민생들이 겪는 고초를 생생하게 체험하시면서 자신의 생활에 실현하고자 하였다. 그것이 수행의 방편으로 실행한 생식인데 4년간 실행된 생식의 이면에는 끼니를 잇지 못할 정도로 궁핍한 민중들의 고통을 함께 하시고자 의도가 깊게 내포되어 있었다.[35]

이와 같은 회당의 구법순례를 살펴볼 때 회당이 청년 시기를 보낸

33) 『眞覺敎典』, pp. 79~80.
34) 장용철, 앞의 책 p. 60.
35) 장용철, 위의 책 pp. 70-79.

우리의 현실은 정치적으로 일제라는 강점의 시기와 현실적으로 민초들이 겪어야 하는 고통으로 점철된 현실이었다. 그가 이러한 현실을 타개하기 위해서는 먼저 일제의 속성을 알아야 하고, 다음으로는 그들의 지배에서 벗어날 수 있는 힘의 .축적으로 판단하였음을 미루어 짐작할 수 있다. 회당이 경제적인 어려움 속에서도 일본행을 감행한 것도 바로 그러한 사실을 입증할 수 있는 단서이다. 비록 일본 전체를 살펴볼 수 있는 긴 시간은 아니었지만 분명 강대국의 현실은 약소국보다 무엇이 앞서고 있는지에 대한 자각은 충분히 느낄 수 있는 계기였다고 추측할 수 있다. 이것이 뒤에 불법(佛法)에 의거 다양한 사회활동은 물론 교육적 가치가 높이 드러나는 사상형성의 계기가 되었음을 짐작할 수 있다.

따라서 회당의 청년 시절은 그의 사상 형성에 있어서 매우 중요한 의미를 지닌다고 할 수 있다. 그것은 이 시기에 불법과의 인연은 물론이고 조국의 현실의 이해 그리고 자신이 걸어가야 할 길에 대한 방향이 정립되었던 시기였기 때문이다.

이 시기에 보여주고 있는 그의 현실관을 볼 때 혼돈의 시대로 인식하고 있음을 알 수 있다. 그리고 우리 사회의 현실이 그처럼 어려움을 겪을 수밖에 없음은 다른 원인을 거론하기보다는 도덕적 가치관의 상실에서 오는 주체능력의 미흡에서 비롯되었음을 깊이 인식하고 있었다. 더 나아가 물질을 우선시 하는 가치관은 인간의 심성을 황폐화시키고 있음을 통찰하고 그의 대안으로써 종교를 통한 인간성 회복을 추구하는 가치관을 형성시켰다고 볼 수 있다.

2) 불교 귀의와 진각종 창종

이런 혼돈의 시기를 지켜본 회당은 우리 사회의 현실이 그처럼 어려움을 겪을 수밖에 없음은 다른 원인을 거론하기 보다는 도덕적 가치관의 상실에서 오는 주체능력의 미흡에서 비롯되었음을 깊이 느꼈다. 더 나아가 물질우선의 가치관은 인간의 심성(心性)마저 황폐화 시키고 있음을 통찰하고 그의 대안으로써 종교를 통한 인간성 회복을 추구하였다.

회당은 불교로서 민족적 정신을 이어가고 싶었다. 그것은 불교 속에 내재된 자주정신을 높게 평가하고 있었기 때문이다. 그렇지만 기존의 불교를 막연하게 수용하는 자세에 대해서는 반대하였다. 새로운 시대에 대한 변화를 분명하게 인식한 회당으로서 불교도 시대에 맞는 불교로 그 가치가 변화되어야 한다고 생각하였기 때문이다. 이런 자주정신은 회당의 역사의식 가운데 핵심이다.

회당은 한국사회에서 불교가 발전되기를 희망하였다. 그렇지만 전통적인 불교신행인 출가중심과 기복신행으로는 그런 성과를 이룰 수 없다고 판단하였다. 그런 의타적인 신행은 자주력이 결여되어 있었기 때문이다. 우리 사회에서 불교가 발전되려면 자주력을 지닌 불교로 성장하여야 한다고 생각하였다. 이런 인식은 출가와 재가로 나누어 이원상대, 이원전문, 그리고 이원상보의 원리로 서로 발전해야 한다는 생각으로 정립되었다.[36]

불교의 자주력이란 구경에 자성이 청정하여 일체 사리에 자심이 통달한 것을 말한다. 이런 자주력이 있는 불교가 신앙자의 개성을 정립시키

---

36) 김무생(경정), 「회당사상의 체계와 특성」『회당사상』(서울: 도서출판 해인행 2003), pp. 69-72.

고 가정 내지는 국가를 자주적으로 발전하게 함으로써 그 사람의 불교, 그 가정의 불교, 그 나라의 불교가 될 수 있기 때문이다.[37]

우리나라의 경우 삼면이 바다인 반도로 되어 있는 나라이므로 국민 대다수가 대륙성도 아니요 해양성도 아니다.[38] 이런 곳에서는 먼저 자주력을 크게 일으켜 가는 방법이 가장 좋고, 그곳에 사는 국민 역시 자주력을 양성하는 교가 중심이 되어야 한다.

이런 배경에서 불교는 다라니 밀교와 대승과 일승 등이 그 자주력을 가지고 있기 때문에 그 힘을 양성하려면 현밀 대소승 종파가 많이 발전하여 왕성하게 되면 예속되거나 분열될 우려가 없을 것으로 보았다.[39] 이처럼 불교가 자력불교가 되면 우승열패(優勝劣敗)의 국가적 경쟁에서 자주독립국가가 되며, 이와 같이 각개의 개인 가정 국가가 부처님의 진리로 들어가 상호 행복해질 수 있다고 예견하였다.[40]

회당이 이런 점을 강조한 것은 우리나라의 여건에 맞는 종교가 불교임을 인식하였기 때문이다. 사실 회당은 모든 종교에 대해 긍정적인 생각을 갖고 있었다. 종교는 심장과 같아 우리 몸에 신선한 혈액을 공급하는 것과 같이 현실사회의 악을 선화(善化)시켜 다시 사회로 보내는 역할을 한다고 생각하였다.[41] 그래서 모든 종교가 교법은 각각 다르지만 일체중생을 선도하는 근본적인 목적을 가지고 있다.[42] 그렇기 때문에 각각의 종

---

37) 회당, 「불교는 우리의 풍토성과 혈지성에 맞는 것」 『회당논설집』(경주: 위덕대 밀교문화연구원 2002), p. 79.

38) 회당, 위의 논문, p. 81.

39) 회당, 위의 논문, p. 83.

40) 회당, 위의 논문, p. 80.

41) 회당, 「대한불교진각종보살회를 세우는 종지와 정의에서 邪正을 밝힘」 참조.

42) 회당, 「불교의 분화와 협동」 『회당논설집』(경주: 위덕대 밀교문화연구원 2002), p.63.

교는 교도들에게 직접적으로 영향과 이익을 줄 뿐 아니라 다른 종교를 믿는 교도에게도 간접적으로 영향을 끼친다는 것이다.[43]

이처럼 종교에 대해 긍정적인 생각을 가진 회당이었지만 자주력에 관해서는 불교 이외의 종교에서는 찾아볼 수 없다고 하였다. 다신교나 인천교는 의뢰만 하고 자주력을 양성하는 공부가 아니기 때문이다. 그래서 밝게 깨쳐서 품성을 점점 향상하여 성불하는 것이 없어 자연 시기 질투와 분열만 조작한다는 것이다. 따라서 어떠한 시대라도 그러한 다신교와 인천교를 주로 세우면 국론이 끝내 통일되지 않고 나라가 분열되어 결국 남에게 예속된다고 생각하였다.[44] 그렇기 때문에 종교 상호간에 이해는 필요하지만 궁극적으로 불교가 자주력 가지려면 타종교와의 교류가 절실히 필요한 것은 아니라고 생각하였다. 그렇기 때문에 다른 종교와 종파 간에는 인정으로 가까이 하지 말며, 공(公)으로 서로 대하고 성품으로 서로 대하지 종교 간에 사(私)와 정(情)으로 대하지 말 것을 권고하였다. 또한 다른 종교기관에 들어가서 배우고 생활하고 구경하는 것은 종지에 방해가 된다고 하였다.[45]

불교에 귀의한 대종사는 10년 동안 정진과 실천 그리고 체득에 심신을 바쳤다. 그 결과 1947년 5월 16일 경북 달성군 성서면 농림촌에서 육자진언(六字眞言)을 통해 불법의 도리를 깨달았다. 46세가 되던 1947년 6월 14일 최초의 교화도량을 경북 영일군 기계면 이송정(二松亭)에 마련

---

43) 회당, 위의 논문, p.62.

44) 회당, 「불교는 우리의 풍토성과 혈지성에 맞는 것」 『회당논설집』(경주: 위덕대 밀교문화연구원 2002), pp. 83-84.

45) 회당, 「종교 자유시대는 자기가 종지를 세워야 한다」 『회당논설집』(경주: 위덕대 밀교문화연구원 2002), p. 30.

하여 가르침의 서막을 열었다. 이후 양동의 관가정(觀稼亭) 그리고 포항에서 자내증(自內證)의 법문을 펼쳤다. 1948년 8월 3일 교화단체 참회원으로 경상북도 공보과에 등록하고 이어 9월 1일 대구시장에서 교화할 때 참회원(懺悔園)을 개설하면서 참회원 시대를 열었다.

참회란 자신의 죄과를 뉘우치는 것만을 강조하는 것이 아니다. 오히려 참회하기 위해서는 자신의 존재를 분명히 이해하는 것이 전제 조건이 될 수 있다. 그만큼 회당에게 있어서는 자신의 존재를 인식하는 것이 불교의 시작으로 보고 있는 것이다. 따라서 그 내용을 음미하면 회당의 불교관을 이해하는 단서가 되기도 한다. 그런 내용을 강조할 수밖에 없었던 것은 당시의 시대와 무관하지 않다.

회당의 깨달음은 무사득오(無師得悟)에서 나왔다. 이런 과정은 철저한 자기인식과 반성에서 비롯된 결과라고 할 수 있다. 이런 수행은 기복적 신행에서 자신의 인과(因果)를 강조하여 자신은 물론 교단의 중흥을 도모하는 데 많은 역할을 하였음을 한국불교의 역사에서 찾아볼 수 있다.[46]

회당은 불교와 사회는 밀접하게 관련되어 있다고 인식하였다. 그래서 불교가 사회 변화에 적응할 때 발전할 수 있다고 보았다. 그런 발전 방향에 대해 다음과 같이 세 가지로 제안하였다.

첫 번째 민주시대 불교가 민주화 되어야 한다. 근대 이후 세계는 봉건시대에서 민주시대로 전환되었다. 우리 사회 역시 민주 이원시대로 가고 있다. 그러나 불교는 조선조 오백 년 동안 유교의 영향 하에 일원주의

---

46) 한국불교에서 無師得悟의 과정 후 교단을 쇄신하고자 했던 인물들은 元曉, 知訥, 그리고 鏡虛 등을 꼽을 수 있다. 이들은 철저한 자기반성을 통한 깨달음을 얻은 후 철저한 수행관으로 교단의 중흥을 도모한 공통점을 가지고 있다.

불교정신이 그대로 답습되었다.[47]

이런 불교가 발전하려면 먼저 우리 사회의 변화를 알아야 하고, 민주체제에 맞게 종파가 생겨나는 것이 시대적 요청이다. 왜냐하면 다양한 계층의 의견이 표출되는 민주사회 속에서 불교 내에서 생겨나는 다양한 변화가 수용될 수 있기 때문이다. 그런데 근대이후 사회는 다원화 되고 있는데 불교는 아직도 출가와 재가가 이원으로 분화되지 못하고 있다. 이런 단일함이 불교를 발전하지 못하게 하고 병들게 하는 원인이다. 그렇기 때문에 불교는 지금까지 단일한 모습에서 벗어나 여러 종파로 나누어진 조직형태가 되어야 한다는 것이다.[48]

불교의 사부대중 가운데 비구 비구니는 종손과 같고 우바새 우바이는 지손과 같다. 종손이 그 조상의 유업을 받아서 이어가는 것과 같이 출가 비구는 주로 삼보를 계승하여 가는 법을 가진다면, 지손인 재가 보살승은 자손사업을 영위하는 것과 같이 주로 중생을 화도하는 권위방편을 세워야 한다. 그런데 근대 이전까지 일원시대에는 지손이 번성할 수 없어 비구와 우바새가 각각 종지로 분화될 수 없었다. 그래서 비구만이 전법도생 하게 되었다.[49]

근대에 오면서 사회는 다양한 모습으로 변화되었고, 민주화가 시작되어 지금까지의 생활모습이 분화되고 다양해졌다. 그런 사회로 불교가 진출하려면 일원적인 출가 비구승으로는 복잡한 현대의 팔만사천 근기에 응할 수 없다. 자연히 우리 사회도 교화할 수 없다. 그래서 이런 시기일수

---

47) 회당, 위의 논문, p. 38.
48) 회당, 「불교 정화에 대하여」 『회당논설집』(경주: 위덕대 밀교문화연구원 2002), p. 47.
49) 회당, 「현대 불교는 재가와 출가로 분화되어야 한다」 『회당논설집』(경주: 위덕대 밀교문화연구원 2002), p. 68.

록 출가 재가 이대종파로 분화하여 민주 이원시대에 맞게 발전하야야 한 다.[50] 왜냐하면 출가불교는 일정불변(一定不變)이지만 재가불교는 시대 와 풍속에 따라 교민화속(敎民化俗)을 주로 하므로 교화방편이 변혁, 발 전할 수 있기 때문이다.[51] 각자의 발전을 추구하면서도 서로 기울어짐 없 이 평등하게 되므로 불교가 최고로 발전되며 평등하고 장원한 문화를 수 립할 수 있는 것이다.[52]

그런 예로 부처님도 불교교단을 이원화 하고 각기 전문적인 분야에 서 각자 종지와 의무를 실행케 하여 교단을 크게 발전시켰음을 들었다.[53] 회당은 다음과 같은 비유를 들었다. 나무는 줄기 하나만 있을 때가 무성 한 것이 아니다. 가지가 벌어짐에 따라 뿌리도 굵고 지엽(枝葉)이 무성하 게 되어서 결실이 많게 된다. 그래서 일교(一敎)에서 체용과 방편이 달라 서 이교(異敎)와 같이 분교 되는 것은 문명시대의 자주적인 종파이며, 이 원주의적인 종파이며, 평등적인 대 발달이다. 이런 것에 비해 일교(一敎) 내(內)에서 여러 부문을 여는 것은 어두운 시대의 통솔적인 부문이며, 일 원주의적 부문이며, 봉건적인 소법(小法)이며, 소발달(小發達)로 생각하 였다.[54]

회당의 불교 인식 가운데 독특한 점은 현대적 대승불교의 정립이다. 그는 민주사회에서 출가와 재가가 이원화 되어 교화스승이 활동하는 것 을 현대적 대승으로 생각하였다. 이원화는 우열의 구분이 아니고 각자의

---

50) 회당, 위의 논문, p. 70.

51) 회당, 「대한불교진각종보살회를 세우는 종지와 정의에서 邪正을 밝힘」 참조.

52) 회당, 「불교 정화에 대하여」 『회당논설집』(경주: 위덕대 밀교문화연구원 2002), p. 48.

53) 회당, 위의 논문, p. 50.

54) 회당, 「대한불교진각종 보살회를 세우는 뜻」 『회당논설집』(경주: 위덕대 밀교문화연구원 2002), pp. 19-20.

장점을 가지고 있기 때문이다. 출가자는 계율로서 정화하고 삼보가 변함없이 하나로 계승하여 가는 것을 주로 하면 되고, 재가자는 시대에 따라 진리에 맞도록 혁신하여 법보화 삼신(三身) 이불(理佛)을 믿으면 되기 때문이다. 그런 시행으로 마음이 곧 부처란 불의 진리를 밝히며, 자기에게 있는 심인을 깨닫는 방편을 세우고, 그리고 육행을 실천할 수 있는 근기에 맞추어 방편을 세운다면 생활불교로 지향할 수 있다. 그렇게 되면 불교는 크게 발전하고 중생을 선도하여 교화가 크게 일어날 것으로 생각하였다. [55] 이런 회당의 인식은 시대와 사회의 변천에 따라 이원주의로 전환하여 현세를 교화한다면 일원에 병든 것을 바르게 하는 새 불교가 이 세상에 출현할 수 있음을 제시한 것으로 볼 수 있다. [56]

이런 인식에는 다음과 같은 생각과 담겨져 있다. 시대적으로 출가 비구승의 숫자가 줄어들어 일원문으로는 불교의 유지가 어렵다고 예견하였다. 실제 여러 가지 조사에 의해 출가자가 줄어들고 있다. 이런 현실에서 출가 재가의 두 문을 넓게 여는 것이 진실로 불교를 발전시키는 일이라 생각한 것이다.

이런 두 문이 분화되어 공존하려면 서로의 이해가 선결되어야 한다. 출가인은 재가법을 본래 법이 아니라고 비방하지 말아야 한다. 또는 재가인은 출가법을 시대에 배치된다고 비방하지 말아야 한다. 출가와 재가는 불이문이다. 그러므로 출가하여 평일에 법의를 입고 청정한 종파는 반드시 스님이라 하고, 재가하여 평일에 속의를 입고 화도하는 종파는 반드시 도사(導師)라 하여 서로 존경하는 풍속을 만들어야 한다. 그래서 일체

---

55) 회당, 위의 논문, pp. 51-52.

56) 회당, 위의 논문, p.18.

중생으로 하여금 길상과 복업에 습관 되어 행할 수 있도록 무량한 복문을 우리가 먼저 실천할 것을 강조하였다.[57]

회당은 출가와 재가의 종파가 자유롭게 분화된다면 자유팔만사천 종파가 서로 영향을 주고받으면서 모든 종파의 법을 바르게 할 수 있다고 보았다. 더 나아가 불교를 믿는 모든 나라와 세계의 사람 그리고 법계유정이 바르게 될 수 있다고 생각하였다. 그렇게 된다면 유형무형의 존재가 모두 바르게 되어 삼천대천세계가 바르게 될 수 있다. 따라서 한국불교의 이원화는 지역적 한 나라 불교의 신행방향이 아니라 세계적으로 포교하는 불교의 방법이 되는 것이다.[58]

---

57) 회당, 「현대 불교는 재가와 출가로 분화되어야 한다」 『회당논설집』(경주: 위덕대 밀교문화연구원 2002), pp. 71-72.

58) 회당, 위의 논문, p. 73.

II. 현대 밀교종단의 성립과 중흥

경정(김무생) 대한불교진각종 정사

1. 진각종 창교의 연원과 법맥상승

2. 교화의 시작과 참회원

3. 심인불교 시대

4. 진각종 시대

5. 교화발전과 교세의 확대

6. 교법의 정비와 종조의 열반

7. 종조법통과 교상확립

8. 교육활동과 교육사업

9. 학술, 문학 활동 그리고 위덕대 설립

10. 도제교육의 강화와 교법의 체계화

11. 교법의 정체성과 교화의 활성화

1. 진각종 창교의 연원과 법맥상승

1) 진각종 창교와 교법의 기원

진각종은 회당대종사(이하 '대종사'라 칭함)가 진각을 성취하여 창교한 불교종단이다. 대종사는 불법의 심수인 밀교정신을 자내증(自內證)하고 진각을 이루었다. 나아가 그 자내증의 교설을 종지로 삼아서 교법을 창립하고 진각종을 일으켰다. 그리하여 진각종은 대종사의 자증교설을 시대에 맞는 교화이념과 방편으로 펴면서 널리 전하였다. 즉 진각종은 "불법의 심수인 밀교정신을 본지로 하고 밀교의 법맥을 심인으로 전수한 대종사의 자증교설을 종지로 삼아서 교법을 세우고 종문을 열어서 시대에 맞는 교화이념과 방편을 펴는 불교종단"이다.

진각종은 창교의 근본취지로서 밀교정신을 본지로 하고 있다. 그리고 진각종을 일으킨 사실을 창교(創敎)라고 일컬었다. 창교라는 말은 두 가지의 뜻을 가지고 있다. 창교에서 '교'가 종교를 의미하기도 하고, 또한 교법을 가리키기도 한다. 대종사가 교화를 시작할 즈음 창교의 뜻은 종교의 의미에 무게를 두었으며, 전래의 불교를 마치 이교(異敎)처럼 혁신하여 교화하려는 뜻을 가졌다. 불교의 정신을 내면에 지닌 새로운 종교를 세우는 창교의 의도를 가진 것이다. 그리고 자내증의 교설을 중심에 세우고 불교를 비롯한 여러 종교의 가르침을 방편으로 삼아서 새 종교를 세우려 한 것이다. 참회원이라는 명칭에는 그 뜻이 숨어 있었다.

대종사가 참회원을 세워서 교화를 해도 불교의 범주에서 벗어날 수는 없었다. 그래서 오히려 불교 내에서 마치 이교처럼 성격이 분명한 종파를 열어서 교화하는 방안을 생각하였다. 불법이라는 보편성과 종파라는 특수성이 조화를 이루는 종파를 구상한 것이다. 불교 내에서 성격이 분명한 종파를 열어서 전문적인 교화를 전개하는 것이었다. 이처럼 불교에서 종파성이 분명한 종파가 많이 분화하면 종파간의 분열을 막고 상호 반영하고 영향을 받아서 불교가 대발달할 수 있다는 것이다.

　　교화단체의 최초 명칭을 심인불교라고 하였다. 그러나 '심인불교'라는 명칭이 자칫 종파아(宗派我)적인 배타적 인상을 줄 수 있다는 입장에서 '진각종'이라 개명하였다. 여기서 창교는 새로운 교법의 창립을 의미하게 된다. 진각종은 마치 이교와 같이 새로운 교법을 창립하여 세운 불교종파이다.

　　대종사는 교화 중에 불교의 전적(典籍)을 두루 섭렵하고 밀교의 교설이 바로 자신이 내증한 교설과 상응하는 사실을 체득하였다. 밀교의 전적에서 자내증의 교설과 상응하는 교설을 찾아서 교법의 보편성을 마련하여 전통 밀교의 교설을 보편적인 날줄로 하고, 자내증의 교설을 특수한 씨줄로 삼아서 새로운 교법을 짜서 종파성이 분명한 진각종을 세운 것이었다. 따라서 진각종은 밀교의 교설을 보편적 본지로 하고 있는 점에서 밀교이다. 그러면서 대종사의 자내증의 교설에 따라서 특수한 교법을 세우고 있는 면에서 전통 밀교와 다른 점이 많았다. 따라서 진각종은 밀교라는 보편성과 자증교설이라는 특수성이 조화를 이루는 성격이 분명한 불교종파이다. 그리고 종지가 분명한 진각종의 교법을 전통 밀교와 구별하여 진각밀교라 부른다. 대종사는 '불교는 종지가 분명한 종파로서 분화하고 다시 불교라는 보편성으로 협동하면서 큰 발달을 할 수 있다'고 강조하였다.

2) 법신 비로자나불과 당체설법

대종사는 "법계(法界)의 성(性)은 하나이라"라고 설하고, 이어서 "비로나 자부처님은 시방삼세 하나이라"라는 교설을 남겼다. 법계의 성, 즉 법성을 비로자나부처님으로 바꾸고 있다. 이 말씀은 "여래가 세상에 출현하든 출현하지 아니하든 법성은 상주하다"는 경전의 교설과 맥을 같이 한다. 석가모니부처님은 단지 상주하는 법, 즉 진리 그 자체를 깨달아서 붓다가 되었을 뿐이고, 석가모니부처님의 출현과 관계없이 법성은 항상 존재한다. 그래서 불교는 시간과 공간을 초월하여 존재하는 법을 법신, 또는 법신부처님이라 부른다. 시간과 공간을 초월하여 존재하는 법 그 자체가 그대로 깨달음의 몸이라고 생각한다. 그리고 불교는 석가모니부처님처럼 누구든 이 법을 깨달아서 성불, 곧 부처님이 될 수 있다고 가르친다.

그런데 불교는 법, 곧 진리는 오직 추상적인 개념이고 법신은 진리인 법의 보편적 총체라고 생각하였다. 이처럼 형이상학적인 추상성의 법신이 밀교에서는 현실세계에서 구체적으로 활동하고 있는 존재로서 받아들이게 된다. 진리는 추상적인 원리가 아니라 현실세계 그 자체로서 활동하고 있고, 현실세계의 모든 현상은 본질적으로 법신이 구체적으로 활동하고 있는 모습이기 때문이다. 밀교는 현실세계에서 구체적으로 활동하는 법신을 비로자나불이라 일컫는다. 선무외 삼장은 비로자나불을 태양에 비견하여 대일여래라 번역하였다. 태양이 세상을 밝히고 뭇 생명을 양육하면서 끊임없이 활동하는 것처럼 비로자나불은 더 크게 세상을 밝히고 뭇 생명을 생성 양육하고 시공을 초월하여 활동하기 때문이다.

밀교의 눈으로 보면 비로자나불은 현실세계의 모든 존재를 생명내용으로 하고, 현실세계의 모든 현상은 비로자나불의 구체적인 활동 모습이다. 비로자나부처님은 시방삼세, 시간과 공간을 초월하여 활동하는 존재, 즉 전일(全一)의 생명존재이다. 전일의 생명존재인 비로자나부처님은 언제 어디서나 생명활동을 지속하고 있다. 이렇게 시공에 걸림이 없는 비로자나부처님의 활동은 또한 그대로 세간을 향해서 설법하는 모습이다. 현실세계의 모든 현상은 그대로 비로자나부처님의 설법상이다. 대종사는 "시방삼세 나타나는 일체 모든 사실들과 내가 체험하고 있는 좋고 나쁜 모든 일은 법신불의 당체로서 활동하는 설법이라"는 교설을 남긴다. 세간의 모든 일과 사실이 설법이고, 이 설법이 진실로 활동하는 경전이라는 뜻이다. 비로자나부처님의 이러한 설법을 대종사는 당체설법이라 일컫는다.

대종사는 "체험이 곧 법문이다"라고 설한다. 세간의 모든 일과 사실이 곧 설법이고 경전이라도 이를 체험하면 의미가 있는 가르침인 법문이 되고, 체험하지 못하면 아무 의미도 없게 된다는 뜻이다. 법신불의 설법은 어디서나 항상 하고 있어도 누구든지 그 설법을 체험할 수 없다. 용수보살은 "태양이 떠올라도 눈먼 자는 보지 못하고 천둥이 쳐도 귀먹은 자는 듣지 못하듯이, 법신불이 광명을 놓아 비추어도 중생이 우몽하여 보지도 듣지도 못 한다"고 일러준다. 그런데 밀교는 법신불의 설법을 체험할 수 있는 인물을 금강살타라고 일컫는다. 대종사는 밀교경은 대일여래가 삼밀로써 설하여서 "오직 삼밀행자만이 이 법문을 본다"라고 설한다.

삼밀은 부처님의 행위 활동을 가리킨다. 부처님의 전인격적 행위인 몸·입·뜻의 활동은 아무나 쉽게 이해할 수 없기 때문에 세 가지 비밀한 활동, 즉 삼밀이라 한다. 법신불은 삼밀 활동으로써 늘 설법을 한다. 따라서 법신불의 설법을 체험하려면 법신불의 삼밀 활동과 상응하는 체험이 필요하다. 밀교는 법신불의 삼밀활동에 감응하여 소통하는 인물을 금강살타라고 부른다. 밀교경전에는 금강살타가 비로자나불의 당체설법을 듣는 대고중(對告衆)의 대표로서 세간에 전하는 인물로 묘사하고 있다.

금강살타는 비로자바불의 경지에 합일하고 상응하여 소통하는 인물이다. 중생이 어리석고 몽매함을 벗어나서 비로자나불과 상응하여 소통하면 누구든 금강살타가 될 수 있다. 금강살타는 특정의 인물이 아니라 법신불의 삼밀에 상응하는 인물을 일컫는다. 금강살타의 금강은 영원불멸의 뜻이고, 살타는 살아 있는 존재, 중생을 가리킨다. 금강살타는 영원히 살아가는 존재를 말한다. 법신불의 삼밀에 상응하는 금강살타는 영원한 생명존재로서 법신불의 설법을 중생의 세간에 전한다.

3) 회당대종사의 심인상승

밀교는 법신불의 비밀한 삼밀설법은 누구나 체험할 수 있는 가르침이 아니기 때문에 설법을 듣고 전하는 사실을 매우 중요하게 여긴다. 법신불의 삼밀설법을 전하고 계승하는 사실을 부법(付法)이라 하고, 부법의 과정을 물이나 혈액이 흐르는 사실에 비견하여 법맥이라 한다. 법맥의 과정이 마치 사람의 몸에 혈액이 흐르는 것만큼 중요하기에 혈맥이라 부르기도 한다. 부법은 스승이 제자에게 법을 부촉하여 전하는 것이어서 부법상승, 또는 제자에게 법을 전하는 도구로 삼는다는 뜻에서 사자상승(師資相承)이라 부르기도 한다. 밀교가 전파된 나라와 전통에 따라서 법맥상승도 많은 부류가 있다.

불공삼장은 밀교의 교법이 비로자나여래에서 시작하여 자신에 이르기까지 7조의 부법의 과정이었음을 열거하고 있다. 즉 석가모니부처님이 비로자나부처님에게 법을 받아서 금강살타에게 전하고, 금강살타에서 용맹보살→용지보살→금강지삼장→불공삼장으로 법맥이 상승하였다는 것이다. 그런데 때로는 석가모니부처님이 곧 금강살타로서 비로자나부처님에게 법을 받은 것으로 보아서 6조의 상승으로 보기도 한다. 우리나라에는 명랑이 용맹으로부터 법을 받은 9조라는 삼국유사의 내용이 있으나, 그 자세한 상승의 과정을 알 수 없다. 밀교의 종파로서 신인종과 총지종이 고려를 거쳐서 조선시대의 세종 시기에 각기 교종과 선종에 통합되면서 법맥의 상승을 밝힐 수가 없다. 일본 진언종은 역사상 여러 법맥도의 전승을 밝히고 있다.

부법은 스승이 제자의 면전에서 법을 주고받는 사자상승이 기본이다. 그러나 역사적 사실로서 사자상승의 부법의 과정을 정확히 밝히기 어렵다. 다만 종교적 교의상에서 사자상승의 법맥과정을 그려볼 수 있다. 종교적 수행의 체험으로 역사적 사실을 초월하는 경지를 증득할 수도 있기 때문이다. 부법의 과정에는 법을 받는 제자의 법기가 가장 중요하다. 법을 받을 수 있는 법기를 갖춘 제자는 언제든지 스승의 법을 받을 수 있다. 사자상승은 스승과 제자가 법성의 경지를 주고받는 것이다. 스승과 제자는 오직 법을 증득한 경지로써 서로 감응하고 상응하는 것이다. 법성의 체험은 오직 자신의 마음 내에서 증득되는 자심내증의 경지이다. 스승과 제자가 자심내증의 경지를 교류하는 과정이 사자상승이다. 이처럼 자심내증의 경지를 주고받는 사실을 이심전심이라 부르기도 한다. 법맥은 스승과 제자 사이에 자심내증의 경지가 소통하고 흘러서 형성하는 것이다. 그리고 역사적으로 사자상승의 사실을 구체적으로 의발이나 관정의 의식을 통하여 징표로서 상징하기도 하였다.

그런데 법성은 오로지 자심내증의 경지에서만 주고받을 수 있다. 법성은 시공을 초월하여 언제 어디서든 누구나 자심으로 내증할 수 있다. 부법은 스승과 제자의 면전에서 뿐만 아니라, 법성의 자내증으로 할 수도 있다. 더욱이 스승과 제자의 면전은 자심내증의 경지가 만나고 상응하는 시점의 구체적 상징에 지나지 않는다. 대종사는 "옛날에는 의발이요 이제는 심인법이라"고 설한다. 법성을 증득할 수 있는 경지의 청정한 본래 마음이 심인이다. 심인과 의발은 안과 밖의 관계이다. 심인을 통하여 사자상승하는 구체적 징표가 의발이다. 사자상승에서 심인의 소통은 본질이고 의발의 전수는 드러난 상징 형식이다. 의발의 전수가 없어도 부법은 이루어진다. 옛날에도 심인법이 근본이고 이제도 의발의 전수는 할 수 있다. 회당대종사는 예나 이제나 심인법이 부법의 본질인 점을 강조하고 있다. 형식은 내용의 그릇이고 내용은 형식의 본질이다. 그러나 형식에 치우치면 내용이 부실해 진다.

대종사는 전통 밀교의 교법을 심인으로 전수하고 자증교설을 널리 펴서 밀교를 중흥하려 하였다. 밀교의 교법을 자심으로 내증한 대종사는 금강살타의 경지에서 교법을 전수하여 세간에 널리 깨우치려 한 것이다. 대종사는 "자기의 마음을 스승으로 삼아 먼저 행하고 지비용을 세워가야 한다"고 일러준다. 심인을 스승으로 삼고 밝혀서 지혜와 자비 그리고 용맹심을 일으켜서 생활하라는 말씀이다. 심인은 나의 특수한 입장에서 자성법신이고 법계는 보편적인 면에서 법계법신인 비로자나불이다. 부법에서 스승은 역사적 인물뿐만 아니라 오히려 스승의 자내증의 경지가 되기도 하다. 금강살타가 비로자나불의 교법을 세간에 전수한 후 법맥을 상승한 스승들도 모두 금강살타의 경지에서 밀교의 교법을 사자상승하였다. 대종사는 수행정진을 통하여 금강살타의 경지를 터득하고 전통 밀교의 교법을 자내증으로 전수하여 진각의 교법을 창립하고 진각종을 세웠다.

진각종은 전통 밀교의 가르침을 대종사의 자내증의 교설로써 특수한 교법과 방편을 세워서 세간을 널리 일깨우고 있다.

2. 교화의 시작과 참회원

1) 심인의 깨달음과 초전법륜

대종사는 100일 정진 중에 고성염송에서 심상염송(心想念誦)의 이득과정(已得過程)을 거치면서 염송삼매(念誦三昧)를 증득하였다. 진언염송의 수행은 음성염송에서 심송(心誦)으로 수행의 경지가 깊어지면서 심신이 정화되고 삼마지의 상태에 이르게 한다. 삼마지의 경지는 늘 지금 여기의 청정한 마음에 머물러서 몸과 마음, 그리고 나와 세계가 일여(一如)한 경지를 내관(內觀)하게 한다. 대종사는 먼저 육자진언의 염송수행으로 심신이 상연하고 신병이 돈유되는 불가사의한 경험을 하였다. 그리고 심일경(心一境)의 삼마지를 체험하고 법계진리를 내관하는 경지를 체득하였다. 나아가 법계 천지의 은혜가 지중함을 온 몸으로 느끼고 육자진언의 묘리를 증득하는 깨달음을 얻었다. 깨달음에 대하여 대종사의 비문은 "5월 16일 새벽 심신이 상연(爽然)하여지고 문득 동천에 솟는 태양을 보매 불은의 무변함과 천지은혜 지중함을 몸에 사무치게 느끼신 후 홀연히 대각을 성취하셨다"고 기록하고 있다. 대종사는 불법에 인연하여 10년의 수행과정을 거치고 농림촌(現 대구 달서구 감삼동 일대)의 대정진을 통하여 46세(1947) 5월 16일에 진각을 성취하였다. 깨달음은 훗날 대종사의 행적에 비추어서 진각(眞覺)이라 일컫는다.

　대종사의 진각은 삶의 여정을 새롭게 하였다. 진각을 성취한 후 지난 날에 수행한 곳들을 돌아보면서 그간 남겨둔 세간의 일들을 정리하고 다시 농림촌에 돌아왔다. 농림촌의 수행처소에는 함께 수행했던 사람들이 여전히 많이 남아 있었다. 그들은 대종사와 수행을 함께 하면서 육자진언의 묘리와 진각에 깊은 신심을 일으키고 있었다. 농림촌에서 얼마간 깨달음의 경지를 사색하며 교화의 방향을 구상하였다. 그리고 약 한 달이 지나 진기 원년(1947) 6월 14일 최초의 교화를 착수하였다. 대중은 대종사를 중심으로 수행 정진하였다. 농림촌의 교화동안 진각의 심경을 내관하는데 주력하였다. 그리고 앞으로 교화의 가능성을 확인하고 방향을 세우는 과정으로 삼았다. 농림촌의 환경여건이 교화를 지속할 만큼 성숙하지 않았다. 당시 농림촌에 살고 있는 사람들은 거의 일시적인 정착민이었다. 또한 대다수 당면한 생존에 시름하면서 사도적(邪道的)인 기복에 빠져 있었다. 그래서 농림촌 교화는 한 달 후 7월 15일 중지하였다.

대종사는 농림촌 교화 중에 교화의 새로운 인연지를 궁구하였다. 그리고 구법수행 중에 머물었던 고향 계전동(桂田洞, 경북 영일군)을 새 교화 장소로 정하였다. 농림촌 교화를 중지한지 약 한 달 후 8월 17일 계전에서 다시 교화를 시작하였다. 우선 우당(愚堂, 1892-1977)의 사랑방에서 3주간 심공을 시작하였다. 그러자 심공하려는 사람들이 모여들고 우당의 사랑방이 넘쳐났다. 수행정진 당시에 머물었던 재실인 송헌재로 심공장소를 옮겼다.

대종사는 농림촌 수행 중에 구상한 교화방편으로 교화를 실시하였다. 처음 심공 동참자들은 보통 3주간의 심공을 계속하게 하였다. 매일 오전 2시간 오후 2시간 저녁 1시간씩 하루 최소한 5시간 이상의 염송을 하게 하였다. 식사하고 잠자는 시간을 제외하고 오로지 진언 염송에 전념한 것이다. 그리고 틈틈이 설법을 하였다. 특히 앉는 자세를 바르게 하고 염송을 소리 내어 하면서 심공하는 것을 강조하였다. 훗날 진각종 교사(敎史)는 농림촌의 최초 교화에 대하여 아래와 같이 기록하고 있다.

"손회당님의 창교로서 육자심인 및 금강경 사구게 무주상법과 법화경 십악참회 등의 국역한 원해인(原海印)으로서 공부한 결과 여하한 질병자라도 다 낫게 되는 방편을 만들어서 달성군 성서면 속가에서 교화에 착수하였다."

이어서 계전의 교화에 대해서도 아래와 같이 서술하고 있다.

"경상북도 영일군 계전동에서 상기의 해인 방편으로 교화를 시작하는데 교도 병환자가 많이 들어와서 이때는 거개가 난치병으로써 가산은 탕진하고 가정은 불화한 이가 많았다. 그러므로 병이 낫는 동시에 일체고통은 해탈하며 비로소 자성불이 있음을 깨닫고 부자자효(父慈子孝)하고 부화부순(夫和婦順)하며 모든 서원이 다 성취되었다."

대종사는 수행 중에 이미 금강경과 법화경 등을 공부하고 인쇄 반포하였다. 그리고 교화를 시작하면서 육자진언의 염송을 수행의 기본으로 하고, 우선 금강경의 무주상법과 법화경, 그리고 십악참회를 주요 방편으로 삼았다. 대종사는 교화를 시작하면서 수행정진을 통해서 깨닫고 증득한 내용을 언설로 표현하고 실천하는 문제에 깊은 관심을 가지고 있었다. 교사의 기록도 수행정진의 과정에서 마음에 품고 있던 심경을 표현한 한 부분이다. 대종사는 당시의 사회적 문제를 해결할 경전의 가르침을 찾아내었다. 그 중 하나가 금강경의 사구게(四句偈)의 무주상법이다. 금강경은 반야지혜에 의한 무주상의 보살행을 강조하고 있다. 대종사는 무주상법을 자내증하여 새롭게 해석하고 무상법의 실천을 강조하였다. 무상법은 처음 아집 등 사상(四相)을 다스리는 실천에서 시작하여 무등상불의 교리에 이르기까지 폭넓게 전개하였다.

대종사는 무주상과 더불어 참회법을 주요한 수행덕목으로 삼았으며 대정진 과정에서 참회의 낙루(落淚)를 경험하였다. 그 참회는 불은과 천지의 은혜에 대한 깊은 통찰 과정에서 자기 성찰의 심경으로서 저절로 쏟아난 것이었다. 참회의 구체적인 내용으로서 불교의 십악참회를 수용하였다. 무주상과 참회는 깊은 관계가 있다. 참회법도 개인의 허물을 참회하는 유상참회에서 무상의 진리를 깨닫는 '무상참회'까지 교법의 전개과정을 가지고 있다. 대종사는 무주상 참회법과 더불어 법화경의 교설도 받아들였다. 법화경은 그 자체 일승(一乘)으로서 불승(佛乘)의 신행을 강조한다. 불승의 신행을 통하여 무여중생(無餘衆生)이 불승에 드는 것을 구경으로 하고 있다. 그리하여 중생이 남김없이 불승에 들게 하려는 회향의 교설을 수용하였다. 모든 중생이 불승에 이르게 하려는 뜻을 담아 무상과 참회를 실천한 것이다.

대종사가 처음 교화의 방편으로 무상·참회·불승의 교설을 삼은 것은 당시의 정세와 관련이 있었다. 교화를 시작할 당시의 정세를 서술한 교사의 기록을 보면 대종사의 시대관을 읽을 수 있다.

> "36년간의 일제 학정에 물심양면의 고난을 겪고, 해방 이후는 급속도의 사상적 물질적 혼란으로 모든 질서가 문란함에 따라 수신도덕은 이미 없어진지 오래임에도 불구하고, 조선 오백년 숭유배불하든 끝에 일본불교와 같이 겨우 대중불교로 향하고 있으나, 아직 각성(覺性)종교는 일어나지 못하였기 때문에 국민 거개가 대소병을 막론하고 의약으로서는 완치할 수 없는 질병이 말할 수 없이 허다하였든 특수한 시대이었던 것이다."

대종사는 당시의 상황을 우선 사상적 물질적 혼란 시대로 보았다.

일제의 학정과 해방정국의 무질서에 의해서 수신도덕이 무너지고 의약으로 완치할 수 없는 질병이 허다하게 일어났다. 이러한 시대상황의 치유는 각성종교(覺性宗教)로서의 대중불교를 일으켜야 한다고 판단하였다. 따라서 각성종교로서 대중불교를 세우고 육자진언의 수행을 통하여 무상과 참회를 실천하고 모든 사람이 자성불을 깨닫도록 교화를 시작하였다. 이처럼 무상·참회·자성불의 교화방편은 교화의 이득과정을 거치면서 밀교의 교설을 통하여 정치(精緻)한 교법체계로 전개하였다.

계전동의 교화는 병고의 해탈과 가정의 화순 등 세간의 어려움을 해결하는데 힘을 쏟았다. 세간의 문제를 해결하는 심공 중에서 결국 자성불을 깨달아서 일체의 고통을 해탈할 수 있기 때문이다. 교사의 기록 중 "이 때는 거개가 난치병으로써 가산은 탕진하고 가정은 불화한 이가 많았다"는 내용은 중요한 의미를 담고 있다. 당시 사람들에게는 병·빈·불화 등의 고난이 당면한 문제였다. 병고·빈고·쟁(불화)고의 삼고(三苦)가 당시의 대중이 겪고 있는 당면한 고난으로 이해하였다. 그리고 병·빈·쟁의 고난은 상호 원인과 결과가 되어 세간의 생활을 더욱 어렵게 하는 것으로 여겼다.

난치병의 치료는 가산의 탕진으로 이어지고 가산의 탕진은 결국 가정의 불화를 불러 온다. 이처럼 당면한 현실의 고난을 해결하려면 우선 참회법이 필요하였다. 참회심공은 먼저 자신을 철저히 살펴서 자기허물을 찾고 고치는데서 시작한다. 육자진언을 지심으로 염송하면 마음이 밝아지고 내 허물이 드러나서 절실한 참회를 하게 된다. 참회가 지극하면 동시에

아집을 버리게 되고 병·빈·쟁의 당면고(當面苦)는 결국 자기허물과 아집의 결과라는 이치를 깨달을 수 있다. 참회와 아집의 상(相)을 버리는

과정에서 당면고가 해탈되고 동시에 본심을 찾아 자성불을 깨달아 일체고를 해탈할 수 있다. 즉 참회하고 상을 다스려야 자성불을 속히 볼 수 있고, 자성불은 능히 모든 고통을 해탈하게 한다는 법문이었다. 여기서 상은 '나'라는 생각이 만들어 내는 인습적인 사고와 행위 등을 포함한다. 부귀한 사람은 부귀한 대로 가난한 사람은 가난한 대로 자신이 처한 현실에 집착하여 사고하고 행동하는 것이다. 따라서 상이 많은 사람은 유세하고 자만하기도 하고, 혹은 자책하기도 원망하기도 하는 등 굳어진 고집에 묶여서 살아가는 것이다. 그리고 그러한 사람은 새롭고 발전적인 생각이나 행동보다 부정하고 거부하는 경향을 가지게 된다. 그래서 당시 교화 중에 참회하여 관습에 고착하고 있는 상을 버릴 것을 매우 강조하였다. 그래야 무엇인가 바꾸고 변화를 시켜서 발전적인 생활을 할 수 있다고 가르쳤다. 이렇게 병·빈·쟁의 고난을 해탈하자 심공하려는 사람들이 나날이 모여들었다. 그래서 계전동은 실질적으로 교화를 시작한 초전법륜의 터전이 되었다.

2) 참회원의 개설

계전의 교화가 자리를 잡자 교화를 우당에게 물려주고 진기 원년(1947) 9월 25일 양동(경북 경주군 강동면)의 관가정(觀稼亭)으로 교화 장소를 넓혀갔다. 양동은 월성 손씨의 종가가 있는 마을이다.

　　양동의 교화도 계동 교화방편에 따라서 처음 순조롭게 진행되었다. 먼저 육자진언의 염송이라는 간편한 수행법이 사람들의 관심을 끌었다. 본성을 찾아서 사상(四相)을 없애고 원망하지 않고 은혜의 마음을 가져야 한다는 가르침이 새로웠다. 그 위에 삶의 현실을 받아들이고 참회를 통하여 자신의 행위를 새롭게 개선해야 한다는 설법이 가슴에 와 닿았다. 나아가 남에게 의뢰하지 않고 자성불을 깨달아야 공덕을 크게 얻어 잘 살수 있다는 말씀이 호기심을 일으켰다. 양동뿐만 아니라 인근 지역의 사람들이 모여 들었다.

양동 교화는 교화의 기틀을 갖추는 중요한 계기를 마련하였다. 양동 교화에서 처음으로 '참회원'이라는 명칭을 사용하여 '양동참회원'이라 불렀다. '참회원'은 교화의 장소, 동시에 교화 단체를 가리키는 명칭이다. 교화의 방향과 성격을 구체적으로 '참회원'이라는 명칭으로 표현하였다. 그래서 교화를 불교라는 틀 속에 한정하지 않고 폭넓게 하려는 의미를 참회원이라는 명칭에 담은 것이다. 불법은 모든 부류의 사람들을 위한 보편적인 가르침이 될 수 있기 때문이다.

이렇게 양동의 교화는 큰 의미를 가지게 되었다. 고향인 계전의 교화에 이어서 종가가 있는 곳으로 교화의 장소를 옮긴 일이다. 유가의 본향에서 교화를 하면서 큰 저항을 경험하고 선교방편(便巧方便)의 필요성을 확인하였다. 그 당시 교화는 두 가지 극복 과제를 경험하였다.

첫째, 전래의 민간 생활 습속과 유교적 의례의식이었다.
둘째, 서양 문물과 예수교의 신앙 형태이었다.

양동의 교화에서 이러한 과제를 극복할 수 있는 방편선교지의 필요성을 깨달았다. 그래서 일차적으로 봉건시대와 민주시대, 의뢰와 자주, 정과 성품, 일원통솔과 이원자주, 물과 심, 형식과 실천 등의 대비적인 설법과 교화방편을 마련하여 갔다. 구체적이고 실질적인 사실을 통해서 보편적인 가르침으로 교화의 폭을 넓히려는 노력을 지속하였다. 양동의 교화가 그 시발점이 되었다.

참회원의 교화가 급속히 일어나면서 동시에 참회원 안과 밖에서 여러 가지 난관도 맞았다. 우선 밖의 난관을 극복하기 위하여 계산동 교화에서 처음으로 관(官)의 집회허가를 받았다. 교화의 훼방이 계속되어 참회원을 '교화단체참회원'의 이름으로 간부조직과 강령을 마련하여 사회단체로서 경상북도 공보과에 등록하였다(1948.8.3). 참회원이 사회단체로서 등록하고 교화는 더욱 활발해졌다. 이때 일시 중단하였던 양동 참회원을 재개하고 유인관을 파견하여 교화를 이어갔다(1949.1.15). 경주 사방(士方)에 주택을 빌려서 참회원을 열어 신교도들이 스스로 모여 심공하게 하였다(1949.3.13). 포항의 신교도가 나날이 불어나서 대종사의 사택을 참회원으로 건설하여 교화하였다.

6·25 전쟁이 일어나자 국민방위대가 남산동 참회원을 사용하였다(1950.7.7). 정치와 종교가 분리되어 상호 침해하지 않는 이치와 나라에 소요가 일어나면 오히려 소재도량을 건립하여 그것을 다스리는 법을 모르는 까닭에 부득이 국가의 참회원 사용 요청을 받아들였다. 다시 남산동 참회원은 제27육군병원 부속 건물로 징발되어서(1950.11.27) 교화를 할 수 없었다. 그리고 전쟁 중의 특수상황에 의하여 국방부에 사회단체로서 '참회원'의 명칭으로 등록하였다(1951.1.18).

참회원의 교화는 전시에도 더욱 활발하게 진행하여 참회원의 설립은 더욱 늘어갔다. 매일 불어나는 신교도를 받아들이기 위하여 대봉동 참회원 건축을 시작하였다(1950.6.20). 그즈음에 6·25전쟁이 발발했지만, 동요 없이 건축공사를 계속하여 준공하고(1950.9.1) 교화를 하였다.

3. 심인불교 시대

1) 혁신불교로써의 심인불교

참회원의 교세가 빠른 속도로 확산하여 중앙정부에 단체등록을 하고, 참회원의 교화가 전국적으로 합법성을 가지게 되었다. 참회원은 중앙공보처에 대종사를 대표로 하여 '심인불교건국참회원'이라는 명칭으로 등록하였다(1951.7.29). 그리고 부산 창신동참회원은 심인불교건국참회원의 부산지원으로 하였다. 교화단체참회원은 심인불교건국참회원으로 명칭을 개칭하고 공보부에 등록하면서 참회원의 취지와 조직체계 등의 문서를 첨부하였다. 그 중에는 '선언(심인불교를 세우는 선언)', '강령', '서원문', '원헌규약(園憲規約)', '재산목록', '업적보고서' 그리고 인적사항 등을 갖추었다. 심인불교건국참회원의 선언은 "새로운 심인불교 수립의 강헌(綱憲)을 세우고 일어난다"면서 심인불교의 취지를 밝히고 있다.

> "한국불교의 혁신이요 대승적으로 방편을 들어 실천주의로 뻗어나가는 심인불교다. 이 출발점을 중심하여 팔만법우가 한 다발이 되어 일대 강헌을 높이 세우고 무주(無住) 무상(無相) 자주 실천 통일진영으로 일동일정(一動一靜)을 같이 하는 곳에 공헌적 혁신불교가 되는 것이요 대중화 대승적 실천불교가 되는 것이다."

심인불교는 대승적 실천불교로서 불교의 대중화에 공헌하는 혁신불교이다. 따라서 심인불교의 '강령'은 대승적 혁신불교로서 심인불교의 실천 강령을 세 가지로 열거하고 있다.

1. 심인불교는 깨달음을 근본으로 한다. 남의 허물 보지 말고 자과(自過)를 참회하자. 어진 국민의 밝은 지혜는 참회하는데 있다.
1. 심인불교는 실천주의이다. 남에게 의뢰 말고 자주로 행하자. 화랑도 오계정신 삼국을 통일 했다.
1. 심인불교는 무상진리 불교다. 사상(四相)을 버리고 증득을 취하자. 사색 당파는 조국을 망쳤다.

심인불교는 깨달음을 근본으로 하고, 실천주의이며, 무상진리 불교라고 규정하였다. 또한 깨달음은 참회, 실천은 자주, 그리고 무상진리 불교는 증득을 주요덕목으로 강조하였다. 깨달음은 참회로 시작하고, 실천은 의뢰 없이 자주로 이루고, 무상진리 불교는 형식보다 증득을 취한다는 의미이다. 심인불교건국참회원은 단헌규약을 10장 25조로 정하여 총칙 2조에서 "본원(本園)은 선언과 강령의 관철을 목적으로 한다"고 정의하였다. 특히 규약(5장 15조)은 참회원의 교화방편을 교종과 진언종으로 정하고 그 의미를 설명하였다.

1. 교종은 금강경의 종지와 기타 대승경전 가운데서 한글로 간단히 번역하여 그 진리를 설명하고 깨닫게 하여 과거의 잘못을 참회하고 지비용으로 실천하게 하여 미신타파와 가정화목을 주로 한다.
2. 진언종은 허망한 산란심을 버리고 본심을 일으키게 하여 오리견성(悟理見性)의 경지에 도달하도록 육자대명왕주를 묵념하게 한다.

규약의 설명은 교종이란 교리를 의미하고 진언종은 진언수행을 일

컽고 있다. 심인불교참회원은 금강경의 교리를 중심으로 하고 육자진언 수행을 기본으로 하여 창교 당시의 교화방편을 그대로 계승하였다.

그러나 심인불교건국참회원을 등록하면서 교화의 덕목이 '참회'에서 '심인'으로 심화하였다. 참회는 자기 허물의 깨달음에서 시작하여 심인의 밝힘을 구경으로 하는 수행법이다. 참회원은 교화를 시작하면서 먼저 참회를 내세웠다. 창교 당시의 사회적 상황에서는 참회가 수행이나 생활에서 첫 출발점이고 무엇보다 절실하였다. 그래서 종교적 참회운동을 일으키고, 당면한 현실고의 원인으로서 자신의 허물을 깨닫고 참회하여 현실고의 해탈을 얻게 하였다. 따라서 교화를 시작하면서 참회를 강조하고 교당을 참회원이라 하였다. 그리고 참회원은 수행의 심화과정으로서 참회의 궁극 이상인 '심인'을 드러내었다. 대종사는 교화의 이득(已得) 과정에서 육자진언의 수행을 통하여 밝혀지는 마음[본심]을 일컬어 심인이라 하였다. 심인은 마음의 의미도 있고, 한편으로 심인의 상징형태로서 진언을 뜻하기도 한다. 그래서 육자진언은 달리 '육자심인'이라 실감나게 부른다. 나아가 심인은 만유실체의 진리로서 '심인진리'라고 증득하였다. 심인불교는 '심인진리를 깨닫고 밝히는 불교'라는 의미를 가진다. 그래서 심인불교는 '심인(밝히는)공부' 즉 '심인공부'를 수행의 근본으로 하였다. 따라서 교화단체참회원은 불교의 성격을 분명히 하고, 참회를 통하여 심인진리를 깨닫는 불교라는 의미에서 심인불교(건국)참회원이 되었다.

2) 심인불교의 조직과 활동상

참회원의 교화가 심인공부를 드러내면서 교당의 명칭을 참회원에서 심인당으로 개칭하였다(1952.4.8). 따라서 교단의 명칭은 심인불교참회원, 교당의 명칭은 심인당으로 정해졌다. 심인불교참회원의 교화는 활기를 더하여 심인당은 전국으로 확산하여 갔다. 대구 동인동에 심인당을 건축하고(1952.8.11), 이어서 서울심인당(밀각심인당)의 건축에 착공하여(1952.9.29) 다음 해 2월 8일에 준공하고 대종사가 교화를 맡았다(1953.2.8).

서울 심인당 건축은 특별하게 진행되었다. 대종사는 북한군이 낙동강을 건너 대구에 진입하기 직전에 피난길을 권유하는 측근에게 "전쟁이 물러가지 내가 물러가나. 가고 싶은 사람만 가라"고 하며 피난을 가는 대신 남산동 참회원에 소재도량을 열어 불공을 하였다. 그리고 휴전이 진행되는 동안 서울에 소재도량을 열어야 전쟁이 끝난다면서 전투 중에 깨어진 벽돌을 주워 모아서 심인당을 짓고 스스로 교화를 맡았다.

참회원은 조직의 정비와 함께 재정의 활용 방안도 강구하였다. 참회원의 교화활동은 처음 대종사의 자비로 충당하였다. 그리고 교화가 진행되면서 심공과 교화 동참자의 자발적인 기부, 또는 위탁으로 감당하였다. 자진해서 재산을 기부 또는 위탁하고 교화에 동참하는 사람이 늘었다. 남산동 참회원의 건축이 진행되면서 전래의 보시를 '희사(喜捨)'라고 부르고 희사법을 설하였다(1949.2.20). 그래서 참회원의 건축 경비는 신교도의 자진 유상(有相) 무상(無相) 희사로 충당하였다. 그때 희사법과 동시에 절량법도 설하였다. 그러나 유상희사에 관심이 높아서 무상희사를 강조하였다. 희사법는 자비 즉 희사심을 실천하는 방편으로서 후에 결국 심인공부의 중요한 수행법이 되었다. 절량법은 일용 양식(糧食)의 중요성과 은혜로움을 깨닫고 재물을 아껴 쓰는 심성을 기르는 실천법이 되었다.

참회원은 희사법을 실시하면서 희사에 대한 경전의 전거를 찾아서 희사의 보편적 원리를 일깨웠다. 그리고 경전의 분재(分財)에 관한 법설 중 특히 사분법(四分法)에 관심을 가지고 다양한 희사법의 방편과 제도를 마련하였다. 희사법의 실시로 희사금이 모이자 희사금의 사용 방안도 마련하였다.

참회원은 일찍부터 교화스승의 교육을 실시하였다. 먼저 교화스승을 기회 있을 때마다 모아서 강습을 하였다. 그 후 강습은 매월 정기적으로 실시하고 필요에 따라서 임시 강습도 하였다. 그리고 강습을 강공(講工)으로 개칭하였다(1952.9.4). 강공은 매월 정기적으로 열었지만 겨울 1~2월과 여름 ~7~8월은 추위와 더위로 중지하였다. 그리고 도량에서 심공은 자유롭게 하였다. 그런데 춘분부터 추분까지는 저녁공부를 주로 하고, 추분부터 춘분까지는 아침공부를 주로 하였다. 아침 오전 5시에 종을 치고 5시 15분부터 공부를 시작하고, 저녁 6시에 종을 치고 7시부터 공부를 시작하였다. 그러나 지방에 따라서 공부시간은 달리할 수도 있게 하였다. 참회원 시기에는 도량에 종을 설치하고 공부시간을 알렸다. 그리고 공식 낮 공부는 10시부터 2시간동안 하였다. 대중이 동참하는 공식불사가 실시되면서 언제쯤인가 죽비(竹篦)가 사용되었다. 죽비는 스승이 불사를 진행하는 법구(法具)로서 법구가 사용되기 이전에는 손뼉으로 대신하였다.

그 시기에 일요일을 자성 찾는 날의 의미로서 '자성일(自性日)'이라 부르고 특별히 중요하게 심공을 하였다. 공식 낮 불사는 정사 전수가 지도하고 해인(海印)을 공부하고 설법도 하였다. 해인은 각해심인(覺海心印)의 준말로서 공부에 필요한 경전이나 설법의 자료를 말한다. 해인은 주로 대종사가 교화자 강공을 위해서 준비하고, 다시 심인당에서 교도와 공부하게 하였다. 그 해인을 달리 '꼬지경'이라 불렀다. 심인당 전면에 걸어서 신교도와 함께 공부한데서 붙인 명칭이다. 심인당 전면에 걸어둔 꼬지경을 공부하면서 법대(法帶)가 사용되었다. 꼬지해인의 글자를 한 글자씩 짚는 긴 대나무 막대를 법대라고 불렀다. 신행이 깊은, 즉 법을 잘 지키는 보살이 법대를 짚었는데 법대보살이라 일렀다. 법대의 실시는 해인의 내용에 집중하게 하고 글을 모르는 신교도가 글을 깨우치게 하는 목적이 있었다.

스승의 심공은 특별히 정한 규정이 없이 용맹정진하게 하였으나, 다시 정사 전수 그리고 지원대표자 간부 등 교화 종사자는 '심인염송'을 매일 일만독(讀)을 철저히 하는 규정을 세웠다(1952.2.7). 그리고 심공 중에서 특별한 심공은 강도라 하고 필요에 따라서 강도를 하였다.

교화자의 자격과 심공의 방안이 차례로 마련되면서 참회원은 심공 방편도 실험적으로 시행하였다. 육자심인 염송의 신행체험과 교학체계의 이득과정으로 남자는 아미타불본심진언을 염송하기로 하였다. 남자는 아미타불본심진언 '단야타 옴 아리다라 사바하'를 염송하고 여자는 육자진언을 염송하였다(1953.7.2). 남녀의 성정에 따라서 각기 부합하는 진언염송을 하여 이원상대의 심공을 세우려는 방편이었다. 그러나 미본진언 염송은 마장은 있고 증득되는 일이 없어서 폐지하였다(1957.10.9). 또한 참회원은 대소사의 행사를 양력으로 시행하기로 하였다(1953.3.3). 심인 밝히는 수행은 양(陽)에 부합하고 번뇌를 없애는 일은 음(陰)에 어울리기 때문이다.

교화자의 교육과 더불어 신교도의 교육도 필요하였다. 처음 교화를 하면서 신교도 중에는 글을 읽지 못하는 사람이 많아서 국문강습을 시작하였다. 강습의 수강생이 증가하여 당국의 수속을 밟아서 건국고등공민학교를 도량 내에 개설하였다(1949.8.8). 강사는 신교도 중 신옥(申鈺)이 맡았다. 그러나 건국고등공민학교는 6·25전쟁 직전 폐지하였다

(1950.5.25). 당시에는 교육환경이 매우 열악하였다. 심인불교는 다시 오서근이 운영하던 공민학교를 인수하여 심인고등공민학교로 개명하고 대종사가 초대 교장을 받았다(1953.6.6). 그리고 경북여자고등학교의 가교사(假校舍)를 차용하여 교육을 실시하였다. 가교사는 낮에는 경북여자고등학교가 사용하고 밤에만 공민학교가 사용하는 조건으로 차용하였다. 그 때 야간부 남녀 1·2학년 2학급으로 112명이었다. 심인고등공민학교는 후에 심인중학원에 이어 심인중학교로 발전하였다. 심인불교참회원은 직영 고등공민학교의 운영자금을 본원과 각 지원의 찬조로 지원하기로 하였다(1953.7.7).

참회원은 교화 초기부터 해인을 한글 위주로 만들었다. 남산동에서 공민학교를 열어서 국문학습을 실시하고 사회에 한글보급 운동을 하였다. 남산동 참회원을 신축하여 참회원의 해인판에 한글로 된 해인을 부착 게시하여 공부하였다. 참회원은 도량의 전면 벽을 해인판이라 부르고 육자진언을 비롯하여 중요한 해인을 부착하여 공부하였다. 한글사용에 대한 참회원의 사실이 알려져서 당시 최현배 등 한글학자들이 한글보급의 좋은 실례로서 찾아오기도 하였다.

심인불교참회원은 창교부터 구성원의 의견을 모아서 공의(共議)로 운영하려는 노력을 하였다. 참회원의 운영과 신교도의 생활에서 공사(公私)의 문제를 중요하게 다루었다. 참회원은 교세가 확산되고 규모가 커지면서 행정조직과 교화활동의 체제를 다시 정비하였다. 헌법을 제정하여 참회원의 체제를 완전히 개정하였다. 헌법제정 경과문은 헌법제정의 필요성을 잘 밝히고 있다.

참회원은 헌법제정을 1953년 3월에 착수하여 헌법기초위원회를 구성하였다. 대종사와 김희옥이 기초위원으로 선출되어 4월부터 6월까지 초안을 완성하였다. 스승으로 이루어진 헌법기초위원회는 7월 7일 초안을 토의하고 대종사에게 재수정을 위임하였다. 대종사는 강준[姜竣, 강창호(姜昌鎬)를 대종사가 개명해준 이름]을 전문위원으로 삼아서 재수정하여 헌법안을 마무리하였다. 그리고 단기 4286(1953)년 스승 23명과 신교도대표 50명으로 구성한 헌법제정총회에서 8월 20일부터 3간 헌법안을 축조심의하고 만장일치로 통과시켰다(1953.8.24). 또한 헌법제정 경과문은 새로 제정하는 헌법의 기본체계를 확실히 기술하고 있다.

> "동양에 근거를 두고 있는 교단은 거개가 종합적이요, 종파로 나누어진 것도 일원주의 조직이라, 한 불교로서 이교(異敎)와 같이 양극 음극으로 이원주의로 조직된 헌법이 없었던 것이다. 그러므로 동양 불교가 오늘날 대발달하자면 계율과 각오(覺悟)는 성전으로 할 것이요, 교정(敎政)을 치행(治行)할 법을 반드시 따로 세워야 할 것이다."

헌법의 기본체계는 종교적 수행과 세간적 행정의 이원주의를 중심으로 삼았다. 계율 수지와 각오, 즉 깨닫기 위한 수행은 성전[경전과 계법]에 의거하고, 교단 행정의 운영체계를 위해서 법을 제정하였다. 이에 따라서 헌법의 내용은 종교적 이법으로서 신장(信章)과 행정체계로서 교정(敎政)의 이원을 세웠다. 또한 신장은 교리의 요약으로서 약리[約理(27항)]와 스승의 자격요건과 행위규범으로서 인법[印法(37항)]을 정리하였다. 교정은 전 22장과 부칙으로 구성하고 기본조직체계로서 심회(心會) 인회(印會) 총인회(總印會)를 두었다. 심회는 각 심인당, 인회는 일정 지역, 총인회는 중앙의 조직을 일컫는다. 다만 인회의 조직이 하나일 경우는 그 인회가 총인회의 역할을 하기로 하였다. 그리고 징계유도규례[懲誡誘導規

例(14장)]·심공의범(19장)·십중계·해인행·사십팔심인계 등을 제정하였다. 그리고 헌법을 제정한 후 참회원의 재산을 효과적인 유지관리하기 위해서 재단법인의 설립을 결의하였다.

제헌총회는 헌법을 제정한 후 8월 24일 공포하였다. 그리고 제1회 인회를 열어서 교정조직의 구성을 위해서 인회회칙전문(39조)을 심의 결의하고 대종사를 인회의 회장으로, 박대준을 부회장으로 선출하여 인회를 구성하였다. 이어서 인회는 대종사를 재단 이사장으로 선출하고 박대준 등 이사 5명과 감사 2명을 선출하여 재단임원을 구성하였다. 특이하게 제헌총회 동안 매일 대종사가 불교어요해 등 중요한 교법의 강설을 동시에 하였다.

4. 진각종 시대

1) 진각종의 성립

심인불교참회원은 헌법을 제정하면서 몇 가지 중요한 결정을 하였다. 교화단체의 명칭을 변경하고 성격을 규정하는 한편 나아가 재산관리를 위해서 재단법인을 설립하였다. 먼저 심인불교건국참회원의 명칭을 대한심인불교진각종보살회로 개정하였다. 심인불교라는 포괄적 불교의 명칭에서 진각종이라는 불교의 한 종파로 자리매김하였다. 각성종교(覺性宗敎)로서 참회원에서 불교의 특수한 형태로서 심인불교로 교화의 방편을 심화하고, 다시 불교의 한 종파로서 진각종으로 교화의 성격을 구체화 시켰다. 심인불교는 '심인'을 중심 수행덕목으로 '공부'하는 불교로서 보편성의 입장에서 '불교'이지만 특수하게 '심인공부'를 중심에 세웠다. 그러나 심인불교라는 명칭은 불교라는 보편성보다는 '심인'이라는 특수성을 드러내게 되어서 전래의 불교와 이질적인 인상을 가질 수 있다. 그래서 다시 불교라는 보편성과 심인공부라는 특수성을 나타낼 수 있는 명칭을 생각하였다. 불교의 전통에서 보편성과 특수성을 아우르는 명칭으로써 종파라는 개념을 수용하였다. 따라서 심인공부를 특수성으로 삼는 종파인 '진각종'으로서 자리매김한 것이다. 헌법제정 경과문이 그 내막을 기술하였다.

"대한심인불교진각종보살회라 칭함은 심인을 독특하게 드러내는 적의(適宜)한 방편이 되어도 대한불교 모든 종파간의 융화를 도모하고 명칭으로

부터 오는 종파아(宗派我)를 떠나서 종파성(宗派性)을 나타내기 위해서는 대한불교진각종보살회라고 개칭함이 타당함을 인정하여 단기 4286년 12월 31일 총인회에 상정하여 토의한 결과 개칭을 결의하였다"

종파아(宗派我)는 종파분립의 뚜렷한 특수성이 없이 종파를 세우는 것을 말하고, 종파성은 종파로서의 뚜렷한 특수성을 지닌 종파를 세우는 것을 말한다. 종파아로서 종파는 종파간의 분열과 대립을 일으켜서 불교의 발전에 해악을 끼치게 되고, 종파성으로서 종파는 종파간의 분화와 협동으로 불교의 발전에 크게 이바지하게 된다. 불교 종파간에 종파아(宗派我)을 드러내는 것을 우려하여 '심인'이라는 개념을 숨기고, 안으로 종파성(宗派性)을 나타내기 위해서 '심인'의 의미를 머금고 있는 '진각'을 드러내었다.

따라서 대한불교진각종보살회로 명칭을 변경하였다. 교단의 명칭을 개정한 후에도 '심인불교'라는 명칭은 통칭으로 계속 사용하였다. 헌법제정은 『대한불교진각종보살회헌법』단행본의 출판으로 마무리 되었다(1954.1.15). 진각종단은 『대한불교진각종보살회헌법』을 출판하면서 헌법제정 과정에 논의된 내용을 함께 실었다. 『진각종보살회헌법』의 서두에는 「무슨 이유로 종파가 나누어지느냐」와 「대한불교진각종보살회를 세우는 뜻」이란 논설문이 들어있다. 이어서 이원상대원리에 관한 도식을 실었다. 그리고 말미에는 교리의 이해를 돕기 위해 '불교어요해'를 실어 두었다. 「무슨 이유로 종파가 나누어지느냐」는 종파분립의 당위성을 논하면서 불교가 '일원통솔(一元統率)'의 교화방편에서 '이원전문(二元專門)'의 다양한 방편문을 세워야 대발달할 수 있음을 밝히고 있다. 그리고 「대한불교진각종보살회를 세우는 뜻」은 원래 "참회원 세우는 선언"을 몇 차례 수정 보완한 글이다. 교화단체참회원 등록시의 "참회원 세우는 선언"은 심인불교건국참회원 등록시에 "심인불교를 세우는 선언"으로 수정 보완되고, "심인불교를 세우는 뜻"으로 수정 보완되었다. 그리고 헌법제정과 맞추어서「대한불교진각종보살회를 세우는 뜻」으로 수정 보완되었다. 여기서 진각종을 세우는 당위와 취지를 설명하고 있다. 전래의 불교가 삼보사불(三寶事佛)과 도상숭불(觀像崇佛)의 일원적 신앙을 주로 하는 반면 진각종은 삼신이불(三身理佛)과 진리각오(眞理覺悟)의 신행을 위주로 한다는 것이다. 따라서 부처님을 섬기고 불상을 숭상하려면 계율을 받드는 수행을 중시해야 하고, 부처님의 법을 따르고 진리를 깨달으려면 인과를 내증하여 육행을 실천하는 수행을 앞세우게 된다. 그 까닭을 이렇게 간명하게 설명하고 있다.

> "일교내(一敎內)에서 여러 부문을 여는 것은 어두운 시대의 통솔적 부문이며 일원주의 부문이며 봉건적 소법小法이며 소발달이요, 일교내(一敎內)에서 체용(體用)과 방편이 달라서 이교(異敎)와 같이 분교 되는 것은 문명시대의 자주적 종파이며 이원주의적 종파이며 평등적 대발달이다"

불교[일교(一敎)] 내에서 특수성이 없는 종파를 열면 통솔이 되어서 발달이 적고, 교리체계[체용]와 방편[의식과 교화]이 특수한 성격을 가져야 이원전문의 활동이 되어서 불교가 크게 발달하게 된다. 따라서 종파성이 분명한 진각종을 세워서 불교의 대발달을 이루려 하였다.

진각종은 '참회→심인→진각'으로 명칭을 개칭하면서 교리와 교화 방편을 심화하였다. 진각은 심인이 밝혀진 경지를 일컫는다. 육자진언의 수행을 통해서 참회하고 심인을 밝혀서 이르는 경지가 진각이다. 참회는 수행의 덕목이고 심인은 수행의 대상이라면 진각은 수행의 이상이다. 그래서 심인을 밝혀서 진각을 성취한 중생, 즉 진각인을 진각님이라 불렀다. 진각의 경지는 새롭게 성취되는 것이 아니라, 이미 법계에 보편적으로 내재하여 있는 경지이다. 그래서 법계에 보편적으로 내재하여 있는 진각의 경지를 '법계진각님'이라 불렀다. 그런데 법계에 내재하고 있는 진각의 경지는 곧 중생의 자성(自性)이기도 하다. 따라서 중생의 본성품[자성], 즉 심인을 깨달아서 회복하면 그대로 진각의 삶을 살아가는 진각님이 될 수 있다. 그러므로 진각은 보편적으로 '법계에 충만한 진각의 경지 그 자체'를 일컫기도 하고 개별적으로는 '진각의 경지를 체험하는 과정'을 가리키기도 한다. '법계에 충만한 진각의 경지 그 자체[本覺]'는 '진각의 경지를 체험하는 과정[始覺]'를 통하여 '구경에 본각과 시각이 불이(不二)한 것을 깨닫게[究竟覺]'되는데, 이러한 깨달음의 과정을 통틀어서 진각이라 일컫는다. '법계에 충만한 진각의 경지 그 자체'와 '중생이 내재하고 있는 자성[심인]'은 보편과 특수의 관계로서 각기 법계법신과 자성법신이라 일컫는다. 그리고 법계진각님은 그대로 법계에 충만한 법신이므로 법계법신이라 부르고, 중생의 자성인 심인을 깨달은 경지인 진각님은 자성법신이라 일컬었다.

진각종은 종명을 확정하는 한편 종단의 재산을 관리하는 법인의 명칭을 재단법인 대한불교진각종보살회유지재단으로 정하였다. 그리고 재단법인 대한불교진각종보살회유지재단기부행위라는 법(28조)을 만들고 문교부에 재단설립허가를 신청하고(1953.10.28) 다음해 설립허가를 받았다(1954.1.27). 유지재단의 목적은 "대한불교진각종보살회 관할 각 지보살회의 심공 및 전교 지보살회의 건설 교육 구료 기타 자선사업에 필요한 토지 건물 및 설비품 소유관리"라고 명시하였다. 진각종은 교화주관의 종단과 재산관리의 재단으로 이원화하여 선구적 운영체계를 수립하였다.

2) 종단의 정체성 확립

종단은 헌법을 제정하면서 불교의 종파개념을 받아들여 공식명칭을 대한불교진각종보살회라 확정하고 특히 '보살회'라는 용어를 붙였다. '대한불교진각종보살회'에서 '보살회'는 '진각종은 보살회다'라는 의미로서 진각종의 성격을 '보살회'로 밝히고 있다. 불교의 교리는 원래 심원광대하여 하나의 문으로 다 나타낼 수 없고 또한 하나의 방편으로 다 교화할 수 없다. 시대에 따라서 다양한 종파가 나누어지고 환경에 맞는 많은 방편이 마련되었다. 그리하여 불교의 분화와 협동이 이루어져서 교화발전이 크게 일어날 수 있다. 그 중에서 출가 종파와 재가 종파로 분화하여 교화하면 전통 계승과 시대에 맞는 교화를 원만히 할 수 있다. 따라서 진각종은 '보살회'라고 하여 전통적인 출가불교의 일원 통솔적인 종파에 대하여, 시대에 맞는 교화방편을 펴는 재가불교의 이원전문적인 종파라는 정체성을 드러내었다. 그래서 비유하면 출가종은 집안의 종손(宗孫)과 같이 전통을 이어가고, 재가종은 지손(支孫)과 같이 분화하여 각기 전문적 종지를 세워서 교화할 수 있는 것이다. 즉 출가법은 전통을 이어 나가는 법이며 재가법은 그 시대 중생을 제도하는 법으로서, 전통을 계승하는 출가법이 없어도 불교 역사는 찾아볼 수 없고 교화하는 재가법이 없어도 그 시대의 민속(民俗)을 교화할 수 없게 된다. 즉 출가종단은 사찰의 불상을 중심으로 불법승 삼보를 숭상 예배하여 사회를 정화하고, 진각종은 등상(等像)을 떠나서 진리불[이불(理佛)]을 믿고 인과를 내증하여 육행을 실천하는 교화를 하는 것이다.

불교에서 보살은 성불의 과정에 있는 수행자를 가리킨다. 보통 보살의 위상은 '위로는 깨달음을 구하고[상구보리(上求菩提)]' '아래로는 어리석은 사람들을 교화하는[하화중생(下化衆生)]' 인물[수행자]로 보고 있다. 그래서 대승불교는 이상적인 인간상으로서 보살사상을 형성하였다. 보살은 이상적인 인간상으로서 자신의 이익을 미루고[자미득도(自未得道)] 남을 이롭게 한다[선도타(先度他)]. 그래서 보살은 육도[六度, 육행(六行)]의 실천을 중심 덕목으로 삼아서 수행과 교화 활동을 하고 있다. 이러한 보살에는 가정을 떠나서 수행하는 출가보살과 가정을 이루고 수행하는 재가보살이 있다. 재가보살은 수행을 통해서 삼매를 얻고 십선도를 행하며 보시와 법을 설하였다. 출가보살은 집을 떠나서 십선도를 실행하고 고요한 숲속이나 탑사에 머물면서 수행하고 법을 설하였다. 진각종보살회는 출·재가보살의 성격을 동시에 품고 있다.

그래서 진각종의 정사(正師)와 전수(傳授)는 세상에 처하여 부부생활을 하면서 보살계를 가지고 심인진리를 깨쳐서 중생을 제도하고 화민성속한다. 이처럼 일상생활에서 보살계를 지키고 심인진리를 깨치면서 교화하는 스승은 가정을 떠난 출가[신출가(身出家)]를 하지 않고, 재속에서 심출가(心出家)한다. 진각종의 스승은 비록 재가에 머물지만 심인[보리심]을 깨쳐서 마음에 뭇 경계를 일으키지 않고 승속동행의 교화를 한다. 진각종의 스승은 심인(보리심)을 계체(戒體)로 삼아서 일상생활에서 십선계[보살계]와 육행을 실천하는 수행과 교화에 정진한다. 그래서 재가법이 현실 생활에서 계행을 지키고 바르게 서면 상대원리로 재가법과 출가법이 서로 반영하여 출가법도 바르게 정화되고 나라와 세계가 모두 정화되는 것이다.

복잡한 현대물질사회는 종교와 관계없이 인간의 내면적 윤리, 즉 지혜 자비 사랑 등 세속적 윤리를 요구하고 있다. 따라서 현대물질사회에서 거칠어진 인간의 심성을 정화하기 위해서 형식을 넘어서 인간 내면의 본성[심인]을 밝히는 방편을 강구하였다. 그래서 불법(佛法)과 세간법(世間法)은 이면(裏面)과 표면(表面)의 관계로서 불이(不二)의 관계로 보는 불교의 본 정신에 따르면 출가 재가와 성속(聖俗)은 수행 생활의 조건이나 방편에 지나지 않고 종교적 위계가 될 수 없다. 따라서 진각종은 형식적인 겉모습으로 출가와 재가를 가르는 인식을 넘어서 세속에서 세속적 생활을 정화하는 방편문을 세운 것이다. 세속에서 세속의 초월을 실현하기 위한, 소위 '세속에서 초월'의 방편문인 진각종은 출가와 재가의 이분화(二分化)를 지양(止揚)하고 오히려 둘을 포괄하는 '재속주의(在俗主義)'를 지향(指向)하여 '현세정화'를 교화이념으로 하고 있다. 그러므로 진각종이 세간을 정화하는 상호보완적 관계로서 출가종과 재가종의 역할 분립에 따라서 '재속주의'로서 교화활동을 충실히 수행할 때 불교발전, 나아가 현대사회의 복지와 평화는 지속할 수 있다.

5. 교화발전과 교세의 확대

1) 교화방편의 다각화

헌법제정은 다방면에서 종단의 교화발전에 새로운 전기를 마련하였다. 심공법과 교화방편을 다방면으로 강구하였다. 그 동안 실천하여 오던 심인당의 아침저녁 심공을 심학교 심공시간으로 정하였다(1953.12.18). 심공은 심학공부의 뜻으로서 스승과 신교도가 실행할 심공법의 방편을 다방면으로 모색하였다.

아침저녁 심공을 보다 집중적으로 하기 위해 먼저 매월 초 7일간 심공법을 실시하였다. 매월 정기적으로 실행하는 심공이라 월례심공(1954.8.28), 또는 월초의 심공이라는 의미에서 월초심공이라 불렀다(1955.10.12). 월초심공은 정착되는 과정에서 폐지와 재실시를 반복하였다. 그 과정에서 심공의 어려움을 감안하여 매달 시간정진을 7회 이상 하기도 하였다(1956.10.14). 시간정진법은 특별한 서원이 있을 때 시간을 정해 놓고 하는 심공으로, 하루 동안 심공하는 법에서 시작하였다. 하루정진은 일일(一日)정진으로 서원에 따라서 하루 동안 6시간 동안 심공정진하는 법이고, 이를 7일간 계속하여 심공하는 법이 7일정진법의 하나이다. 하루 정진이든 7일정진이든 심공 중에는 계법을 정하여 하기도 하였다. 그러나 하루 정진도 심공이 어려운 점이 있어서 3시간 정진을 매월 2회 이상 심학강공 하기도 하였다. 누구든 하루 정진을 할 경우 해인 낭독, 서원가도 하지 않고 죽비도 쥐지 않고 희사금도 정리하지 않았다. 시간정진 하루정진 월초심공 등에 이어서 새해서원강도법을 시행하였다

(1955.12.27). 새해강도는 한 해의 서원을 위한 심공법으로서 서원강도 요강을 마련하였다.

심인당의 공식심공시간은 진언염송과 더불어 해인을 공부하는 심공이었다. 스승과 신교도가 공부할 해인을 지속적으로 제정하였다. 특히 법신(法身) 대일여래(大日如來) 보신(報身) 자성미타(自性彌陀) 화신(化身) 석가불(釋迦佛)의 영체심인(靈體心印)으로 하는 삼신이불(三身理佛)의 의의를 개선하여 해인을 제작하였다(1955.9.21). 가정에서 게시하여 나날의 심공을 하도록 가정해인을 배부하였다(1956.7.20). 해인공부는 심공을 통해서 진리를 깨치는 방향을 잡아 주었다.

해인의 내용을 보다 쉽게 기억하고 이해하는 방편으로 서원가를 실시하였다(1955.1.20). 이에 수반하여 서원가 보급을 효과적으로 할 수 있게 각 심인당에 피아노 풍금 등의 악기를 비치하였다. 서원가는 교리나 경전의 말씀을 가사로 정리하여 작곡하였다.

심공법의 개선과 더불어 희사법도 수승하게 개선하였다. 희사는 수행의 중요한 방편이고 재물을 옳게 쓰는 가장 좋은 길이기 때문이다. 참회원 시기의 1/10 희사와 차별희사에 이어서 제시법(濟施法)을 실시하였다(1956.6.3). 차시는 차별희사의 준말로서 차사(差捨)라고도 하며 특별한 상황에 따라서 그때그때 행하는 희사이다.

희사금은 교화를 위하여 잘 써야 큰 공덕이 된다. 그런데 희사금을 잘 쓰기 위해서 희사할 때부터 희사의 목적을 정하여 실천하는 방안을 생각하였다. 여기서 복식방편이란 이원원리와 관계가 있다. 즉 희사금은 이원방편으로 써야 한다는 의미이다. 희사금은 현실적인 재물로서 유상적인 것이지만 무상희사를 하면 희사한 금액은 무상 진리의 성격을 지니게 된다. 그러므로 무상의 진리를 전하는 직접적인 교화활동을 위한 곳에 써야 한다. 무상 진리로서의 정제(淨財)를 현실적인 목적으로 사용하면 마장이 일어나게 된다. 그래서 처음부터 현실적인 용도의 유상의 희사문을 열게 된 것이다. 유상희사는 구체적인 현실적 목적을 가지고 행하는 희사이다. 유상 제시의 현실적 목적을 다섯 가지 예를 들고 있다. 따라서 무상 희사와 구분하여 제시함을 설치하였다. 그리고 실제 제시함을 제작하여 배부하였다(1957. 2.18).

희사법의 중요성은 공사(公私)의 문제와 관련이 있다. 희사의 공덕은 희사의 뜻을 일으킬 때 이미 형성된다. 희사의 뜻을 일으키는 순간 희사금은 개인의 소유물이 아니라 공공의 소유물이 된다. 희사법과 더불어 공공의 소유물이 가진 의미도 강조하였다.

교화의 저변을 넓히기 위해 자성학교를 개설하였다(1953.12.20). 자성학교는 자성일에 어린이 교화를 위한 심공 모임을 가리킨다. 신교도 자녀와 심인당 인근의 어린이를 모아서 교화를 하였다. 개설 당시에는 오후 1~2시 사이에 공부모임을 가졌으나 상황에 따라서 변경하였다.

교화의 주체는 스승이기 때문에 스승의 역량을 높이는 일은 매우 중요하다. 강공과 더불어 신임 스승의 재교육을 실시하고(1953.12.18), 다시 스승교육을 위해서 심학교를 개설하였다(1955.12.27). 남산동에 심학교를 개설하여 스승들이 참석한 가운데 심학교 개교식을 하고 대종사가 담당하여 지도하기로 하였다. 이와 동시에 해인의 제정과 개정, 그리고 서원가가 제정되어 교화의 방침과 표준이 개선되면서 지구별 또는 합동 강공을 열었다.

헌법제정으로 종단의 체제를 정립하는 중에 헌법의 개정과 인회회칙의 개정을 통하여 체제를 정비하였다. 헌법의 시행 중에 약리와 인법을 보다 적절하게 개정하고, 인회의 회칙도 현실에 맞게 개정하였다

(1954.8.28). 헌법제정 후 약 1년간 운영한 결과 많은 불편한 사항이 있어서 인회의 운영을 원활하게 하기 위해 운영규칙을 제정하였다. 그에 따라서 유지재단 기부행위도 변경하고 문교부에 승인을 받았다(1956.10.29). 그리고 종단행정에 필요한 각종 규정을 정하여 종단운영의 공정을 기하였다. 그리고 인회 총인회 보살회유지재단 본부의 서울 이전을 많은 논의를 거쳐서 인회와 재단을 서울에 이전하였다(1957.4.29).

2) 교육사업과 사회참여 활동

교화의 발전에 맞추어서 사회의 교육활동도 걸음을 같이 하였다. 심인고등공민학교가 빌려서 쓰던 경북여자고등학교의 가교사를 매입하였다(1953.12.21). 공민학교의 교명을 심인중학원으로 개명하고 강창호를 교장에 임용하였다. 나아가 심인중학원을 정규 교육기관화하기 위해 다시 심인고등공민학교라는 이름으로 당국에 인가신청을 하였다. 그러나 다시 심인중학교로 명칭 변경하여 완성연도 12학급의 규모로 문교부에 인가신청하고 문교부장관으로부터 각 학년 3학급씩(주간 6, 야간 3) 설립인가를 받았다(1955.4.8). 강창호 교장이 청구대학 전임강사에 임명되어 교장을 사임하자 대종사가 교장서리를 맡았다. 중학교 설립에 이어서 심인공등학교를 설립하기로 결의하였으나(1956.1.16) 일단 보류하였다. 그 대신 중학교의 교육환경을 개선하기로 하였다. 심인중학교의 교육환경 개선과 발전을 위해서 교사 신축을 계획하였다.

대명동 원두 대덕산 앞(93번지)에 1만 2천여 평의 학교 부지를 마련하고 기공식을 하였다(1956.6.10). 대종사는 사람들이 신축교사 부지가 도시 외곽에 있어서 걱정을 하자 이곳이 대구의 중심이 될 것이라고 하였다. 교사신축 감독과 책임자를 선정하고 대종사가 총지휘감독을 맡았다. 전국 각 심인당에서 교사신축공사를 위한 강도를 하고, 착공을 하였다(1956.7.27). 그 이튿날 스승과 신교도 교사와 학생이 동참하여 교사신축 강도를 하였다. 심인중학교 교사신축 공사가 진행되는 중에 아주 중요한 정보를 알게 되었다. 해방 후 한국전쟁을 겪으면서 우리나라의 경제적 어려움이 깊어지자 유엔은 한국의 경제적 지원을 위해서 한미합동경제위원회를 설치하고 집행기관으로서 주한미군 산하에 경제조정관실(OEC, office of economic coordinator)을 두었다. 그리고 1958년 미국원조단(USOM)으로 개편될 때까지 미국에서 생산되는 자재를 한국에 원조하였다. 그 중에 학교설립을 위한 건축자재의 원조도 포함되어 있었다. 주한미군을 통하여 사립학교 건립에 건축자재를 원조하는 제도였다. 군인 신분인 서울의 한 신교도가 그 사실을 알고서 대종사에게 OEC지원제도를 소개하고 직접 지원을 받도록 주선하였다. 그리하여 국군 제2군단은 심인중학교 교사건축에 'OEC원조자재'를 지원하기로 결정하였다(1956.9.7). 이렇게 심인중학교 교사신축 공사는 많은 어려움이 있었지만 장애 없이 진행되었다.

본관이 준공되어 가교사에서 본교사로 이전하였다(1956.12.8). 이어서 대명동 가교사를 해체 이전하여 개축하였다. 그리고 국군 제2군단으로부터 심인중학교 교사 이양 증명서를 수령하였다. 심인중학교 신축이 완공되자 오상영이 교장으로 취임하였다. 오상영은 당시 대봉동심인당 교도로서 고등공민학교를 대종사에게 소개하고 교감을 맡아서 신축현장의 실무책임자였다. 그런데 오상영 교장은 다시 자격미달로 교장직을 사임하고 팔정인쇄소 이사로 일하게 되었다. 심인중학교가 신축교사로 이전하자 심인고등학교 설립을 위해 완성연도 6학급으로 문교부에 인가신청을 하고 문교부장관으로부터 설립인가를 받았다(1957.3.11).

3) 교세의 확충

그 동안 교화가 전국으로 발전하였으나 아직 심인당이 개설되지 않는 5곳의 도청 소재지가 있었다. 교화 미개척지인 5도의 도청소재지에 심인당을 개설하기 위해서 특별히 사람을 파견하여 교화를 개척하였다. 대종사는 어느 날 측근 5인을 불러서 취지를 말하고 5개 도시를 제시하였다. 다섯 인사는 대종사의 뜻을 받들어서 제비뽑기로 파견 갈 도시를 선택하고 건설 상무라는 직책을 받았다. 각기 30만환을 가지고 선택한 도시에 가서 100일 불공을 하면서 심인당을 건설하고 돌아오는 임무를 받았다. 그러나 청주 전주 광주 등 세 곳에 먼저 파견가고 2곳은 뒤에 갔다. 모두 처음 가 본 현지에서 심인당을 개설할 장소를 물색하고 100일 정진에 들어갔다. 그 결과 100일 불공을 마치지 못한 사람은 있어도 심인당을 개설하고 교화를 시작하는 임무는 수행하였다.

장명(蔣明)은 청주에서 주택을 매수하고 청주심인당을 개설하였다(1954.4.3). 김철[金哲, 혜공(慧空)]은 전주에 파견 가서 역시 주택을 구입하여 전주심인당을 열었다(1954.4.3). 김철은 자회심의 부군으로 창교 초기부터 대종사를 도와 교화의 초석을 놓는데 힘을 보태었다. 이삼천李三千은 광주에 가서 주택을 구입하여 수리하고 광주심인당을 개설하였다(1954.4.3). 이삼천은 태평로심인당 구학선의 부군으로 5도파견 인사 중 가장 연장자였다. 후에 구학선이 탈퇴하자 같이 종단을 떠났다. 배관천은 춘천에 파견되어 주택을 매수하고 수리하여 춘천심인당을 열었다 (1954.4.19). 그는 대전심인당 초기 교화에 초석을 다진 심인각의 부군이다. 권우일(權于一)은 제주도에 건너가 심인당을 건축하여 교화에 착수하였다(1954.5.7). 이렇게 5도의 소재지에 심인당을 개설하여 전국에 교화의 터전을 마련하였다.

5도의 심인당 개설과 더불어 각 지역의 교화도 나날이 발전하였다. 울릉도의 교화가 크게 일어나서 배관천이 심인당을 열어 신교도들이 스승없이 신행하고 있던 도동심인당을 건축하여 교화 환경을 개선하였다 (1953.9.10). 그리고 대종사의 탄생지인 사동에 심인당을 건축하여 교화하였다(1954.1.11). 교도들이 울릉 각지에서 모여들어서 남양동에 심인당을 개설하고 60만환을 보내어서 교도들 자신이 수행하게 하였다. 이어서 천부동에 심인당을 열고 교도들이 스스로 수행하게 하였으나 교화는 부침을 하였다. 또한 현포동에도 심인당을 개설하여 교도 끼리 수행하였으나 얼마 후 폐지하였다.

종단은 초기부터 해외포교에 관심을 가지고 해외 포교기금을 마련하였다. 그런데 '제5차 세계불교도우의회' 개최소식을 접하고 해외불교 활동의 현황을 살필 좋은 기회라고 생각하였다. 인회의를 열어 공식 대표에 인정(印定) 손규상, 옵서버(통역)에는 손제석을 선정하고 여비는 '외지선교회저축금'에서 지출하기로 하였다. 나아가 귀로에는 가급적 인도 세이론(스리랑카) 대만 일본 등 각지 불교발전상을 연구 조사하기로 하였다 (1958.11.1). 우의회는 태국 방콕에서 진기12(1958)년 11월 24일에서 30일까지 7일간 열렸다. 한국에는 대종사와 더불어 조계종의 하동산 이청담 서경보와 원불교의 박길진 등이 대표로 참석하였다. 대종사는 다른 한국 대표와 함께 여의도 비행장에서 많은 신교도들의 환송을 받으며 출발하였다(1958.11.22). 그런데 대종사는 출발 전에 진각종의 특수성을 세계인에게 알리려는 의도에서 '대한비밀불교진각종지'라는 소책자를 발간하였다. 그런데 소책자의 내용 중에는 종조의 사상과 종단의 특수한 교리보다 밀교의 경전과 해설서 등의 내용이 분량의 대다수를 차지하였다. 또한 영어 번역본이 아니어서 가져가지 않았다.

대종사는 세계불교도우의회 일정을 성공적으로 끝냈으나 여러 나라의 불교발전 동향을 연구 조사하려는 애초의 계획은 취소하고 신교도들의 환영을 받으며 귀국하였다(1958.12.3). 그리고 귀국 후에 전국 각 심인당에 '대회참석 귀국 보고서'를 발송하고 우의회 내용과 결의사항 등을 알렸다. 귀국 보고서는 19개국의 약 250명의 대표가 참석하여 5개 분과회의를 통하여 '룸비니의 복구를 위하여 국제적인 협조와 원조를 제공한다'는 등의 내용을 담고 있었다. 또한 중요한 점은 버마의 우 찬 툰 대법관을 1960년 6차 대회까지 회장으로 선출하고 본부를 버마 랑궁으로 이전한다는 내용이었다. 그리고 각국의 불교 현황을 특성별로 나누고 보고하였다. 세이론 버마 태국 일본은 세계적인 불교모범 국가이고, 불교중흥 국가는 네팔 인도, 불교활동이 활발한 국가는 싱가폴 말라이제국(말레이시아) 필립핀(필리핀) 홍콩, 불교에 대한 관심이 증대하는 나라는 서구 제국 특히 영국 불란서 미국 등으로 보고하였다. 또한 무시 못 할 불교세력이 있는 나라로는 기타 서(西)아세아제국 전부, 예를 들면 월남 캄보디아 중국(대만 중국 서장) 등을 열거하고 있다. 나아가 귀국 보고서는 "첫째, 전 세계에 있어서 불교전망: 불교는 지금 결정적으로 전진하고 있으며 도처에 눈부신 발전을 보고 있다. 둘째, 우리나라의 불교 전망: 종파로 발전한다는 것을 알고 초종파적으로 연합하면 낙관적이다는 내용을 결어로 삼고 있다. 그러나 대종사는 보고서에서 우의회 자체에 대한 개인적인 견해는 밝히지 않고 있다.

　　세계불교도우의회 방콕대회 참석 결과로서 그 이듬해 태국의 바나래트 스님의 방문을 받았다. 스님은 법라제(法螺製) 화병(花瓶) 한 쌍을 선물하였다. 대종사가 우의회 참석 중에 만난 한 외국인의 편지를 받고 쓴 답장의 초안이 남아 있다. 대종사에게 편지를 보낸 사람은 뎀마에 사는 불교학자로서 이름이 밝혀져 있지 않다. 대종사의 답신은 한글 초안으로서 실제 보냈는지는 불분명하다. 그는 불교의 장서와 문헌 등을 방대하게 소장하고 불교의 전문적인 지식을 갖춘 사람이라고 밝히고 있다. 그리고 미국 예일대학교 종교학과 담당 교수로서 취임을 승낙한 사실도 밝히고 있다. 대종사는 회신 속에 불교에 대한 본인의 견해를 담고 있다. 대종사는 우선 불교가 "단순히 과거의 종교적인 형식사상과 유존(遺存)하는 사찰 탑 불상 등으로 만족할 수 있을지 의문이다"고 말하였다. 따라서 부처님의 참 뜻을 받들기 위해서 신교도들의 "보시로써 우리나라 전반에 걸쳐 많은 붓다의 전당을 짓고 오랜 전란으로 인한 궁핍한 생활과 질병의 고통에서, 그리고 무엇보다 무명(無明)으로부터 붓다의 가르침을 주입시켜 그들 스스로 구제되어 내적 평화와 물질적인 안락을 도모하도록 전력을 경주하고 있으며, 고대 불경을 현대 말로 요령 있게 알기 쉽게 번역 발간하는 출판 기구와 학교를 설립하는 등 모든 부문에서 우리 사회에 이바지해 가고 있다"고 설명하고 있다. 그리고 "박사의 계속적인 불교 간행물의 출판을 기원하며 박사의 불교활동 및 불교사상에 관한 서신을 주실 것을 바란다. 박사와 다시 국제회의에서나 세계의 어느 곳에서든지 재면할 때까지 상호간 유대를 가질 것을 확신한다"는 뜻을 밝히고 있다. 불교의 발전을 위해 형식적인 행사나 활동을 넘어서 실질적인 사람과 활동, 그리고 문헌의 국제적 교류에 대한 절실한 뜻을 담았다. 그리고 불교의 초종

파적인 연합체의 구성은 그 바탕에는 각 종파의 뚜렷한 종파성이 전제가
된다는 속뜻도 전하였다.

6. 교법의 정비와 종조의 열반

1) 교법의 체계화

대종사는 종단의 교화과정에서 발생한 여러 문제에 대해 "우리교가 당연히 깨칠 것이 있는데 이것으로 아직 깨치지 못하므로 오는 일이라" 하며 법문으로 수용하였다. 그리고 법문의 하나로 "이것이 다 진리로는 급진적으로 발전하는데 완전한 교리를 구비하지 못한 까닭이다"는 심정을 표하였다. 심공하여 공덕을 얻는 진리는 교화의 발전을 통하여 급속히 보이고 있어도 진리를 구체적으로 체계화하는 교리는 아직 완전히 세우지 못하였다는 의미였다. 교리와 방편이 현실적으로 수행의 증험(證驗)을 확실히 보여서 교화발전은 크게 일어나지만 '교리의 보편적 체계'는 완전히 구비하지 못하고 있다는 말씀이다. 종단의 교리와 수행법의 '현량(現量)과 성언량(聖言量)'을 갖추어야 한다는 뜻이다. 현량은 현실에서 실지 체험 증득이 일어나는 것을 말하고, 성언량은 그것의 경전적 진리적 전거를 일컫는다. 따라서 종단은 교리와 수행법에 대한 경전의 전거와 체계를 구비하려는 노력을 하였다. 법난이 끝나자 교법의 정비를 위해서 경전의 번역과 공부에 힘썼다.

　　종단의 교법은 교리와 수행의 체계를 가리킨다. 종단의 교법 연구를 교의학이라 하고 줄여서 종학(宗學), 또는 교학(敎學)이라 부른다. 그러나 종학이라 하면 주관성이 강하게 표현되고, 교학이라 일컬으면 객관성을 더 느낄 수 있다. 종단의 교의학은 일단 종조의 가르침을 논증하는 것에서 시작한다. 종조의 가르침이란 종조가 체험하고 이해한 불교의 가르침이다. 따라서 종학은 종조의 가르침을 체계적으로 해명하고 논증하는 것이다. 여기에는 두 가지 접근 방법이 있다. 첫째는 종조의 가르침에 절대적 믿음을 가지고 이를 해명하고 자신도 종조가 도달한 경지를 추체험하여 남에게도 추체험하게 하는 것이다. 둘째는 종조의 가르침에 단지 긍정적인 가치를 인정하고 이를 논증하여 절대적인 믿음을 가지는 것이다. 여기서 전자에 주관성을 느끼고, 후자에 객관적인 인상을 더 받게 되므로 각기 종학과 교학이라는 말에 어울린다.

　　종학이든 교학이든 그 연구에는 종조의 수행체험과 역사적 문헌이 바탕이 된다. 종단은 일찍이 헌법제정을 하면서 헌법의 신장부분에 개괄적 교법을 정리하였다. 그러나 교화 중에서 수행체험의 공덕은 크게 드러나도 아직 수행체험의 교리적 체계는 완전히 세우지 못하였다. 교리의 체계는 역사적 문헌을 통하여 전거를 찾아서 세울 수 있다. 역사적 문헌은 석존의 교설에 기초한 삼학소전의 문헌과 역대 조사들의 저서, 나아가 불교학자들의 연구서 등 불교의 기본사상을 가진다고 인증되는 것을 모두 포함한다. 그 중에서 삼학소전의 문헌이 중심이 된다. 그래서 필요한 문헌을 수집하고 섭렵하였다. 대종사는 그 문헌들을 통하여 밀교의 교리를 구체적으로 접하고 큰 관심을 가졌다. 밀교의 정신과 교리가 많은 부분에서 심인불교가 지향하는 정신과 맥락을 같이하고 있었기 때문이다. 그래서 교법의 정비를 위해서 기본적인 경론부터 번역하기로 하였다. 그런데 경론 번역의 필요성은 일찍이 준비하고 있었다. 제2회 인회에서 '해인 번역과 편찬위원 선정 등에 대해 결의하였다(1953.8.25). 실제 해인번역은 오랜 기간 숙고와 준비 끝에 응화성전(應化聖典)의 번역을 시작으로 실행에 옮겼다(1957.8.12).

　　대종사는 특히 밀교의 현실긍정의 정신과 비로자나불 사상에 매우 큰 동감을 하였다. 그리하여 심인불교의 교리와 수행법의 체계를 밀교의 정신에서 전거로 삼았다. 먼저 밀교정신을 담고 있는 문헌에서 종단의 교리와 수행법의 전거를 찾기로 하였다. 그리고 현교의 경전의 내용을 교화의 방편으로 수용하기로 하였다. 우선 수행과 교화에 방편이 되는 경론의 모음인 응화성전(應化聖典)의 편찬을 위한 문헌을 번역하였다. 그리고 심인불교의 정신과 맥락에 상응하는 밀교의 이론서로서 총지법장(摠持法藏)의 편찬을 위한 문헌도 수집 번역하였다. 총지법장과 응화성전의 편찬을 위한 문헌의 선정 작업에는 대종사와 함께 손대련과 강복수가 주도하고 박태화가 일시 참여하였다. 응화성전은『불교요전(佛敎要典)』을 중심으로 하여 만해(萬海)의『불교대전(佛敎大典)』의 내용을 선별하고 여기에 대종사가 마음에 담고 있던 경전을 포함하였다. 총지법장은 밀교의 문헌 중에서 중요한 경론의 내용, 그리고 만다라 수계의식 육자진언에 관한 내용과 대종사의 말씀 등을 담았다.

그리고 밀교의 기본경전인 대일경을 번역하였다(1957.9.10). 그런데 대일경의 번역은 그 이듬해 6개월 만에 중지하였다. 대일경 번역을 중지한 이유는 경전의 내용 때문이었다. 대일경은 교리와 더불어 정치(精緻)한 수행의궤를 담고 있다. 대일경의 정치한 수행 의궤는 특정의 사람만이 수행할 수 있는 내용이 많다. 대중이 쉽게 동참할 수 있는 수행법을 바라는 대종사는 선뜻 수용하기 힘들었다. 역경 목록에 금강정경을 넣지 않은 까닭도 여기에 있었다. 대일경과 동시에 보리심론의 번역도 시작하여 일주일 만에 완료하였다(1957.9.25). 보리심론은 심인불교의 전거로서 매우 중요한 관심을 받았다. 보리심론의 보리심의 발심 과정과 삼십칠존, 그리고 즉신성불의 내용이 심인공부와 크게 부합하였다. 이어서 심지관경의 보은품의 번역도 시작하였다(1957.9.26). 심지관경의 은혜와 호국의 경설이 주목 받았다. 함께 옥야경의 역경도 시작하였다(1957.10.5). 옥야경은 부인의 도리를 설한 경이다. 심인공부는 가정이나 국가에서 부인의 중요성을 매우 강조하였다. 사람이 안의 마음을 잘 챙겨야 하듯이, 부인은 '심(心)의 주(主)'라고 여겼다. 가정과 사회의 발전에 부인이 '심(心)의 주(主)'의 역할을 해야 '물(物)의 주(主)'로서 남편이 바로 선다고 설하였다.

그리고 유마경 번역을 시작하였으나(1957.10.11), 중지하였다가 다시 계속하였다. 유마경은 유마거사가 부처님의 가르침에 따라서 설한 경이다. 종단에서 유마경에 관심을 가진 것은 바로 유마거사 때문이다. 재속(在俗)에서 불법을 실천하고 전하는 교화활동을 마음에 두고 있었기 때문이다. 대종사는 역경 시작 9개월 만에 역경작업을 일단락 시켰다(1958.4.19).

번역작업이 일단락되어 번역 내용을 검토하고 동시에 출판도 진행하였다. 총지법장이 출판되어 남산동심인당에서 경남북도의 스승이 참석하여 총지법장 반포불사를 하였다(1958.4.20). 총지법장의 반포불사와 함께 총지법장을 널리 유포시키기 위해서 법시법(法施法)을 실시하였다. 얼마 후 응화성전 1집을 출판하고 역시 반포불사를 하였다(1958.6.15). 이때부터 총지법장에 실은 내용을 별도로 교화 자료로 인쇄 배부하였다. 교화 자료는 대다수 석판(石版)으로 한지에 인쇄하였다.

먼저 보리심론을 해인꽂이에 걸 수 있게 석판 인쇄하였다(1959.3.16). 교도들이 항시 낭독하여 경전의 뜻을 이해하게 하였다. 다라니경도 역시 게송으로 만들어서 석판으로 대형 인쇄하여 각 심인당에 보내어서 공부하게 하였다(1959.5.18). 다라니경은 관세음보살육자대명왕신주경의 내용을 가리킨다. 보리심론 공부와 함께 보리심의 이해에 도움이 되는 보리심의(菩提心義)를 대형으로 석판 인쇄하여 배부하였다(1959.6.19).

종단은 밀교의 정신을 전거로 심인불교의 교법을 세우고 총지법장과 응화성전 등을 간행하여 교화에 활용하였다. 『총지법장』과 『응화성전』을 개편하여 심인불교의 교법에 부합하고 교화에 활용할 수 있는 새로운 교화교재를 편집하기로 하였다. 그래서 법불교와 응화방편문을 간행하였다(1960.5.20). 법불교는 총지법장의 편집 취지를 살려서 대종사의 자증교설을 중심으로 밀교의 교리와 수행에 대한 이해를 돕는 내용으로 편집 간행하였다. 응화방편문은 응화성전의 내용 중 필요한 부분을 적록(摘錄)하여 편집 간행하였다. 그리고 『법불교』와 『응화방편문』의 내용은 모두 게송으로 만들어서 간행하였다. 법불교는 법신불의 가르침, 즉 법신불의 종교라는 의미이다. 『법불교』는 '불교는 다라니로써 흥왕한다' '심인진리' '자성법신' 등의 교설을 실어서 심인불교는 법신불의 가르침, 법신불의 종교라는 사실을 밝히고 있다. 응화방편문은 '응화의 방편문', 즉 교화에 방편이 되는 경문을 의미한다. 『법불교』와 『응화방편문』의 간행은 심인불교의 교화교재에 새로운 지평을 열었다.

대종사는 불교에 입문하여 농림촌에서 정진에 들어가기 전까지는 주로 불교의 경서를 주로 공부하였다. 그리고 농림촌에서 육자진언의 묘리를 체득한 이후는 다라니와 밀교경전의 공부에 관심을 쏟았다. 헌법제정의 과정에서 헌법의 기본구조를 이법(理法)으로서 신장(信章)과 행정체계로서 교정(敎政)의 이원을 세웠다. 그 중에서 신장은 약리와 인법으로 나누고 각기 심인불교의 교리를 개괄하고 교화스승의 수행과 자격요건을 정리하였다. 그 후 밀교문헌이 많이 수집되어 이들을 섭렵하면서 밀교가 담고 있는 정신에 깊은 관심을 가졌다. 특히 밀교의 비로자나불 사상과 현실긍정의 정신에 매우 큰 동감을 하였다. 그리하여 지금까지 우주의 궁극적 원리의 표현으로서 '진리의 성(性)' '하나부처님' '도솔천부처님' '법신부처님' '(법계)진각님' 등의 술어를 '비로자나불'로 통일하였다. 결국 대종사는 수행정진을 통하여 밀교의 비로자나불(大日如來)의 묘리를 증오하고 이를 심인불교의 교리체계에 수용하였다(1957.8.12). 비로자나불은 삼밀(三密)활동을 하면서 오불(五佛)을 출현하여 만다라를 전개한다. 비로자나불의 오불 만다라 삼밀은 그대로 우주 법계의 체(體) 상(相) 용(用)의 존재방식이다. 비로자나불의 체상용의 존재방식을 일본 진언종의 공해(空海)는 각기 육대(六大) 사만(四曼) 삼밀(三密)로써 체계화하였다. 그리고 육대사만삼밀의 체계로써 비로자나불의 존재를 철학적으로 설명하고 즉신성불(卽身成佛)의 당위성을 해명하였다. 그래서 대종사도 처음 비로자나불의 이해를 돕기 위해 공해의 육대사만삼밀을 원용하기도 하였다.

그런데 비로자나불의 체상용은 우주법계의 당체로서 그대로 진실한 설법활동이다. 우주법계의 당체로서 비로자나불은 진실한 설법활동의 주체로서 교주(敎主)가 된다. 종단은 비로자나불을 교주로 세우고 밀교 교리에 입각하여 총지법장을 편찬하고, 응화(應化)의 자료로서 현교의 경론을 정선하여 응화성전을 편찬하였다. 대종사는 보리심론을 번역하는 중에 보리심 비로자나불 오불과 삼십칠존의 교설에서 깊이 증득하였다. 먼저 심인은 보리심이고 보리심은 비로자나불이며, 나아가 비로자나불은 오불과 삼십존으로 출현한다. 그리고 삼십칠존 등의 출현은 곧 비로자나불의 중생구제의 구체적인 활동으로서 만다라 세계를 전개한다. 그렇다면 부처와 중생의 심인으로서 육자진언은 비로자나불의 진언으로서 오불의 심인이다. 대종사는 이렇게 심인 보리심 비로자나불 오불 육자진언 등의 관계를 증득하고 육자심인은 각기 오불(삼십칠존)의 상징으로 배대하였다. 그리고 우선 하왕십리심인당(밀각심인당)에서 삼밀선정 중에 시험적으로 실시하였다(1957.9.27). 즉 '옴'은 비로자나불, '마'는 아축불, '니'는 보생불, '반'은 아미타불, '메'는 불공성취불, '훔'은 금강제보살로 관행하는 삼밀수행을 체험하여 보았다.

나아가 육자진언에 오불오지(五佛五智) 십육대보살(十六大菩薩)을 배대하여 다섯 금선(金線)의 동심원의 사방에 표시하여 그것을 자기 몸의 사방에 관하는 자기관념도(自己觀念圖)를 만들었다. 그리고 하왕십리심인당 본존판의 육자진언에 대신하여 시험적으로 부착하였다(1957.10.11). 그러나 자기관념도의 본존판의 게시는 시험으로 끝나고 삼밀선정에만 사용하기로 하였다. 자기관념도는 대종사가 『관세음보살육자대명왕다라니신주경』의 자기관음밀주관념도(自己觀音密呪觀念圖)에 기초하여 새롭게 개작한 수행도이다. 자기관념도는 자기 몸에 육자진언을 관념하는 수행도로서 후에 육자관념도라 개칭하였다. 그리고 자기관념도 대신에 삼십칠존 법만다라를 역시 하왕십리심인당 본존해인판에 시험적으로 부착하였다(1957.11.1). 금강계만다라의 삼십칠존 불보살의 명호를 한글로 써서 법만다라라 부르고 본존판에 부쳤다. 삼십칠존 법만다라를 본존해인으로 삼아서 귀명과 관념의 대상으로 수행한 결과 법문이 좋았다. 삼십칠존 법만다라를 대소 사종으로 인쇄할 계획을 하고 먼저 대형을 인쇄하여 규모가 큰 심인당에 일차로 발송하여 수행하게 하였다. 또한 남산동심인당의 삼십칠존만다라는 육자진언 중심의 만다라로 교체하여 본존해인을 구성하였다(1961.1.11). 본존해인은 결국 자기관념도 대신에 육자진언 중심의 삼십칠존 법만다라를 기본으로 구성하고 수행의 표상이 되었다.

그동안 본존해인의 내용은 교화의 진행에 따라 그 때 그 때 중요한 교설을 교체 게시하면서 많은 변화를 겪어 왔다. 처음은 육자진언을 중심으로 십악참회 은혜경 등의 해인을 세로쓰기로 게시하였다. 그 다음 가로

쓰기로 중요한 교설과 함께 육자진언을 상단 혹은 중단에 배치하여 구성하였다. 또한 경과 해인을 세로쓰기로 하면서(1957.8.13) 육자진언은 중앙에 배치되었다. 본존해인은 자기관념도의 시험적 실시를 지나서 다시 육자진언 중심의 삼십칠존 법만다라 형태로 구성되었다. 그런데 태장계법을 함께 쓰려는 뜻에서 심인당에 불상을 안치하고 건축양식도 현교사찰의 양식에 준하기로 결의하였다(1960.6.20). 불상을 봉안하는 계획은 법문이 좋지 않고 심인불교의 교리에 맞지 않는다는 결론을 내리고, 금태불이(金胎不二)의 의미를 부여하여 다시 금강계 삼십칠존 법만다라의 봉앙(奉仰)하기로 하였다(1963.3.15). 마지막으로 참회문이 본존해인에 추가되면서 육자진언 중심의 삼십칠존을 기본으로 본존해인이 구성이 되었다. 따라서 본존해인은 신행 대상으로서 본존과 수행 실천에서 중심교설의 역할을 하였다.

　　비로자나불이 교주로서 신행과 수행에서 심인불교의 종교 이상(理想)으로 정해지면서 삼밀선정법을 실시하였다(1957.9.8). 법난이 2년여 동안 진행되면서 교화와 수행에서 무언법을 실시하기도 하였다(1956.6.8). 무언법은 불공 중에 설법이나 말을 하지 않고 수행하는 법이다. 무언법의 실시는 마음을 모아서 선정에 들고 깨닫기 위한 실천행이지만 설법의 내용이나 교리의 설명 등에서 문제도 있었다. 그래서 교주 비로자나불의 교리에 상응하는 수행법과 불공의식도 경론에 근거하여 정비하였다. 이에 따라서 대종사가 주석하는 하왕십리심인당에서 법계정인(法界定印)의 삼밀선정법을 시험적으로 실시하였다. 삼밀수행에서 법계정인은 교주 비로자나불의 교리에 맞지 않아서 다시 비로자나불의 금강지권(金剛智拳)으로 바꾸고 김헌덕 송두남이 상경하여 일주간 강공을 받았다(1957.11.20). 그리하여 유가삼밀 중에 인계를 경험하여 본 결과 비로자나불의 금강지권법이 최승하여 보리가 속히 일어나고 마장을 항복 받는 법이므로 금강지권을 전국에 실시하였다. 금강지권법을 새해불공때 신교도에게 자세히 일깨우도록 하였다(1958.2.12).

또한 삼밀선정의 자세한 내용과 금강지권의 결인법을 정하여 고지하였다(1958.2.19). 신밀은 인계(금강지권)을 결하고, 구밀은 진언(육자진언)을 염송하고, 의밀은 관(觀)하는 수행법을 세워서 실천하였다. 의밀은 지권(눈을 뜰 때)과 오불(눈을 감을 때)을 관상하는 법으로 하였다. 삼밀선정에서 반눈을 뜨고 코끝을 보면서 지권의 상단부분을 관상하고, 눈을 감고 자기 몸의 만다라 오불을 관하였다. 자기 몸의 오불을 관하는 법은 자기관념도의 오불(육자진언)을 자기 몸에 가지(加持)하고, 그 오불(육자진언)을 관하는 수행이었다. 그리고 자기관념도의 오불(육자진언)을 자기 몸에 가지하는 법은 대종사가 『육자대명왕다라니신주경』의 자기관음밀주관념설을 빌려서 쉽게 설명하였다. "선정을 시작할 때마다 오른손으로 배꼽을 짚으며 입속으로 비로자나불을 부르고, 왼편을 짚으며 아축불을 부르고, 명문을 짚으며 보생불을 부르고, 오른편을 짚으며 아미타불을 부르고, 단전을 짚으며 불공성취불을 부른 다음에 결인하고 선정으로 들어가는 것입니다. 이렇게 하는데 자기 몸에 오불이 관념적으로 항상 있게 되는 것입니다"라고 고지하였다. 그 다음 『금강정유가약출염송경』의 음성염송 금강염송 삼마지염송 진실염송의 사종염송법을 수용하여 삼밀수행법을 세웠다(1958.11.17).

그러나 삼밀수행의 구체적인 행법은 교화와 시대의 환경에 따라서 변화하였다. 금강지권과 더불어 금강권법을 수용하였다. 삼밀수행의 정진을 매일 일정시간 정하여 하였다. 스승은 매일 금강지권을 1시간 30분, 금강권은 2시간을 정하였다. 신교도는 낮에는 금강지권을 폐지하고 아침에만 하며 공식불사와 기타 시간은 금강권으로 정하였다(1960.12.11). 그러나 자성일 오후는 자유로이 하도록 하였다. 이렇게 해서 매일 일정한 시간을 삼밀정진하는 정송법(定誦法)을 시작하였다. 동시에 매일 일정한 금액을 희사하는 정시법(定施法)도 실시하였다. 정송법은 하루 1만송을 시작한 후 삼밀선정으로 바꾸었다. 정송법은 지혜를 밝히는 행법이고 정시법은 자비를 일으키는 행법이다. 삼밀정진의 수행법이 시행되고 여러 가지 법문을 통하여 스승은 신조(晨朝)에 2시간 금강지권으로 정진하고 공식불사에는 처음 금강지권, 다음은 금강권으로 정진하였다. 교도는 자기의 정진시간의 3분의 2를 금강지권으로 정진하기로 하였다. 그리고 스승의 정송시간은 매일 금강지권으로 3시간 정진, 자성일은 3시간 30분, 공식불사는 매회 10분, 그리고 사분정진(四分精進)은 4시간 30분으로 정하였다.

이렇게 삼밀선정법은 교화 상황과 환경에 따라서 변화를 겪으면서 정착하였다. 그 중에서 정송법과 정시법은 차시법과 항송법과 더불어 독특한 수행법이 되었다. 그리고 효과적인 삼밀선정을 위한 방편도 시험적인 과정을 겪었다. 남의 방해를 받지 않고 삼밀선정을 하기 위한 우담화 방편을 폐지하고 수마를 끊기 위한 방편도 도입하였다. 공식불사 중에 금강권으로 졸면서 정진하면 요령을 흔들어서 꿇어 앉아 정진하게 하였다. 그렇지만 금강지권 실시를 하면서 자동으로 폐지하였다. 또한 가정에 고통이 많고 서원이 큰 교도들에게 월요일부터 일주간 해탈과 소재도량을 설치하여 정진하게 하였다. 공식불사에서 신교도의 서원을 스승이 기록하여 발표하는 인도기(引導記)를 서울과 남산동 심인당에서 실시하였으나 특별한 효과가 없어서 폐지하였다. 인도기법은 다시 강도부법으로 대체되었다. 또한 대종사[도정(道正)]가 모든 일을 가부(可否) 두 개의 죽편

(竹片)을 던져서 가(可)를 결정하는 취증법(取證法)을 실시하려 했지만 교리에 맞지 않아서 폐지하고 가부결정은 시간정진 또는 불공을 하여 결정하기로 하였다(1963.4.8). 그리고 일주간 정진에는 육식을 금하는 법을 세우고(1962.9.3), 신교도가 조상불을 모시는 방안에 대해 요구가 많아서 일부 심인당에 조상불의 위패를 모시는 영식불단(靈識佛壇)의 설치 계획을 추진하다가(1962.12.20) 금강법에 맞지 않는다는 이유로 폐지하였다(1963.4.10). 나아가 가정에 성심불단(誠心佛壇)을 설치하여 신심을 북돋우기 위하여 스승이 공통 법문을 보았으나 불가로 결정되었다. 반면에 같이 실시한 신교도의 다섯 가정 제도는 좋아서 가결되었다.

교화방편은 교화의 효율적 방안을 강구하는 과정에서 여러 시행착오를 거치면서 정착되었다. 한 동안 중단되었던 월초심공은 다시 실시하였다가(1957.11.5) 또 다시 폐지되고 불공 중의 희사는 매일하는 정시로 실행되었다.

그러나 월초심공의 묘덕이 큰 것을 감안하여 재실시하여 월초불공으로 정착되었다(1961.10.16). 공식불사 진행도 삼밀선정(15분)→경(經) 낭독(설법)→삼밀선정→경 낭독(설법)→참회(둘째시간도 반복)의 순서로 정해졌다(1958.2.9). 그리고 불공내용이 늘어나서 교리참회→게송낭독(오대서원 등)→오불 혹은 삼십칠존 낭독(삼십칠존 중에 자유선택)→진언낭독(2번)→삼밀행(오불 짚고)→독송(스승 자유선택, 선후창)→낭독(스승 외워둔 것 중 자유선택)→진언낭독(2번)→삼밀행(오불 짚고)→낭독(외워둔 것 중 자유선택)→참회(2절, 둘째시간 3절)의 순서로 진행하였다(1961.12.18). 불사순서에서 보듯이 이즈음에 참회문이 어느 정도 정형화되고 있었다.

이와 더불어 불공하는 방안도 시험적으로 실시하였다. 삼밀선정의 관행요법(觀行要法)의 실시를 위한 강공을 개최하였다(1960.12.29). 관행요법은 삼밀선정에 따른 여러 불공정진법을 말한다. 이즈음 귀명불공과 독송불공법이 불공의 큰 관심사였다. 귀명불공은 달리 사분정진이라 하는데 하루 동안 네 번에 걸쳐 삼밀선정을 집중적으로 하는 불공이다. 월초불공 중에서 2월 5월 8월 11월의 월초불공은 귀명불공으로 하였다. 그 외의 월초불공은 독송불공으로 하였다. 그래서 임시강공을 열어서 미리 귀명불공과 독송불공을 결정하고 그 의의를 이해하고 인식시키는 공부를 하였다. 이어서 독송불공의 공식시간 진행 절차를 습득하려는 강공을 하고, 또 다시 독송불공과 공식시간 진행법, 그리고 불공 중 마장 막는 법에 대하여 강공하였다. 이 때 교화 방면에 대한 논의가 있어서 서남西南의 교화는 잘 되고 동북東北의 교화는 잘 안 되는 사실을 실증으로 들어서 인식시켰다. 서남법은 강공에서 다시 논의하여 대종사의 유교에 이어서 심인당 구조와 신설의 공식법으로 정하였다(1964.3.23). 그런데 독송불공은 공식불사 중에 해인을 낭독하는 것으로 대체하여 폐지하고 불사 중 삼밀선정을 10분에서 15분으로 변경하였다(1962.3.30). 그리고 1월 월초심공과 신년 서원강도를 겸하여 시행하였지만(1955.1.3) 1월 초순에 실시하던 새해서원 강도를 입춘이후로 실시하기도 하였다. 매년 인회에서 새해 서원강도 날짜를 정하여 통지하다가 양력으로 1월초불공을 하기로 정착하였다(1962.3.30).

　재시가 곧 법시가 되는 원리에 따라서 희사와 희사금의 관리는 중요한 수행법으로 여겼다. 희사금의 십이법에 이어서 사분법을 시행하였다. 사분법은 재보를 사분으로 나누어 사용하는 경전의 말씀에 근거해서 심인당의 희사금을 사분으로 사용하는 법이다. 지금까지 심인당 희사금 중 십이를 기본으로 강도금액을 합하여 중앙에 납부하였다. 사분법은 십이와 강도금과 더불어 심인당 희사금의 3/4를 중앙에 납부하는 제도이다. 우선 서울과 남산동 심인당에서 실시한 후 규모가 큰 심인당으로 확대 실시하였다. 심인당 희사금(단시)의 헌납 순서는 먼저 십이정공과 스승이 교화 중에서 서원에 따라서 희사하는 강도희사가 기본이었다. 희사금 중에서 십이와 강도희사를 헌납한 나머지가 잉여금이라 하였다. 잉여금은 스승의 생활과 교화와 심인당 운영을 위해서 사용하고 나머지는 헌납하였다. 따라서 사분법은 십이정공과 강도희사 그리고 잉여금을 더하여 3/4를 헌납하는 법이다.

희사금의 사분법을 시험적으로 실시한 결과 심인당의 규모에 따라서 희사금의 50%에서 85%까지 헌상하도록 하였다. 그 후 심인당 희사금은 교화의 상황에 따라서 헌상하였으나 50% 이상은 유지하게 하였다. 그러나 희사금의 십이헌상은 그대로 유지하였다. 그리고 불교재산관리법에 의하여 심인당에 단시정리 보조부 단시출납부 등 각종 장부를 비치하여 희사금의 관리를 더욱 철저하게 하였다(1962.12.22). 그리고 심인당의 십이와 강도희사를 여법하게 실행할 수 있게 단시정리함을 제작하여 배부하였다.

강도(講度)는 특수한 일에 대한 특별 불공법이다. 그런데 스승이 교화를 하면서 공식불사를 집전하거나 사회나 종단, 나아가 심인당 또는 신교도에게 특별한 일이 있어서 긴급한 서원을 세우면서 하는 희사를 또한 강도(희사)라 하였다. 강도(희사)은 심인당 희사금으로 다시 희사하는 것이다. 심인당 희사금을 더 크게 회향하는 의미가 들어 있었다. 그리고 강도는 처음 스승이 메모 등 적절한 방법으로 실시하였으나, 종단에서 '희사표'를 마련하여 통일하였다(1961.10.18). 스승은 강도(희사)를 통하여 간절한 서원을 일으킬 수 있었다. 강도 실천은 스승의 간절한 서원을 상징하는 구체적인 행위이기 때문이다.

　제시법을 세우면서 희사금의 명칭이 문제가 되었다. 그리하여 '단시(檀施)'라는 명칭을 사용하였다. 단시는 범어의 다아나(dāna)의 음사로서 보시 희사 기부 등의 의미를 가지고 있다. 진기 9년 보살회 예산부터 사용하던 정공희사(淨供喜捨)라는 명칭을 진기 14년 총금강회 예산에는 단시라고 불렀다. 이즈음 정공희사를 단시로 대체하기 시작하였다. 단시는 희사금 또는 희사금 중 제시를 제외한 무상희사의 의미로 사용하였다(1964.4.18). 희사금의 성격이 무상희사는 단시, 유상희사는 제시로서 정해진 것이다. 그런데 유상희사로서 제시는 현실에 사용하지만 다분히 물질생활과 관련이 있었다. 사람은 물질생활과 함께 정신생활도 매우 중요하다. 그래서 자연히 정신생활에 관련한 희사법도 필요한 것을 인식하였다. 정신생활에 관한 희사법으로서 총지법장을 출판하고 반포를 하면서 총지법장을 널리 보급하기 위하여 법시법(法施法)을 내었다. 그리고 경전 등을 희사하는 것을 법시라 하여 강조하였다. 이렇게 해서 법시를 위하여 희사하는 금전을 경값, 또는 경시라 불렀다(1963.4.23). 그리고 대종사가 열반한 후 종단에서는 대종사의 뜻을 이어서 경시법을 시행하였다(1966.5.24).

　이로써 종단에 단시 경시 제시의 삼종시법이 완성되었다. 삼종시 중에서 단시는 무상희사, 제시와 경시는 유상희사로 하였다. 단시는 희사의 근본이므로 무상희사로 하고, 경시와 제시는 특수한 서원[목적]을 가진 희사로서 유상희사로 하였다. 제시는 건강과 물질적인 복덕을 위한 희사이고, 경시는 학업 등 정신활동과 관련된 지혜를 위한 희사이다. 이처럼 삼종시법은 희사의 마음을 구체적으로 나타내는 희사법이다. 그래서 희사금은 희사의 마음, 즉 희사하는 사람의 서원에 따라서 사용할 수 있게 되었다.

　이렇게 해서 희사는 단시 제시 경시, 그리고 절량 등을 총칭하는 의미로 쓰였다. 그 중에서 제시의 헌납은, 2/3는 도정이공(道正利供), 1/4는 스승후생, 1/4는 상보회에 사용하는 법을 세웠다가 다시 1/2은 총인봉정으로 헌납하고 나머지는 교화를 위해서 스승이 자유로 쓰기로 하였다. 그리고 경시는 전액 헌납하였다. 이에 따라서 삼종시에 대한 강공을 하고 삼종시 공덕을 공부하였다. 그래서 삼종시법은 삼보의 공양으로 설하기도 하였다. 단시는 불보에 공양, 경시는 법보에 공양, 제시는 승보에 공양하는 희사금이라는 뜻이다. 희사의 근본은 희사의 마음[喜捨之心]이기 때문이다. 그래서 정시와 정송, 차시와 항송은 '희사하고 염송하는 정진'에 따른 수행(기도)법이 되었다.

　비로자나부처님은 대일여래라고 번역하듯이 세상을 밝게 밝히는 부처님이다. 따라서 대일은 긍정과 밝음의 생각과 생활을 상징한다. 이에 맞추어 종단의 사대절을 음력에 해당하는 양력일자로 환산하여 시행하기로 하였다(1959.3.30). 그리고 불법은 체요 세간법은 그림자라는 이치로서 교화에서 늘 국가의 안녕을 위한 서원을 중요하게 여겼다. 특히 법불교의 출판과정에서 진호국가의 구체적인 서원덕목을 증득하고 진호국가(鎭護國家)를 실시하였다(1960.4.10). 그리고 진호(鎭護)가 절복하고 항복 받는 의미라서 너무 강력하다고 여기는 사람이 많아서 진호를 관법으로써 보호한다는 의미의 관호(觀護)로 바꾸어서 실시하였다. 그러나 관호의 불공 효과가 너무 미약하다는 체험으로 다시 진호로 환원하였다(1961.5.3). 그리고 강공을 열어서 진호국가에 대한 공부를 하였다. 진호국가불사를 모든 불사의 중심으로 삼아서 서원하고 정진하였다. 진호는 내부의 진정(鎭靖)과 외부의 수호(守護)로서 안팎을 다스리는 서원법이기 때문이다. 그리고 국가는 특정의 국가를 의미하기도 하지만 중생이 사는 국토를 뜻하였다. 진호국가는 중생이 사는 땅을 청정하고 장엄하게 하는 일이 본래 의미였다. 보리심(심인)을 일으키면 그대로 비밀 장엄한 국토가 된다는 보리심론의 말씀이 일깨워 주었다.

이렇게 교화의 중요한 사안은 반드시 강공을 열어서 공부하였다. 강공은 본래 매달 정기적으로 열었으나 교화의 범위가 커지면서 주로 임시 강공을 열어서 중요 사안을 공부하고 시달하였다. 임시 강공은 경북지구와 중앙에서 주로 개최하였는데 대종사의 열반 후 종헌 종법 제정에 즈음하여 춘기강공을 개최하면서부터(1964.3.23) 원칙적으로 봄 가을 정기강공을 열었다. 춘추의 정기강공은 거의 종회와 같이 진행하여 스승의 재교육의 기회로 삼았다.

교화스승의 양성인 도제양성은 신행이 독실한 신교도 중에서 자발적으로 혹은 스승의 권유로 선발하여 교육을 통하여 교화하게 하였다. 화도할 스승의 충족으로 교화발전에 지장이 없도록 유자격자의 지원자를 권발하여 장기간 양상하기 위한 방안으로 스승후보 스승시용(試用) 스승양성생의 대우조례를 제정하였다.

2) 종명의 정착과 종행정체계의 변화

불교의 종명은 인명 지명 교리 등에서 유래하는 경우가 대다수이다. 진각종의 명칭은 처음부터 교리의 집약적 표현으로 정해졌다. 참회원 심인불교 그리고 진각종은 교리와 수행의 상징적 표현이었다. 그러나 교화의 전개에 따라서 교리와 수행에 더욱 어울리는 명칭을 찾기 위해 노력을 계속하였다. 종단의 명칭은 밀교의 문헌을 교리의 전거로 삼으면서 더욱 많은 변천과정을 겪었다. 종단의 명칭 중에서 심인불교를 통칭호로 정하였다. 통칭호란 모든 명칭의 의미를 포괄적으로 담고 있고 어떤 경우든 사용할 수 있는 명칭이라는 의미이다. 그런데 심인불교에 금강회를 붙여서 심인불교금강화란 명칭을 사용하였다(1957.12.27). 금강회라는 명칭에는 세 가지 의미가 담겨 있었다. 먼저 금강회는 금강계만다라의 금강에서 원용하였다. 밀교의 교의를 암시적으로 품고 있는 명칭이었다. 헌법을 제정할 때 종단의 정체성을 나타내기 위해서 보살회라는 명칭을 사용하였다. 금강회는 보살회의 의미를 가지고 재가보살금강회라 부르기도 하였다. 보살회가 지닌 신교도의 어감을 없애려는 명칭으로 사용하였다. 그리고 인회(총인회)에 대신하는 명칭으로 쓰여서 결국 나중에 인회는 금강회로 바뀌었다. 금강회는 종단의 체제가 재정비되기 직전 진기17(1963)년까지 사용되었다

그리고 종명이 대한비밀불교진각종금강회라고 개칭되었다(1958. 2.12). 밀교의 정신에 교리의 전거를 두는데서 붙인 이름이었다. 비밀불교는 다시 다라니불교재가보살금강회라고 변경하였다(1960.5.20). 다라니의 술어를 사용하여 진언 중심의 수행을 강조하였다.

그런데 비밀불교 후에 심인불교재가보살금강회(1960.3.30) 또는 대한법불교재가보살금강회(1960.4.26)라는 명칭을 사용하기도 하였다. 전래의 출가보살에 대하여 교화의 주체가 재가보살인 점을 드러내고 있었다. 법불교(法佛敎)는 법신불의 가르침, 또는 법신불의 종교를 뜻하였다. 교주 비로자나불이 설하는 진실법을 깨닫는 종교인 까닭에 법불교라고 하였다. 다라니불교가 종단의 명칭으로 쓰이면서 술어의 혼선을 가져왔다. 밀교의 가르침에 대한 관심이 깊어서 다라니불교를 다라니밀교라고

사용하였지만(1960.5.26) 즉시 다라니불교로 바로 잡았다(1960.8.13). 또한 밀교의 수승한 가르침을 알리기 위해서 밀교금강승다라니불교재가보살금강회로 부르기도 하였다(1960.12.28). 금강승은 금강대승의 줄임말로 밀교가 금강의 대승, 영원한 진리를 펴는 대승임을 가리켰다.

진언이 수행의 중심이 되므로 다라니불교라고 하였다. 그러나 불교역사에서 다라니를 중심으로 수행하는 종파를 총지종이라 하였다. 그런 까닭에 다시 심인불교로 종명을 환원하였다(1962.3.26). 그래도 비밀불교에 대한 미련이 남아서 또 다시 대한비밀불교진각종으로 변경하였다(1962.8.25). 그런데 5.16 군사혁명 정부에서 불교재산관리법을 제정하여 대한불교진각종보살회인회포교원으로 문교부에 등록 신청하였다(1962.9.25). 그 당시는 국가에서 불교의 종파개념이 없어서 포교원이라는 말을 사용하였다.

비밀불교는 종단의 특수성을 나타내는 데는 좋아도 일반의 이해가 어려워서 대한불교진각종금강회로 변경하였다(1963.10.25). 그즈음 문교부에 등록 신청한 대한불교진각종보살회인회포교원의 등록허가를 받았다(1963.12.3). 이에 따라서 대종사의 유교를 받들어서 종명을 대한불교진각종으로 확정하고 심인당 간판을 교체하였다(1963.12.27). 그리고 문교부는 다시 대한불교진각종포교원으로 종교단체 등록 허가를 하였다(1963.12.27). 종단의 체제를 재정비하기 위해서 종헌과 종법을 제정하고 포교원을 총인원으로 바꾸어서 대한불교진각종총인원으로 등록 변경신청을 하여 등록허가를 받았다(1964.12.3).

종명은 교리와 수행에 적합한 명칭을 짓기 위해 많은 과정을 거쳐서 대한불교진각종으로 정착하였다. 종명의 변화 과정에도 심인불교 대한불교진각종보살회는 늘 유지하여 혼용되기도 하였다. 그리고 금강회

비밀불교 다라니불교 법불교 금강승은 밀교의 특성을 담은 술어로서 종단의 특수성을 살리는 종명을 찾으려는 숙고와 고뇌의 과정을 보여준다. 대한불교진각종은 그 후 국가에서 종교단체로서 법적 허가를 받았다(1973.3.26). 이와 동시에 재단법인 대한불교진각종유지재단의 승인을 받았다(1973.3.31). 대한불교진각종은 종명의 정착과정에서 사용한 모든 종명의 의미를 포괄적으로 담은 종명으로 완전히 정착하였다.

창교 이후 대종사의 칭호는 교를 널리 편다는 의미에서 선교(宣教)라고 하였다. 그러나 일상에서 그냥 회당님이라 부르는 경우가 더 많았다. 이러한 과정에서 선교는 교의 최고지도자의 칭호로 여겨졌다. 그리고 인회에서 선교를 인정(印定)으로 추대하고 손대련 정사를 선교로 추대하였다. 선교 손대련[시당(施堂)] 정사는 한국전쟁 중에 밀양심인당에 입교하여 스승을 도와 처무 일을 보았다. 밀양심인당 처무 손대련은 정사후보로 임용되어 서울심인당에서 대종사를 도와 교화하였다. 그리고 시취(試取) 스승[정사보(正師補)]을 거쳐 정사로 승진하였다. 대종사를 도와서 교화와 종단 행정에 공덕을 인정받아서 선교로 추대되었다. 종조 열반 후 본명을 손일심으로 개명하고 시당에서 원정(苑淨)으로 법명을 바꾸었다. 최고위 지위인 인정은 심인의 인정(認定)이라는 의미로서 심인진리의 깨달음을 인정하는 자리였다. 그리고 또한 인정은 도정(道正)으로 명칭을 변경하고 대종사를 도정에 추대하였다. 도정은 심인정도를 바르게 이룬 경지의 의미로서 교의 최고 지위는 그 경지를 이른 자리라는 의미였다. 그리고 대종사의 득병법문 정진 중에 도정은 원정(院淨)으로 개칭하였다. 도정 시행 동안의 법문으로 원정으로 변경하였다. 원정은 심인진리가 청정하게 실천되는 곳의 뜻으로 원정은 교의 심인공부가 청정하게 실천되도록 하는 지위였다. 원정은 종단체제가 재정비 되고 총인으로 최종 개칭되었다.

종단의 최고지위의 명칭의 변경과 더불어 스승과 직원의 명칭도 개편하였다. 교화스승의 명칭은 정사(正師) 전수(傳授)에서 정사(淨師)로 혼용하다가 정사(正師)로 환원하였다(1960.1.25). 따라서 남자 스승은 정사, 여자 스승은 전수로 환원되었다. 동시에 정사 위의 자리로 실시하던 도사(導師)를 폐지하고, 또한 헌법제정 시에 종단 업무 종사자의 명칭인 처무 상무 전무 처사 등의 명칭은 폐지하였다. 그러나 처무와 처사는 비공식으로 사용하였다. 그리고 스승의 자격규정(6장 27조)을 제정하고 인사처리를 명확히 하였다.

3) 종조의 열반과 종제의 재정비

대종사가 수행과 교화로 주야 정진하던 중에 득병을 하여 침산심인당으로 거처를 옮겼다. 사택이 서남에 있는 침산심인당에서 서남법을 몸소 체험하기 위해 49일 정진을 시작하였다(1963.5.20). 병세가 나날이 침중沈重하여 약효가 없고 악화되어서 약과 주사를 완전히 끊고 육자진언으로 일주간 원정각과 같이 최후의 정진을 하였다(1963.10.5).

대종사는 최후의 유교(遺敎)를 내리고 열반에 들었다. 대종사의 부법교계(附法敎戒)는 3차에 걸친 유교로써 내렸다. 그리고 몸소 유교를 내리면서 배석자의 물음에 답하였다.

1차 유교는 침산심인당 사택에서 선교 손대련 스승 배점시 박운이 선태식 박갑은 배신 아들 손제석이 동석한 가운데 하였다(1963.10.5 오후 5시). 교계사항은

1. 원정은 우선 부법제로 하고 일본 진언종의 체제를 보아서 일본 진언종 파에서 선거제로 하거든 선거제로 해도 무방하다.

2. 종교재단과 교육재단을 분리하라.

3. 출가제법을 조속히 세우라.

4. 교의 본부는 서울 동부 적당한 교외에 선택하여 건설하라.

5. 교육재단의 주소는 대구로 하라.

6. 스승은 약 먹는 스승과 약 안 먹는 스승으로 하라.

7. 교명은 대한불교진각종으로 하라.

8. 앞으로 신(新) 건설은 반드시 서남법을 준수하라.

9. 장의는 3일장으로 하고 화장하여 유골은 갈아서 낙동강물에 흩으라. 그리고 적당한 장소에 비석을 세워라.

10. 상복은 아직 우리 교의 복제가 확정되지 않았으니 유교 복제로 하라.

2차 유교는 침산심인당 사택병실에서 선교 손대련 배점시 윤극수 배신을 상대로 하였다(1963.10.11, 오후 5시). 교계사항은

1. 출가법은 본인의 부모 혹은 자녀 등 가족 친척의 서약을 받고 허물의 참회와 악벽(惡癖)의 개과를 서약 받은 다음 출가 시켜야 한다.

2. 출가인의 의제는 황색으로 하고 고깔은 백색으로 하라.

3. 출가인은 우선 법을 지키고 심인당을 지키고 사무처리 기타에 그치고 교화는 근기를 보아서 수년 후에 점차적으로 담당케 할 것이오, 교화활동의 주동은 재가인이 하게 하라.

4. 명정(名旌)과 비석에는 '대한불교진각종종조손규상거사지구' 또는 '지비'라고 하라.

3차 유교는 침산심인당 사택병실에서 선교 손대련 스승 김철 윤극수 김경순 배점시 아들 손제석 딸 손숙희 동생 손규복, 또 강추당에게 내렸다(1963.10.15, 12시30분). 교계사항은 "옛날에는 의발이요 이제는 심인법(心印法). 스승이 되어서 양운 무 약불(藥不) 서남(西南)"이다.

그런데 교사는 이 내용을 "옛날에는 의발을 전했고 이제는 심인법을 전한다. 스승이 되어서 약을 끊고 서남법을 세울 수 있는 사람이라야 내 법을 받을 수 있다. 내가 전하는 것은 두 가지 뿐이다"라고 정리하고 있다. 또한 회의록에는 "이전에는 조사가 의발을 전하고 이제는 심인법이다"라고 기록하고 있다. 당시 대종사는 몽당연필로 힘겹게 유교를 종이에 썼다. 회의록은 역시 종조가 아니라 조사라고 기록하고 있다. 교계의 근본은 '심인법'이고 지말은 '스승이 되어서 양운 무 약불 서남'이다. 여기서 '양운'은 '약은'으로 해독하는 것이 옳을 듯하다. 그런데 '스승이 되어서 양운'과 '약불'의 어떻게 다른지는 논의해야 할 일이다.

대종사는 최후의 유교를 내리고 오전 10시 침산심인당 사택에서 스승과 가족이 모인 가운데 열반이 들었다(1963.10.16). 대종사의 열반에 비통함을 금치 못하여 오열(嗚咽)하지 않는 자 없고 강산과 초목도 슬픔에 잠겼다. 대종사는 육신의 무상함을 보여주고 한 생애를 중생을 위해 회향하고 개교 17년 만에 세납 62세로 비로법계로 돌아갔다.

종단은 종조 열반 후 유교를 받들어 종제개편을 시작하였다. 초기 헌법을 폐기하고 금강회칙으로 운영하던 종단의 체제를 재정비하기 위해서 임시강공과 금강회(190회)를 개최하고 종헌 및 종법의 기초를 위한 위원회를 선출하였다(1963.12.26). 종제의 개편은 종조 재세시에 이미 착수하였으나 완성을 보지 못하였다. 종헌 및 종법 위원회는 손대련 외 위원 5명과 이용규(李容奎) 감사 1명으로 구성하였다. 위원회는 종헌 및 종법 기초를 위한 강도를 하고 종헌 및 종법의 기초를 시작하여, 6주간의 걸친 작업 끝에 완료하였다. 종헌 및 종법의 초안은 금강회(인회) 임시총회를 개최하고 심의 의결되었다(1964.3.23).

임시총회에서 심의 의결된 종헌(제15장 105조)은 "본종은 대한불교진각종(大韓佛教眞覺宗)이라 칭하며 총인원(總印院)을 총본산으로 하고…."라고 하여 종명을 확정하고 총본산으로 총인원을 정하였다. 그리고 헌법은 "종조회당대사의 입교개종의 서원에 쫓아 그 실현에 정진하는 교단이다"라고 대종사를 종조(宗祖)로 추존하였다. 그리고 종단은 종조의 입교개종의 서원을 실현하기 위해 정진한다고 결의하였다. 또한 소의경전은 양부의 대경과 삼학 소재(所載)의 경율론 및 종조찬술의 장소(章疏)라고 규정하였다. 여기서 삼학소재(所載)는 진언종의 삼학록 소재를 잘못 이해한 술어였다. 종헌은 종단의 항례법요로서 신정불사 월례불사 자성일불사 열반절 성탄절 종조탄생회 해탈절 창교기념회 종조멸도제 해인절(성도절)을 두었다. 그리고 행정체계로서 종정을 통괄하기 위하여 총인 1인을 두었다. 또한 종헌은 결의기관으로 원의회 종의회, 집행기관으로 통리원(統理院), 감찰기관으로 사감원을 두고, 기타기관으로 기로원 격시위원회 법제위원회 전당신설을 두었다. 전당신설은 외지선교회를 변경하여 정하였다.

나아가 종헌은 지방 종정을 위해 관구청(管區廳) 관구사감부 관구의회를 두었다. 종단은 종헌 종법을 제정하면서 통리(統理)라는 술어를 새롭게 사용하였다. 통리라는 술어를 사용한 까닭은 밝혀져 있지 않다. 통리는 대중(大衆) 세간법(世間法) 민사(民事) 민물(民物) 등을 통리(統理)하는 의미로 경전에 쓰이고 있다. 대중 세상의 일들을 통괄하고 불편(不偏) 없이 다스리는 행위를 일컫는다. 종단의 세간 행정을 다스리는 기구에 어울리는 명칭이었다.

통리원(統理院)은 종단의 집행기관이고 원의회(院議會)는 통리원의 의결기관인 동시에 상설의회에 해당하였다. 조직은 총인 기로원장 통리원장 종의회의장과 부의장 사감원장 격시위원장 법제위원장 통리원 4부장의 12인으로 구성하였다. 의장은 총인이 되고 부의장은 통리원장과 종의회의장이 되게 하였다. 종헌에 이어서 임시총회는 경과규정(經過規程) 종의회법 종의회의원선거법 통리원법 사감원법 총인추대조례 원의회법 법제위원회법을 심의 결의하였다. 그리고 서남법 및 종조탄생회 행사를 결의하고 종의회의원선거법에 의하여 종의회 의원 37인을 선출하였다. 종의회 37인은 금강계만다라의 중앙 37존을 상징하였다. 그리고 관구의회는 16인으로 하여 16대보살을 상징하였다. 그리고 심인당의 책임 스승을 주교(住敎)라고 칭하였다.

이튿날 새로운 종단체제 의해서 구성된 종의회 의원은 종의회(제1회, 통합195회)를 열고 의원선서를 시작으로 의장과 부의장을 선출하고 종의회를 개원하였다. 초대 종의회 의장단은 의장 박을수 부의장 선태식으로 구성하였다. 이어서 종의회는 총인을 추대하고 사감원장과 위원 선거(선서), 통리원장 및 4부장을 인준하였다. 선임된 임원은 총인 손대련, 통리원장 김경순(金璟淳), 사감원장 김철, 부원장 윤극수, 법제위원장 구봉회(具奉會), 격시위원장 박대준, 그리고 총연(總演)부장 김희봉, 홍교부장 최호석, 재무부장 김병국, 사회부장 정인서 등 이었다(1964.3.24). 종의회는 승려법을 비롯하여 교육법 교도법 계단법 기로원칙 수로원칙 우용사법(佑勇社法) 등을 결의하였다. 또한 심인당 명칭을 역리에 맞추어 개칭하는 방안의 결의에 의해서 개칭한 종단의 명칭을 인준하고 대한불교진각종 금강회 분회회칙 준칙을 결의하는 등 여러 법규를 처리하고 폐회하였다. 이때 제정한 승려법은 교화승과 수도승의 제도를 도입하였다. 금강회 분회준칙은 종단의 조직 명칭이던 금강회를 신교도 조직의 명칭으로 바꾸어서 실시하였다. 종단의 체제 개편으로 신설된 원의회의 의장 손대련 총인 부의장 김경순(통리원장) 박을수(종의회 의장)와 의원 8명이 참석한 가운데 원의회를 개회하고 의안을 심의하였다. 원의회의 의원은 종의회부의장 사감원장 법제위원장 격시위원장 통리원 4부장이 당연직으로 맡았다. 원의회는 서울에 총인원 건설과 종비생제도를 확정하였다 (1964.3.27).

종단체제의 재정비로 교화와 행정은 원활하게 진행되었다. 교화스승의 행계제도를 실시하기로 하고 스승의 행계사정을 하여 발령 시행하였다.

7. 종조법통과 교상확립

1) 종조법통의 논의

종조 회당대종사는 열반에 들면서 '교(敎)의 본부는 서울 동북부 적당한 교외에 선택하여 건설하라'는 유교를 내렸다. 종조의 유교를 받들어 원의회에서 종단의 본부를 총인원[總印院(園)]으로 명칭을 정하고 총인원 건설을 결의하였다(1964.3.24). 총인원은 총인이 주석하는 장소로서 초기 헌법의 종단체제인 심회 인회 총인회에서 연유하였다. 총인은 총심인의 준말로서 심인을 총괄하는 경지를 상징한다. 또한 총인의 총은 총지 즉 진언, 인(印)은 인계를 지칭하여 삼밀수행을 총칭하는 의미도 머금고 있다. 약 1년간 총인원 대지 선정을 위해 서울전역을 답사하여 서울 동북부인 성북구 하월곡동 22번지에 대지 3,458평을 매수하였다. 서울 동북부에 종단의 본부 대지를 선정한 까닭은 종조의 서남법에 따른 일이었다.

    종조 열반 후 종단은 총인 원정을 중심으로 화합 교단을 이루어 교화에 전념하였다. 총인원 건설에 전력을 다하며 종단 발전의 영속성을 서원하였다. 수면은 고요하여도 물속에는 물결이 끊임없이 출렁이듯 지극히 평화로운 종단의 한편에는 갈등의 씨앗이 숨어 있었다. 화합승단의 따뜻한 온기가 감돌던 종단에 갈등의 조짐은 종조 열반 후 종단의 체제와 교법 수립을 위해서 개최한 금강회 총회에서 엿볼 수 있다(1963.12.26). 금강회 총회는 종단체제 소의경전 종조초상화 각종 기념불사 등의 사항에 대하여 전 스승이 공동정진을 통하여 법문을 보고 법문의 결과를 두고 토의를 하였다. 여기서 원정은 종조 초상화 조성에 대하여 "무상한 법신불을 주장하는 우리의 근본교리에 맞지 않는다고 봅니다"고 하면서 초상화 조성에 대하여 유보적인 입장을 표명하고 다음에 더 논의하자고 하였다. 또한 회의 중에서 긴급 발의한 단약법과 서남법에 대하여도 더 증득하여 보자는 신중한 입장을 개진하였다. 단약법과 서남법은 이후 지속적인 논의의 대상이 되었다.

종조 회당대종사는 열반 시에 "옛날에는 의발이요 이제는 심인법. 스승이 되어서 양운 무 약불 서남"이라는 내용의 유교(遺敎)를 내렸다. 그런데 교사는 이 내용을 "옛날에는 의발을 전했고 이제는 심인법을 전한다. 스승이 되어서 약을 끊고 서남법을 세울 수 있는 사람이라야 내 법을 받을 수 있다. 내가 전하는 것은 두 가지 뿐이다"라고 정리하고 있다. 또한 회의록에는 "이전에는 조사가 의발을 전하고 이제는 심인법이다"라고 기록하고 있다. 당시 대종사는 몽당연필로 힘겹게 유교를 종이에 썼다. 회의록은 역시 종조가 아니라 조사라고 기록하고 있다.

그런데 종단체제의 개편안이 완성되어 심의 결의하는 금강회 총회에서 종조의 위상에 대한 논의가 있었다(1964.3.21). 종조는 '밀교의 중흥조' 라기보다는 '종파를 개종'하신 분이며, 진각종의 종조는 회당대종사이고 근본 교주는 비로자나불이다. 그리고 육자진언은 금강계만다라를 중심으로 양부만다라의 본존으로 정리하였다. 또한 전회에서 신중한 입장에서 보류한 서남법과 약불법에 대하여 번안(飜案)하여 논의하였다. 원정은 종조 유교에 대한 신중한 입장을 취한 일이 마음에 걸렸다. 그래서 그 의안을 번안하여 다시 논의하자고 제의한 것이다. 원정은 "병 낫기 위한 불공에는 약을 궐하고 스승도 약 먹는 이와 안 먹는 이로 분류하고 자성일에는 약을 끊으라"는 종조의 말씀을 전하였다. 그러자 "스승도 49일 중 약을 끊는 방향으로 나가야 합니까?"라는 질문이 있었다. 윤극수(실상행)은 '끊어야 한다'고 답하였다. 그리고 원정은 "내 법을 받는 이는 약을 먹을 수 없다고 하셨다"는 종조의 말씀을 전하였다. 그렇다면 종통을 받드는 분은 선거제나 부법제로 하라는 종조의 말씀을 받들려면 앞으로 총인은 약 안 먹는 분을 선거하든지 아니면 약 안 먹도록 하든지 해야 한다는 의견을 개진하였다. 그래서 참석한 스승들의 상론상의(相論相議)가 일어나서 결론을 얻지 못하였다.

그 후 종조 법통에 대한 논의는 스승사회의 큰 관심사가 되었다. 종조 열반 후 교화의 방향을 세우기 위해서 원의회에서 '교화진흥에 대한 토의'라는 주제의 토의를 3일간 걸쳐서 진행하였다(1968.12.17). 교화진흥에 대하여 의장이 8개항의 교화진흥 방안을 제시하고 의원들의 다양한 의견이 나왔다. 그 가운데 우리종단의 법통을 어떻게 세울 것인가? 진각종이 전통불교 교단이냐 신흥교단이냐? 또한 재가교단이냐 출가교단이냐?는 등의 문제 제기가 있었다. 그리고 입교개종의 이념을 구현할 필요성이 있다는 의견도 나왔다. 그리고 "우리 종단의 법맥은 종조님을 위시하여 밀교의 중흥으로 종조님의 법통을 이어받은 독자적인 밀교 중흥종단이다"고 결의하였다. 진각종의 법맥은 종조 회당대종사에서 비롯하며 전통 밀교의 중흥으로 독자적인 밀교 중흥 종단을 세운 종조의 법통을 이어 받는다는 의미다.

원정은 종조법통에 대한 입장을 분명히 하려고 총인에서 사임하였다. 종조의 단약법을 실천하지 못한 이유를 들었다. 그리고 종조법통을 4대 법통으로 정리하여 원의회에서 결의하였다. 원의회의 4대 법통은 종의회에서 4대 법통의 정의를 일부 수정하여 통과하였다(1969.4.29). 종의회에서 결의한 4대 법통의 정의는 다음과 같다.

이는 종조님의 유교일 뿐만 아니라 우리 종단의 유일한 법통으로서 이를 세우기 위하여 초대 총인님마저 그 직을 사임하게 되었으니 앞으로 우리 종단의 모든 교역자는 ①단약법 ②서남법 ③제외법 ④역리법의 4대법통을 세우기로 전원 찬성결의하고 다음과 같은 4대법통의 시행 한계와 정의를 결정한다.

① 단약법 : 본 종단에서는 종조님의 유교에 따라 단약법을 실천하여 법력으로 병마를 이겨야 한다. 총인에 한해서는 그 임기 중에는 무조건 일체의 약을 사용할 수 없다. 만약 복용하면 그 직을 사직한다. 스승은 점차적으로 단약하도록 정진하여 교도에 시범이 되어야 한다.

② 서남법 : 교당 등 건축에는 서남법을 지킨다.

③ 제외법 : 종교외도란 불교이외의 타종교를 말하며 유교는 무교로 본다. 인륜외도란 여계중심의 친척은 외도요 남계 중심의 친척은 정도다. 스승자녀 중 종교외도인 중학교에 진학자가 있으면 그 자녀에 대한 주부식비는 재학 중 일체 지급치 않는다. 스승자녀 중 종교외도인 고교 대학에 진학자가 있으면 그 자녀에 대해서는 사택에서 거주할 수 없으며 재학 중 주부식비는 일체 지급치 않는다. 통리원장 종회의장 사감원장의 간부직 자녀가 종교외도학교에 진학하였을 때는 학교의 차 없이 그 직을 사직하여야 한다. 외도 학교란 종립학교를 지칭한다. 스승자녀 중 외도인과 결혼하였을 시는 어떤 경우이든 스승 및 공직을 사퇴한다. 전기 7호 이외 외도 문제에 대하여서는 원의회에서 결정한다.

④ 역리법 : 역리법이란 4길성법(吉星法)과 입정법(入定法)을 말하며, 심인당 건설과 종단건설에만 적용하고 교도에는 쓰지 않는다.

그런데 교사는 4대 법통을 교화에는 단약법 제외법, 건설에는 서남법 역리법으로 정리하고 그 정의를 일부 수정하여 기록하고 있다. 그것은 4대 법통에 대한 논의가 아직 완결되지 않았고, 한편 종조법통에 대한 근본 의미보다 드러난 실천사항에 집착한 결과이기도 하였다. 종의회의 4 대 법통의 승수 결의에도 논의는 그치지 않았다. 종단의 종헌 종법의 일 부 개정을 위한 종의회에서 4대 법통 중 단약법에 대한 개정을 하였다. 단 약법의 논의 과정에서 단약법은 진리 그 자체가 아니라 중생제도의 방편 이고, 결국 약의 정의와 관련이 있다는 등의 의견이 끝이 없었다. 결국 의 원의 투표로 단약은 자성일과 월초불공 7대절에만 실천하기로 결정하였 다. 종조법통은 교상확립의 문제와 맞물려서 논의가 더 깊어 갔다. 원의회 에 4대 법통을 종조의 유언에 따라 그냥 법통으로 개정하려는 의안을 상 정하였다. 그러나 회의 도중 긴급동의로써 종단의 문제를 책임지고 의원 전원이 사퇴하여 의안은 논의하지 못하였다. 그런데 교사는 4대 법통을 법통으로 개정하였다고 기록하고 있다.

교상확립에 대한 이견(異見)으로 야기된 종단의 갈등을 풀기 위한 종의회에서 종조 4대 법통을 심인 단약 서남의 3대 법통으로 하자는 의견 이 있었다. 이에 대해 원정은 역리법과 제외법은 빼도 된다는 뜻을 밝혔 다. 그래서 종조 4대 법통을 종조의 유교대로 종조법통으로 하기로 결의 하였다(1972.6.2). 그런데 원정이 교상확립 파동의 책임을 지고 종단에서 물러가겠다는 뜻을 밝혔다. 원정의 사직 사안에 대한 논의를 위한 최고위 원회에서 원정은 종조의 법은 "육자진언 단약 서남 심인법이며 다른 법은 없었다. 종조님 열반시 죽은 후 비나 세워달라고 하셨다"고 밝혔다. 종조 열반시 법을 부촉받은 책임을 다하기 위해 끝까지 종단을 지켜야 하지 않 느냐는 발언에 대한 대답이었다.

종조 법통의 논의는 종조의 열반 유교(遺敎)에 대한 해석의 차이에 서 일어났다. 원정은 종조의 유교를 넓게 해석하여 재세 시에 강조한 법 문도 포함하여 법통으로 정리하고 계승하려 하였다. 그래서 단약 제외 서남 역리의 4대 법통으로 정리하여 법통으로 삼으려 하였다. 그런데 실상행을 비롯한 일부의 스승은 유교의 말씀 그대로 법통으로 삼자고 주장하였다. 원정은 4대 법통은 심인법의 구체적인 실행 방편으로 생각하여 심인법을 넣지 않았다. 그리고 4대 법통을 심인법의 실천 방안의 입장에서 정의하고 실천하려 하였다. 그러나 심인법을 법통에 구체적으로 넣지 않아서 더 큰 문제를 만들었다. 한편 종조 유교를 그대로 법통으로 받아들이는 입장은 유교 그 자체를 진리의 차원에서 이해하려 하였다. 따라서 법통의 현실적인 실천에는 상당한 어려움을 맞을 수밖에 없었다. 두 견해의 상보적 논의가 아쉬웠다. 그런데 법통의 논의는 교상확립의 문제와 적정(迪淨)의 사건이 뒤엉키면서 파열의 길로 걸었다.

2) 교상확립의 갈등과 총지종 분종

교상확립은 법통이 논의되는 중에 제기되었다. 원정은 종단체제를 재정비하고 교화의 진흥에 종단의 역량을 쏟기로 하였다. 그래서 종단의 교화 방향과 방안을 모색하기 위해서 원의회에서 '교화진흥에 대한 토의'라는 주제의 논의를 하였다. 그 토의과정에서 종단의 소의경전 교주 불신관 등을 분명히 세우자는 주장이 나왔다. 그 동안 소의경전 교주 불신관 등을 세우기는 하였어도 아직 종단 내에서 교리체계가 명확히 확립되지 못한 결과이었다. 그래서 원정은 종조 열반 후부터 교상확립에 대한 생각을 지속적으로 품고 있었다. 종조 법통의 논의가 한창일 때 원정은 원의회를 통해 교상확립안을 제기하였다(1970.3.31). 원의회에서 결의한 교상확립의 이유와 방안은 다음과 같다.

I. 교상확립의 이유

1. 진언과 인계가 불상합한 고로 교리상 외도가 된다. 육자진언을 염송하면서 계인은 금강계 대일여래(지법신)의 삼매인인 지권을 하고 있다. 육자진언은 관자재보살[四臂(관음)]의 본심진언이다.

2. 현재의 삼십칠존은 순밀만다라요 보왕경의 대명왕진언은 잡밀에 속한다. 순밀은 대일경 금강정경을 소의경전으로 하는 밀교요, 잡밀은 기타 밀교경전을 소의경전으로 하고 순밀경전이 나오기 전의 밀교이다.

3. 육자진언을 염송하는 데는 보왕경의 만다라를 세워야 한다. 대승장엄보왕경에서 만다라를 보지 아니한 사람은 이 법을 얻을 수 없느니라.

4. 현재 스승이나 교도가 수마가 많고 병마가 많고 병이 낫지 않고 소원이 성취 안 되어 해탈 없고 신교도가 들어오지 않는다.

5. 현재 사종수법을 행하지 않고 있다. 그러므로 서원이 잘 이루어지지 않는다.

6. 종조님 당시에 보왕경을 발견하지 못해서 본 법을 세우지 못하였다.

7. 교도는 수마를 끊고 여행 와병 시에도 가능하여 편리하다. 그리고 항송이 잘 된다.

8. 국가적 견지 칠십년대 북괴 무력 통일 운운에 대비해야 한다.

II. 교상확립의 방안

1. 경을 기초로 하고 만다라를 설정한다.

2. 사종수법을 심요집을 토대로 현 실정에 맞도록 방편을 세운다.

3. 이것을 토대로 시간정진을 한 후 결과를 내증한다.

4. 전체 심인당에 이 법을 일시에 적용하지 아니하고 신설 심인당 일개소에 실시하여 결과 좋으면 전반적으로 실시한다.

5. 실시는 원칙적으로 스승이나 교도에게 자유의사에 맡긴다.

6. 기설 심인당이라 할지라도 스승이나 교도가 본법 수행을 희망하는 자에게는 이를 허용한다(신앙의 자유 원칙에서)

7. 전면 실시전이라도 여행자 수마자와 병자는 본법으로 수행하여도 무방하다.

원의회의 교상확립 결의안은 종의회에서 그대로 의결하였다. 종의회는 의장과 기로원장의 의안 설명을 듣고 의견을 교환하였다. 교상확립안은 의결하여도 그대로 시행할 수 없고 현실에 적용할 수 있는 구체적인 방안을 마련하여 실시하기로 하였다. 그리고 각 심인당에서 정진결과에 의해서 시행할 수 있어도 계속 연구하기로 하였다. 교상확립안이 공식 회의에서 통과하여도 종단에 적지 않은 파장을 일으켰다. 교상확립안의 내용은 현재 신행하고 있는 교리와 수행에 상당한 거리가 있었기 때문이다. 결의안 중의 심요집은 『현밀원통성불심요(顯密圓通成佛心要)』를 일컫는다. 심요집은 요나라 도액[厄哭]의 저술로서 현교심요로서 화엄수행과 밀교심요(密教心要로)서 준제 4대주의 수행법을 설하고 있다. 도액은 불설칠구지불모준제대명다라니경과 대승장엄보왕경의 경설을 토대로 준제 4대주의 수행법을 설하였다. 준제 4대주 수행법은 준제진언의 행법에 상보(相補)의 진언으로 육자진언의 염송을 들고 있다. 원정은 심요집의 밀교심요에 근거하여 교상을 세우려는 의도를 가지고 있었다.

교상확립안의 이유 중에서 1-2는 밀교의 교리에 관한 사항이고, 3은 대승장엄보왕경의 내용이다. 나머지 4-8은 원정의 생각이다. 확립안의 방안에서 1-2는 심요집의 내용을 일컫고, 나머지 3-7은 종단의 실천법과 원정의 생각이다. 특히 교상확립안에는 만다라를 세우는 법이 중심이고 또한 만다라를 세우면 등상불(等像佛)을 세워야 하였다. 만약 교상 확립안 대로 교상을 세울 경우 종조의 무등상불의 교리와 그대로 상충 되는 문제가 있었다. 또한 사종수법은 세간의 네 가지 가지(加持)기도법 으로서 심요집은 준제상(准提像)을 기본으로 하고 있다. 이즈음 통리원 장 적정(최호석)의 공금유용사건이 일어나서 비공식 7인 정화위원회가 결성되어 종단의 정화운동을 하고 있었다. 적정은 통리원장직을 사임하 였고(1970.7.25) 원정도 공금사건에 관련되었다는 뜬소문에 대하여 원의 회에서 공개 신상발언을 하였다. 그리고 적정은 사직하고 종단을 떠났다 (1970.12.15). 그러자 종의회에서 통리원장이 원정의 신상에 대한 해명 선 언을 하고 원정의 결백을 확인하였다.

원정은 원의회에서 종단의 소의경전에 대승장엄보왕경과 대승이취 육바라밀다경을 추가하여 결의하고, 교상확립의 계획을 멈추지 않았다. 그러나 교상확립에 대한 비공식적인 반대 분위기는 정화위원회를 중심으 로 계속 번지고 있었다. 교상확립은 이처럼 외적인 요인도 가세되어 더욱 심각하게 흘러갔다. 종단의 분위기를 긍정적으로 전환하기 위해 원정을 총인으로 선출하였으나 종단의 법통과 교상에 대한 자신의 입장을 들어 서 고사하였다. 그리고 교상확립에 대한 보다 구체적인 계획을 수립하고 원의회에서 결의하였다(1971.7.22). 교상확립에 필요한 한문원전을 발췌 편찬하여 인쇄하고, 경의 요지를 강설하여 소의경전으로 인식이 되면 한 글로 번역하여 소의경전으로 할 것을 제안하였다. 이렇게 역경하고 편찬 하여 인쇄할 내용을 5가지로 분류하여 제의하였다. ①밀교성전 ②응화성 전 ③종조논술 ④비밀의궤 ⑤서원가집으로 구상하였다. 그리고 특히 이 처럼 교상을 세우면 ①준제진언과 결인을 해야 하고, ②육자진언과 대승 장엄보왕경은 잡밀 경전이기 때문에 37존은 없애야 하며, ③금강권으로 염주를 사용해야 하는 등 현존의 의식과 조금 달라진다고 하였다. 그리고 환당과 덕정의 도움을 받아서 역경 작업을 하기를 원하였다.

원정의 구체적인 교상확립 방안은 교상에 대한 종단의 상황을 더 어려운 국면으로 만들었다. 종단은 이러한 상황을 수습하기 위해 다시 원의회를 열었다. 원정은 역경에 대하여 구체적으로 설명하고, 역경하여 시험적으로 시행하는 것과 학문적으로 연구하는 것과 두 안을 택일하면 좋겠다고 제의하였다. 그리고 이러한 일은 종조 법을 바꾸는 것이 아니라 법을 보충하는 것이라고 설명하였다. 이에 원정각과 박현기는 분명히 반대 입장을 밝혔고, 또 학문적 연구를 위해서 역경을 하자는 의견도 개진되었다. 그래서 학문적 연구를 위해 역경을 하자는 안건이 투표를 통하여 의결되었다. 그리하여 원정은 밀교성전 편찬을 위해서 경전발췌와 역경작업을 진행하였다. 이러한 과정에서 원정을 비롯해서 환당 덕정이 준제의궤에 대한 설명과 수행을 비공식적으로 실행하였다. 원의회에서 교상확립에 부정적인 입장을 가진 시경심인당 신교도 신홍복이 불미한 처사를 하고 도흔의 격심한 언동이 문제가 되어 징계동의가 일어나서 실상행이 사표를 제출하였다.

종단의 상황이 더욱 심각하게 전개되면서 원의회에서 법통의 문제와 역경하여 학문적으로 연구한다는 결의사항을 취소하려 하였다. 그러나 회의 중에서 종단의 전임원이 사직하자는 긴급동의를 받아들여서 의안을 심의하지 못하였다. 원정은 교상의 문제가 스승사회의 갈등과 불신을 증폭시켜가자 최후의 방안으로 사택에서 준제의궤를 연구 차원에서 시험적 체험을 위해서 100일정진에 들어갔다. 그리고 교상확립의 갈등은 단순히 종단의 의견의 불일치를 넘어 분종의 상황으로 접어들었다.

종조의 법통 정립과 교상확립에 대한 갈등은 점차 스승사회의 분열

양상으로 전개하였다. 그리고 교상확립의 문제에 신교도가 개입되고 스승사회는 정화위원회와 종통수호위원회로 양립되어 갈등이 증폭되었다. 종단의 상황이 해결될 기미가 보이지 않고 원정은 종단에서 나가서 100일 불공을 하라는 요구를 받았다. 그래서 원정은 100일 진호국가정진 도중에 사임하고 상도동에 자택을 마련하고 이사하였다. 원정이 상도동으로 이사하면서 상황의 수습을 위하여 종의회를 열었다. 다수의 신교도가 참관하는 가운데 열린 종의회에서 신교도는 항의성 의견을 다수 개진하였다. 그리고 원정의 사임을 반대하는 교도들이 항의에 대하여 100일 정진 회향하면 사태수습을 하기로 하였다(1972.3.15). 종단 내의 갈등과 대립, 또는 상호 비방의 상황에서 비상조치로 구성된 원의회는 서로 자신이 참회하고 정화(淨化) 또는 수호(守護) 운운 하는 조직을 없애고 종단 화합을 이루자고 호소하고, 원정이 자기주장을 버리고 현재법을 고수하면 원상복귀하자고 결의하였다. 이어서 종의회에서 원정과 원정각 그리고 지정된 스승과 신교도가 별도로 회합하고 토론하여 7개의 합의 사항을 결의하였다. 결의한 7개항은 다음과 같다.

① 종의회에서 결정 결의된 것은 원칙적으로 존중한다.
② 종헌에 기재된 소의경전은 어디까지나 고수해 나간다. 또 이후에 종의회나 원의회에서 교상확립에 대한 결의 이것을 준수한다.
③ 우리가 종조님 법도 엄격하게 존중하고 고수해 나가야 되고 단 의궤를 무시해서는 안된다. 그리고 심인당 공식시간은 현재하는 의궤 금강지권을 하고 교도 가정이나 사택에서 의궤를 행하는 것은 간섭하지 않는다.
④ 연구의 자유를 보장한다. 연구에는 반드시 발표가 수반하고 발표를 전제로 하는 것이니 사택에서 자기가 체험한 결과를 발표하는 것도 막지

않는다.

⑤ 두 가지 법이 다 공덕이 있다고 찬성해야지 서로 법을 비방해서는 안
된다.

⑥ 교도들이 의궤법을 전파해 가지고 전하게 되는 것을 심인당 스승이 책
임지지 않는다.

⑦ 심인당에서 금강권으로 염송해도 위법이 아니다. 또 금지 할 수 없다.

종단 화합을 위한 7개항의 합의사항을 결의하고 원정 원정각을 비
롯한 스승과 신교도는 참회를 하였다. 그리고 원정의 제의에 의해서 원정
아당 서주가 기초위원이 되어 포교연구원을 설치하고 교화와 역경에 대
하여 연구하기로 결의하였다. 원정은 교상확립의 일환으로 그동안 준비
한『밀교성전(密教聖戰)』을 출간하였다(1972.5.10).

종의회의 결의에도 불구하고 정화위원회는 종단이 정상화가 되어야
원정의 복교가 가능하다고 주장하였다. 그리고 원정과 원정각 사이의 합
의 과정을 문제로 삼아서 새로 구성된 집행부를 불신하여 전원 사직하였
다. 종단 집행부의 전원 사직을 처리하기 위한 종의회는 원정 원정각 서
주의 3인 회합의 결과를 수용하고 종단 화합을 결의하였다. 원정은 준제
진언에 집착하지 않고 스승과 교도에게도 전하여 종단발전에 이바지할
것을 약속하였다. 종단화합을 위한 3자 회합 후에도 종단의 분위기는 쉽
게 가라앉지 않았다. 원정은 또 사직서를 제출하였다. 원정의 사의를 논의
한 최고위원회에서 원정은 사직의 사유를 밝혔다. 교법확립 문제로 공격
의 표적이 되고, 그 과정에서 약속을 지키지 못한 도의적 책임, 그리고 자
신의 지병에 의한 종단 기강확립에 악영향이 미칠 일에 도의적 인책 등
을 들었다. 교상확립의 사건을 교상확립 파동, 또한 교법파동(教法波動)

이라 표현하고 "육자진언 단약 서남 심인법이며 다른 법은 없었으며 종
조님 열반시 죽은 후 비나 세워달라"고 하셨다고 마무리하였다. 최고위
원회는 사직번의(翻意)의 권유와 사직고사(固辭)의 지루한 논의 끝에 원
정의 사직을 의결하였다(1972.6.26). 그리고 원정의 처우 문제가 결의되
어 교법파동은 원정의 이탈과 큰 법문을 남기고 끝이 났다. 원정의 교상
확립에 동조하던 스승들이 차례로 종단을 떠나 원정을 따라 갔다. 원정
은 그를 따라 종단에서 나간 이들을 모아서 총지종(總指宗)을 개종하였다
(1972.12.24).

　　교법파동은 충분한 연구와 이해 없이 교상확립을 추진한 사실이 근
인(近因)이 되었다. 한편 교상확립 내용에 대한 이해와 대화보다 기존의
생각에 집착하여 새로운 교법안을 거부한 사실이 원인(遠因)이 되었다.
따라서 교법파동은 종단이 내적으로 성숙할 좋은 기회를 잡지 못하고 부
정적인 결과를 낳았다. 그런데 원정은 종조의 교법수립에 대한 깊은 뜻을
이해하지 못하고 단순히 전래의 교리와 의궤에 집착하여 답습하려는 자
세를 가졌다. 불교신행은 경론적 전거와 동시에 역사적 체험의 증거도 매
우 중요하다. 그리고 종조의 교법은 제자들의 체험이 집적되어 발전적으
로 계승되어 갈 수 있다. 좀 더 성숙한 자세로 서로 자신을 되돌아보고 상
대의 의견을 상보의 발전을 위한 계기로 삼을 수도 있었다.

3) 종헌과 종법의 개편

종단체제의 재정비로 종행정은 순조롭게 진행되었다. 그러나 종단 교화
활동의 범위가 증광 되고 환경 여건의 변화에 따라서 종헌과 종법의 개

선과 제정이 이루어졌다. 종단의 교화와 홍교를 위하여 역경 출판과 경전 구입 등의 업무를 위하여 해인행선무법을 제정하였다. 동시에 종비생 규정을 만들어 교육법을 개정하였다. 또한 삼보를 호지하고 교기를 경제적으로 한층 더 견고하게 위하여 진각종기금조성법을 제정하였다. 이것은 물질로써 물질을 증익하는 법으로서 부처님께서 설하신 재보의 사분법에 근거하였다. 즉 교화에 의한 교도의 재시(財施)는 인적 성재(成財)이고 기본금의 축적은 물적 성재이다. 이것은 곧 인물(人物)이원이고 색심병행의 법으로서 양익양륜(兩翼兩輪)을 세우는 법이다. 종비생법이 제정되어서 종단구성원의 상부상조를 위한 우용사법을 개정하여 회원에 종비생을 추가하였다.

나아가 신교도의 조직을 위하여 금강회 회칙을 만드는 등 다수 종법을 개정 및 신설을 하였다. 금강회는 본래 종단의 기구명이였으나, 종제의 개편 후에 신교도 조직명칭으로 사용하였다. 먼저 상향식 조직을 위해 금강회 준칙을 마련하였다. 그러나 시행상 많은 폐해가 발생하여 금강회 준칙을 폐기하고 하향식으로 조직하기 위하여 금강회 회칙을 제정하였다. 청년회도 금강회에 흡수하여 일원화하였다. 그리고 회장은 총인, 부회장은 통리원장이 맡기로 하였다. 신교도의 의미를 포괄적으로 정의하였기 때문이다. 유지재단의 정관을 개정하여 '보살회'를 빼고 대한불교진각종 유지재단으로 하였다(1966.5.25).

종래 각 심인당에서 채용하여 심인당 또는 관구내 심인당 사무를 담당하던 처무를 감독과 지도의 체계화와 처우의 균형을 위해서 통리원에서 채용하여 급여를 지급하고 해당 관구 또는 심인당의 업무를 담당하게 하는 지근처무 제도를 도입하고 새해부터 실시하기로 하였다. 지근처무 제도의 실시를 위한 업무의 설명을 위하여 지근처무 회의를 열었다. 종조

법통의 결의에 의해 종헌을 개정하여 총인은 4대법통을 준수하는 자로 하였다. 그리고 종단의 원로급의 노퇴(老退) 후 유양(留養) 수도처인 기로원칙과 무의탁 스승과 교도의 노퇴 후 휴양 수도처인 수로원칙을 개정하였다. 기로원에 진원하는 기로에 대한 예우 규정은 원의회에서 결의하고, 스승이 수로원에 진원할 경우 통리원과 우용사에서 지급되는 일체의 급여는 수로원에 기탁하기로 하였다.

초기 종단의 자선사업부을 발전시켜 신생회(新生會)를 설립하고 회칙(7장 28조)과 운영세칙(7장 23조)을 마련하였다. 신생회는 통리원이 청정하게 교화사업에 전임하도록 교화사업의 원호, 자선사업, 기업의 운영, 기타 필요한 사업 등을 위하여 설립하였다. 그래서 종단은 교화 부대사업으로 기금을 육성하고 수익사업과 자선사업을 통하여 교화에 원호하게 되었다. 그리고 종단체제 개편 후 한 번도 시행 못한 법제위원회와 격시위원회를 일시 중단하기로 하였다. 종단의 운영과정에서 종헌이 현실에서 실행하는데 어렵거나 어울리지 않는 점들이 드러나서 개정하기로 하고 종헌개정 기초위원회를 구성하고 기로원장 통리원장 사감원장 종의회 의장 법제위원장 총연부장을 위원으로 선임하였다.

종헌개정 기초위원회가 초안한 종헌 종법개정안을 심의 의결하였다 (1970.10.28). 그 중에서 대표적인 개정안은 총인의 권능에 관련한 조항이었다. 총인은 종단을 대표하고 법통을 승수하여 교법의 권위를 상징하는 자리로 바로 잡았다. 총인이 맡고 있던 종단의 현실업무를 통리원장이 행사하게 하여 원의회의 의장을 총인에서 통리원장으로 옮겼다. 또한 종단의 상시 의결기관이던 원의회를 통리원의 상시의결기관으로 하였다. 이에 따라서 총인추대조례를 총인추대법으로 격상시켰다. 그리고 일시 중단한 법제위원회 격시위원회의 기능을 회복하고 종비생규정을 폐기하고 교육법에 통합하였다. 그러나 원의회에서 결의한 총인의 추대는 전 총인이 지명하고 원의회에 추대하기로 결의한 조항은 다루지 않았다.

　　종조 법통 중 단약법에 대한 종헌개정에서 종의회 결의사항에 대한 총인의 거부권에 총인의 신상에 관한 사항은 예외로 하기로 하였다. 또한 종의회 의결사항에 총인에 대한 신임 여부를 추가하였다. 나아가 총인추대법의 총인 자격요건에서 연령 50세와 승속 20년을 삭제하고, 행계 1급을 3급으로 하향하고 자격요건에 해당자가 없으면 이하 자격 중에서 선출한다는 항목을 삭제하였다. 종단의 행정이 혼란을 가져오자 종의회 의원 수를 77명으로 늘리자는 의견이 제시 되었으나 더 검토하기로 하였다. 또한 삼권분립을 위해 집행부가 종의회 의원을 겸직하지 못하게 하자는 의견과 한 세대 1명만 종의회 의원이 되는 문제도 제기되었으나 논의하지 못하였다. 종행정이 불안한 가운데 신교도의 종정참여가 지속적으로 제기되어 공식적으로 참여불가로 결의하였다.

　　종단 집행부의 사퇴로 임시 원의원 5인이 종단을 운영하면서 종헌종법이 현실에 불합리한 점이 많아서 종헌종법 재수위원회를 구성하였다. 재수위원회가 마련한 법안 일부는 원의원과 종의회 의원을 분리하기로 하였다. 그리고 종의회 의원 선거법에서 원의원과 그 직계가족은 종의회 의원이 될 수 없으며 스승은 한 세대에 1인만 되게 하였다. 또한 종의회 의원이 전국구로 선출하는데서 지역구로 바꾸려고 하였다. 그러나 이러한 법안은 심의를 하여도 결의하지 못하고 다음 회의로 넘겼다. 종단은 거듭 집행부의 교체로 종정이 불안정하여 5인 최고위원회로 집행하기로 하였다. 최고위원회는 그 동안 운영하지 못하고 있는 수로원을 총인원 정사를 이용하여 다시 운영하기로 하고 원오제와 실상행이 맡기로 하였다. 종단 운영을 보다 체계를 갖추어서 집행하기 위해서 기획부를 신설하고 기획위원 5인을 선출하였다.

　기획위원회는 종풍진작과 승단화합을 위해서 종단의 기구를 개선하기로 하고 개편위원회를 설치하는 등 5개년 계획을 세우기로 하였다. 그리고 종명을 총인원을 빼고 대한불교진각종으로 개칭하였다. 이에 따라 최고·기획 연석회의에서 종헌 개정에 대한 토의를 하였다. 총인은 상징적인 존재로서 법통만 승수하고 인사권은 인사위원회에서 협의하고 사전에 총인과 의논하기로 하며, 기로원은 스승노퇴 후 휴양기관, 수로원은 교도의 휴양기관으로 하는 등의 의견을 확인하였다. 종단 기구의 정상화를 하기로 한 마지막 최고위원회에서 종헌 종법 개정안의 내용을 다시 심의하였다(1972.12.18). 특이한 의견은 종의회는 스승전원으로 하고, 총인책임제에서 통리원장책임제로 전환하자는 사항이다. 이어서 인사문제는 인사위원회에서 협의하고 사전에 총인과 협의하는 방안도 개진되었다. 그리고 스승총회 종의회 교도가 동참하는 단합대회를 열어서 교법파동의 과정에 대한 문제를 해결하기로 하였다. 그리하여 해명서를 마련하기로 하였다.

　최고·기획위원회의 제의에 따라서 단합대회를 개최하여 종단 화합을 도모하기로 결의하였다. 종단화합 단합대회의 결과로서 종단의 일사분란한 지도체계를 확립하여 교화활동을 활성화하고 지속적인 종단발전을 위하여 종헌을 대폭 개정하고 집행기구를 전면 교체하였다. 종헌은 최고위원회의 결의시항을 대체로 수용하였으나 일부는 변경하였다. 종명을 대한불교진각종으로 최종 변경하였다. 총인은 종단을 대표하고 법승을 승수하는 상징적 존재로 하고, 그 자격은 행계 3급 이상의 법통을 준수하는 자로 하였다. 종단 행정집행에서 통리원장 책임제로 하여 행정집행 상시의결기구인 원의회의 의장이 통리원장이 되게 하였다. 원의회는 총인 통리원장 종의회의장 사감원장 통리원 4부장 그리고 통리원장이 지명하는 10인으로 구성하였다. 통리원장 임기는 3년으로 하고 유고 시는 부장이 맡기로 하였다. 종의회는 스승으로 구성하고 의장의 임기는 3년으로 하고 총인추대, 종유재산 처분, 종헌 개정, 기타 등을 의결하기로 하였다. 사감원장도 총인이 임명하고 임기 3년으로 하였다. 수로원를 폐지하고 기로원을 두어 노퇴 후 스승 휴양과 수도처로 하였다. 그리고 법제 및 격시위원회를 폐지하였다. 그 외 현 실정에 불합리한 종헌 종법의 조항을 약간 수정하였다.

종헌 종법을 개정하고 종단의 간부를 전원 개편하였다. 총인에 원정각을 추대하고 15인 전형위원회를 구성하여 종단의 집행부를 조직하였다. 통리원장에 각해, 종의회 의장 혜공, 사감원장 손병낙, 자문 서주를 선임하고 결의하여 종단 기구를 정상화 하였다. 서주는 종단 운영에 자문이 필요 없다고 판단하고 사의를 표명하여 수리하였다(1977.5.25).

4) 종단행정의 개선

종헌 종법 개편과 동시에 종단의 행정업무도 개선하며 집행하였다. 초기 종단에서 원로스승의 위상을 고려하여 재정한 입헌원로 스승과 공적대표에 관한 법을 폐지하였다. 종단의 교화자료 출판을 위해 운영해 오던 순정출판사를 공식적으로 폐업하였다. 그와 함께 대구로 이전 설치한 인쇄소도 활자를 매각하고 그 대금을 해인행 명으로 예금하였다. 심인당 건설이 늘어나면서 심인당 건물 양식에 대한 논의가 계속 일어났다. 심인당 건물 형식은 그 동안 많은 논의가 있었으나 도시에는 우산각 형식이 제약

이 있어서 슬라브 형식으로 짓고 농촌에는 우산각으로 짓기도 하였다. 그래서 심인당 건물 형식을 통일하는 방안에 대하여 논의하였으나 시간을 두고 생각해 보기로 하였다. 심인당 건축 양식 통일은 다시 거론되어 우산각 양식의 고수와 심인당 사택 분리에 대한 토론이 있었다. 여기서 심인당 건물의 2층 현관은 불탑식으로 하자는 의견도 제안 되었다. 역시 결론 없이 더 연구할 필요가 있다는데 의견을 모았다. 심인당 건물 양식이 곳곳마다 달라서 보기가 좋지 않다는 종단 내 여론이 계속 일어났다. 심인당 건물 양식의 통일은 전문가에게 의뢰하여 초현대식 불교 양식, 즉 진각종 교당의 상징 건물 양식을 만들어 대 중 소의 형태로 짓기로 하였다. 그리고 우선 설계사에게 맡겨서 설계 후 다시 의논하기로 하였다. 그리고 심인당 건축 양식을 전문가에 의뢰하여 종단의 상징 양식을 창안하는 계획을 다시 확인하였다.

종단 교리의 상징인 대일상을 원용하여 종단의 교기를 제작하였다 (1965.12.28). 교기는 황색의 바탕에 적색의 대일상을 중앙에 배치하였다. 그리고 종조 재세 시에 구입하여 운행하던 지프차를 매각하여 그 매각대금을 승용차를 다시 구입할 때까지 늘리기로 하였다. 그러나 종단의 행정 상황이 혼란스러울 때 심인당 순시 등 긴급한 필요성을 느끼고 전용 승용차를 다시 구입하기로 하였다. 또한 각 심인당에 월력판을 배부하여 신행에 도움을 주도록 하였다. 월력판은 월 일 요일을 표시하고 나아가 종단의 월초불공과 7대절 명절을 게시하게 하였다.

이와 동시에 전국 각 심인당의 균형발전을 위해서 자급자족이 안 되는 심인당 보조문제가 지속적으로 논의되었다. 종조의 자주정신에 따라서 심인당의 운영은 각 심인당이 자주적으로 해결하여 왔다. 그러나 심인당 건설이 늘어나고 도농의 경제적 불균형이 심화됨에 따라서 자급자족을 하지 못하는 심인당도 늘어갔다. 심인당 보조에 대한 논의는 비공식으로 꾸준히 있어 왔다. 원의회에서 심인당보조 문제가 제기되었으나 부결하였다. 그러나 이미 신설 법화심인당에 공과금과 처사급여를 보조한 경우도 있었다. 결국 기한을 두고 보조하되 지역의 차이에 따라서 집행부에서 연구하여 집행하기로 하였다. 그리고 심인당의 자주적 운영 원칙은 지켜가면서 구체적으로 긴급한 월동비와 침체조장비를 보조하기로 하였다 (1972.11.2).

종단의 스승을 순정출가 변의출가 순정재가 세속재가로 나눈 순정사부대중 중에서 변의출가법을 폐지하였다(1972.6.15). 이로써 순정사부대중 제도는 사실상 기능을 상실하였다. 그 동안 오래 끌어왔던 초기종단에서 기부한 사유재산 반환문제는 청정관 스승에 대한 응분의 반환으로 종결하였다. 교법파동으로 종단의 혼란을 수습하는 과정에서 종단의 운영과 홍보, 그리고 포교의 일환으로 종보를 발간하기로 하였다 (1972.11.23). 기획위원회의 결의에 따라서 종보 발간의 준비과정을 거쳐서 진각종보 창간호를 발행하였다(1973.1.1). 진각종보의 창간은 종단의 제반 활동상황을 홍보하고 교리와 교화 방편을 보급할 수 있게 하였다. 진각종보는 종단인의 대화광장으로 상호간의 이해증진과 신심을 계발하고 종조님의 무진서원이 전국 방방곡곡에 메아리치게 하였다.

5) 교법의 개선과 의식의례

종조 열반 후 대종사의 법설을 결집할 필요성이 종단내외에서 제기되었다. 종조 법설을 결집하여 법불교전이라는 명칭으로 편집하기로 하고 자료수집에 관한 공문을 각 심인당에 보냈다. 그리고 자료수집이 부진하여 다시 독촉 공문을 보냈다(1965.1.18). 법불교전의 편집에 착수하여 '실천강목'을 완성한 후 편집 작업은 순조롭게 진행되지 못하였다. 그리고 종조 재세시에 발행한 『법불교』와 『응화방편문』을 합본하고 『총지법장』의 내용을 보태여서 『법불교문』을 발행하고(1966.9.5) 반포불사를 하였다 (1966.11.2).

종단의 7대절 행사는 심인당 단위로 시행하기로 하고, 종단에서 합동행사가 있을 때는 따로 알리기로 하였다(1965.4.13). 스승이 종조탄생절과 종조 열반절에 심인당을 비우고 중앙행사에 동참하는 부작용을 없애기 위한 조치였다. 심인당 공식불사에서 삼밀행에 대한 어려움이 많이 제기되어 삼밀법에 대하여 정리하였다(1965.6.24).

종단의 희사법에 삼종시법이 시행되면서 삼종시법에 대한 논의를 하여 총인이 법설을 내렸다(1966.5.15). 삼종시법은 기본이 삼보공양의 법으로서 그 공덕과 희사할 경우는 다음과 같다.

1) 단시: 불에 공양함이니 경에 말씀함과 같이 큰 공덕을 얻게 되며 속히 보리성취하여 일체 모든 중생들이 안락함을 얻게 하며 아니 되는 일이 이루어지고, 무상공덕으로 부처님의 도움, 무연중생의 도움, 모르는 이의 도움이 많고, 자연의 도움, 무위의 도움을 얻게 되니 일이 자연 속히 성취된다. 단시불사를 해야 할 경우는 십일단시, 정시, 차시, 성도절 불사, 성탄절 불사, 창교절 불사와 일체의 서원정진이다.

2) 경시: 법에 공양함이니 경의 말씀과 같이 지혜가 증장하며 법의 자제증 득하고 모든 법의 실성을 능히 깨쳐 알게 되며 유상복덕이 일어나니 부처님의 도움, 국가의 도움, 유연중생의 도움, 아는 이의 도움이 많고 유위의 도움을 얻게 되니 모든 사리에 밝아진다. 경시불사를 해야 할 경우

는 열반절 불사, 종조멸도제 불사, 기제강도, 선망부모 및 기타 영식천도 불사, 자녀들의 진학을 위해 자녀들이 공부를 잘 아니할 때, 고등고시나 기타 일체시험에 합격을 원할 때, 민원서류의 성취를 위할 때, 진정사건의 성취를 위할 때, 법을 비방할 때, 기타 일체 문자가 주로 된 사건의 불사이다. 경시는 유상복덕이 주가 되므로 경시용지에 이름을 쓰는 데로 공덕이 일어나는 것이다.

3) 제시[자공(慈供)]: 승에 공양함이니 경전의 말씀과 같이 한량없는 복덕성과 일체 자량증장하고 불도성취가 되며 자손이 융성하게 되니 이는 곧 살림이 넉넉해지고 자손이 잘 되는 법이다. 이 또한 유상 복덕의 방편이니(부처님의 도움과 스승의 도움) 유위의 도움(현실의 도움), 유연의 도움(아는 사람의 도움)으로 일이 이루어지고 이루어진 일이 속히 나타나게 하려면 불공을 마친 후는 제시하는 것이 속하다. 제시불사를 해야 할 경우는 해탈절불사, 종조탄생절불사, 정진을 마쳤을 때, 자녀가 출생하였을 때, 결혼할 때, 회갑이나 잔치할 때, 아이 칠이나 돌날에, 설날이나 추석이나 기타 좋은 명절에, 취직이 되었을 때, 새로 집을 짓고 입택할 때, 입학이 되었을 때, 이사를 하였을 때, 승진이 되었을 때, 상점 개업을 하였을 때, 공장을 시작했을 때, 기타 무슨 영업이라도 처음 시작했을 때, 기쁘고 좋은 일이 있을 때나 좋은 명절에는 반드시 제시를 하는 것이 그 일이 장원하게 보전되고 복덕이 무량하다. 이것은 유상복덕 방편이므로 반드시 제시 용지에 이름 쓰는 대로 일어나는 것을 잊어서는 안 된다.

삼종시법이 마련되고 강도법이 정해졌다. 강도법은 강도부(講度簿)에 강도불공을 위한 서원을 적어서 제출하면 스승이 불사 시작하여 읽고 서원하는 법이다. 그래서 제시와 경시 용지와 혼동하기도 하였다. 총인원 건설시 종단의 공식 정진 목표를 정한 후 총인원 신설이 마무리 되면서 해마다 공통 정진목표(정진덕목)를 세우기로 하고, 진기 22년(1968) 정진

목표를 '허물 고치는 해'로 정하여 새해서원불공을 비롯하여 1년간 정진하기로 하였다(1967.12.22). 그리고 종조 재세 시부터 별호처럼 부르던 스승의 호칭과 스승의 행계를 정한 후 행계에 따르는 호칭 등 스승의 호칭이 다양하여 일정하게 호칭을 통일하였다(1966.11.3). 행계에 관계없이 남자 스승은 정사(正師), 여자 스승은 전수(傳授)로 부르기로 하고, 남자 신교도는 심인당에 출석하는 사람은 각자(覺子), 출석하지 않는 사람은 단월(檀越)로 부르기로 하였다.

종단은 강공을 통하여 스승교육을 시행해 왔다. 그리고 도제양성을 위해 종비생 제도를 도입하였다. 그리고 스승재교육을 강화하기 위해 중앙강원을 개설하여 스승을 순차로 교육하기로 하였다(1969.6.26). 그러나 교법파동으로 교육을 중단하였으나, 중앙강원을 다시 개강하기로 하였다(1973.2.1). 또한 시행이 늦추어져 스승의 자질을 향상하고 교화방편의 통일을 위해서 강원개설을 논의하고 종의회에서 최종 결의하였다(1980.9.30). 하지만 역시 종행정의 불안으로 실시하지 못하였다. 종단은 다시 중앙강원을 중앙교육원으로 개편하여 스승교육의 체계를 잡고 일관성 있는 교육활동의 기틀을 마련하였다(1981.7.3). 장명 통리원장은 종권파동이 마무리되면서 스승교육을 강화하기 위해 포교법과 교육법을 통합하여 포교 및 교육법에 중앙교육원(강원)을 설치하였다. 장명 통리원장이 원장을 맡아서 후속 조치로서 중앙교육원 운영세칙을 제정하였다. 운영세칙(20조 경과규정 3조)은 교육원의 목적으로 전문 종학연구 및 수습, 신행연수 및 수련, 불교 교양강좌의 실시로 정하였다. 그리고 이러한 목적을 수행하기 위해 종학수습 및 연구부, 일반 연수부, 불교 교양강좌부를 두었다. 특히 종학 수습 및 연구부는 수습과정 2년 스승과정 7개월 심학과정 1년 아사리과정 2년의 4과정을 두었다. 그리고 교육원의 운영을 위해 교육위원회를 두고 교육내용을 결정하기로 하였다.

　　종단의 의식의례는 교리의 상징적 표현으로서 수행과 신행의 구체적 실천 절차이다. 그 동안 시행하여 오던 종단의 의식의례를 통일하기 위해 의례준칙을 마련하였다. 홍교위원회에서 마련한 준칙을 검토 심의하고 재수정하여 다시 결의하기로 하였다. 특히 종조멸도제를 종조 열반절, 종조탄생회를 종조탄생절 등 종단의 기념행사를 절(節)로 부르기로 하였다. 그리고 의례준칙의 수정을 기초로 하여 법요의례를 제정하고 소책자로 간행하였다(1973.10.25). 종단의 교리에 입각한 법요의례를 제정하여 일상의 신행생활에서 실천할 수 있는 근거를 마련하였다. 공식불사 시간의 진언 낭독이 문제가 되어 공동으로 2회 고성 낭독하는 원칙을 확인하고 불사 중 수마(睡魔)를 다스리기 위한 방편을 논의하였다.

　　종단의 기본 교화 경전인 법불교문을 진각교전(眞覺敎典)으로 개칭하고 수정 증보하여 발행하였다(1974.9.10). 진각교전의 내용을 풍부하게 하고 꼬지경 법설의 보존을 위하여 종조 재세 당시의 꼬지경의 법설을 진각교전의 내용에 맞추어서 적절하게 배치하고 보리심론 등의 논설은 말미에 수록하였다. 그리고 공식불사 순서에 반야심경을 독송하기로 하였다(1976.3.9). 반야심경을 독송할 경우 '일체(一切)'를 생략하고 제호는 한 번만 독송하며, 당분간 해탈절 열발절 등 기념행사의 공식불사에 한하여 독송하고, 나아가 열반 강도와 열반 49일불사 등 스승이 적절히 정하여 독송하기로 하였다. 불교는 삼보의 종교이므로 의식의례는 삼보의 예참으로 시작한다. 종단은 현교의 삼귀의에 대하여 삼귀명(三歸命)으로 예참하기로 논의하였다(1978.4.27).

8. 교육활동과 교육사업

1) 진선여자중고등학교 설립

종단은 학교법인 위덕학사의 명칭이 적절하지 못하여 설립자 종조의 법호를 담아서 회당학원으로 개칭하였다(1978.4.27). 교장의 임명을 종의회에서 결의하는 내용을 없애고 이사 인원수를 6인에서 9인으로 증원하고 이사의 과반수를 종단의 스승이 맡도록 하였다.

학교법인 위덕학사의 이사장을 스승이 맡아 오다 교육전문가인 서주가 위덕학사를 운영하기로 하였다(1972.3.24). 대구와 함께 서울에도 종립학교를 설립하자는 여론에 따라서 원의회에서 서울에 종립여자학교 설립을 계획하고 종단에서 자금을 지원하기로 결의하였다(1976.6.22). 원의회의 결의에 따라서 서울 강남구 도곡동 산 1에 대지 9천평을 매입하여 지하 1층 지상 4층의 교사를 착공하였다(1976.8.25). 서울시가 강남개발계획에 의해서 학교부지로 지정한 도곡동 산 1대지는 서주 이사장이 서울시의 협조로 매입하였다. 학교의 교사를 건축하는 동안 교명을 진선여자중고등학교로 짓고 여학교의 교장으로 여성이 적합하다는 취지로 정명지를 교장으로 내정하였다(1976.10.22). 그러나 정명지가 건강상의 문제로 사의를 하여 종의회는 심인고등학교 교장 손인수를 교장으로 전보하기로 추천하였다(1977.1.20).

고등학교 교사가 완공되어서 77학년도 신입생 중학교 788명 고등학교 600명 등 1천 388명과 학부모 관계기관장이 참석하여 입학식을 거행하고 개교하였다(1977.3.5). 진선여중고 개교에 맞추어 학교의 교화와 심학을 전담하는 정교(正校)를 파견하였다. 정교는 학교 정사(正師)의 의미로서 김무생이 처음 부임하였다. 서울지역에 종립학교를 설립하여 청소년의 교육과 교화의 터전을 마련하였다.

종립 중고등학교의 종교과목인 심학(心學)의 교재가 필요하여『진각교본』을 출간하고, 같은 내용을 신교도나 일반인이 읽도록『불교중흥과 진각교의』라는 제목으로 동시에 출간하였다(1979.3.20). 진선여중 정교인 김무생이 집필하고 교재편찬위원회의 명으로 출간한『진각교본』은 종조의 사상과 종단의 교리체계를 쉽게 이해할 수 있게 담았다. 그리고 첫 입학한 진선여고 학생 600명이 통리원에서 생활실습을 하고, 또한 졸업불사를 올렸다(1979.12.13). 이렇게 매년 진선여중고 학생의 생활실습과 졸업불사를 통리원에서 올렸다.

2) 해외교화의 개척

한일불교 활동과 더불어 세계불교도우의회의 참여도 꾸준히 하였다. 장명 통리원장과 혜일 총무부장이 제12차 세계불교도대회에 참석하였다 (1978.10.1). 장명 통리원장이 WFB 활동의 필요성을 인식하고 국제불교연구소를 운영하고 있는 김광태를 통리원에 상주시켜 국제불교 관계를 돌보게 하였다. 그리고 WFB 한국연합지부를 인수하고 지부장을 맡아서 본부를 통리원에 두고 간사 경정, 사무총장 김광태를 임명하였다 (1981.3.23). WFB 한국연합지부 총회를 종단에서 열고 임원 12명이 참석하여 한국불교의 세계적 확장을 위해 WFB 대회를 한국에서 개최하기로 논의하였다. 그리고 불교서적 보내기, 불교 고승과 학자 초청 설법회, 인도 스리랑카 태국 등 성직자 초청 및 유학생 교류지원, 부처님 탄생지 개발지원 등을 논의하였다(1971.4.10). WFB 한국지부 정기이사회를 개최하고 국제대회 대표단 파견과 경과보고 및 사업계획과 예산 등을 가결하였다(1982.7.27).

국내 교화가 난관을 극복하며 지속되면서 해외에 거주하는 신교도의 요구로 해외교화의 논의가 제기되었다. 이에 맞추어 먼저 미국에 포교소를 설치하여 해외교화를 시작하기로 하였다(1989.9.26). 미국 포교소 설치를 공식 결의하고(1989.10.25) 해외포교소 설치를 위한 현지답사를 하고 미국 LA의 교도 가정에서 자성일 불사를 하고 해외포교의 새로운 장을 시작하였다(1989.12.3). 미국 LA 현지에 10여 가구의 신교도가 자체로 서로 가정을 순방하며 수행하고 있어서 총인 원정각, 통리원장 혜일 등 9인의 답사단은 10여 명의 현지 신교도와 자성일 불사를 올렸다. 현지 답사단은 현지 교화의 가능성을 인식하고 교포 교도에게 포교소 설치 장소의 물색을 부탁하고 귀국하였다.

미국 LA 포교소 설립을 위하여 미국 캘리포니아주 주장관실 법인국에서 진각종 법인설립 허가를 얻어 법인(LA Buddhist Temple of the Jingak Sect)을 설립하였다(1990.7.13). 법인설립의 인가를 받아서 지현이 주교로 부임하고(1990.9.30) 건물을 임대하여 불광(佛光)심인당을 개설하고 개설불사를 올렸다(1990.11.18). 불광심인당은 원정각 총인을 비롯한 15명의 스승과 현지 신교도가 참석하여 개설불사를 올리고 역사적인 해외교화의 막을 올렸다. 불광심인당이 개설되어 교화하는 중에 현지에 2층 목조 건물을 매입하여 1층은 사택과 자성학교, 2층은 심인당으로 이용하도록 용도변경하고 현지법인에 등기하였다(1991.8.27). 미국 교화의 환경은 순조롭게 갖추어 갔다.

불광심인당 개설을 준비하면서 중국포교소 설치가 대두되었다. 중국포교소 설치의 사전 답사를 위해 3-4명이 다녀오기로 하고 답사단이 출발하였다(1991.7.20). 영주 진각유치원 원장 신문웅[申文雄(제광)]의 인척인 중국 교민 안춘자(安春子)가 진각종법으로 수행하면서 현지에서 교화한 이태영(李泰永) 김정자(金貞子) 등이 흑룡강성에 살고 있는 교민 중에서 진각종 교법에 따라서 수행하는 교도를 위해 포교소 설립을 희망하였다. 혜일 통리원장과 신문웅 등 4명이 현지답사를 하고 남상춘 등 20여 가구가 수행하고 있는 사실을 확인하였다. 그 곳에 해동(海東)포교소을 두기로 하고 귀국하여 해동포교소를 연락사무소로 해서 한중 수교의 결과와 중국의 종교관계법에 따라서 흑룡강성 교포의 교화를 점차로 신중하게 진행하기로 하였다.

9. 학술, 문학 활동 그리고 위덕대 설립

1) 회당학회 창립과 진각문학회

종조사상 연구의 저변확대와 활성화를 위해서 신교도가 주도하여 회당학회를 창립하여 종조의 사상을 연구 보급하기로 하고 총인원 대강당에서 창립총회를 열었다(1992.4.22). 회당학회 발기는 청년회원들이 주도하고 오랫동안 준비하여 결실을 맺었다. 회당학회는 창립회원 99명과 고문 스승 신교도 등 400여 명이 참석하여 회칙(6장 32조)을 심의결의하고 고문에 운범 경정 등을 추대한 후 학회장에 발기인 대표 변종오(상정), 감사에 휴명 나선환을 선출하였다. 회당학회는 창립총회에 이어서 심포지엄을 가지고 덕일(회당대종사의 불교개혁사상 일고), 허일범(만다라를 통해 본 회당사상), 박희택(회당사상의 시대적 배경) 등이 발표를 하였다.

종단의 스승과 신교도 중에서 문학에 소질과 관심이 많은 사람들이 모여 진각문학회를 창립하였다(1989.6.19). 문학을 사랑하는 진각행자들의 모임인 진각문학회는 회원과 스승 신교도와 많은 축하객들이 참석하여 총인원 잔디밭에서 창립식을 하고 장용철(지현)을 회장으로 추대하였다. 문학을 사랑하는 스승 종무원 신교도가 오랜기간 준비한 진각문학회는 창립식에 이어서 시낭송회를 열어 축하외빈 진관(조계종 스님) 변규백(작곡가) 이지형(소설가) 최규찬(여성불교) 등이 축시와 축가 등으로 진각문학회가 불교문학 발전에 이바지할 것을 기원하였다. 창립회원 20여 명으로 출발한 진각문학회는 활발한 활동으로 종단문화의 저변확대에 촉발제가 될 것을 다짐하였다. 진각문학회 회원 중에는 박필규(수필) 장용철

(시인) 임병기(시인) 등 현역 문인과 덕일 홍일정 자혜원 등 스승이 참여하였다.

진각문학회는 '진각문학' 창간호를 발간하고 삼밀문학(三密文學)을 지향하는 문학지로서 종교문학과 종단문화의 창달에 새 지평을 여는 기폭제 역할을 시작하였다. 진각문학 창간호는 회원들의 문학작품과 중견 소설가의 찬조작품도 함께 싣고 선사열전(원오제 대종사님의 행장)과 특집 논문(만다라 사회를 주창한다)을 실어서 편집의 다양성을 시도하였다.

2) 위덕대학교 설립인가와 개교

정부의 교육부로부터 종단이 추진해 오던 종립대학교의 설립 가인가(假認可)를 받았다(1991.11.2). 종립대학교 설립은 종조의 무진서원을 담아서 숙원사업으로 추진해 왔다. 종립대학교는 교명 위덕대학교(가칭)로 불교학과 등 총 10개 학과 400명의 정원으로 교육부의 가인가를 받고 개교 준비에 들어갔다. 대학설립 승인내용은 인문사회계열 불교학과(입학정원 40명), 법학과(40명), 경제학과(40명), 경영학과(40명) 등 4개 학과, 이공계열 전기공학과(40명), 제어계측공학과(40명), 통신공학과(40명), 전자재료공학과(40명), 통신공학과(40명), 전자계산기공학과(40명) 등 6개 학과였다. 손제석(서주) 회당학원 이사장은 종립 위덕대학교는 개교로부터 10개년 장기계획을 세워 인문대, 사회과학대, 공과대, 의과대, 자연과학대 등 30개 학부 및 학과와 대학원, 연구소 등을 갖춘 명실상부한 종합대학으로 발전시키고, 종립대학의 본질을 살려 밀교학연구의 구심점이 될 계획을 밝혔다.

한편 종단은 일찍이 종립대학 설립위원회를 구성하여 대학설립을 추진하고, 대학설립을 위한 인재양성의 일환으로 경정을 인도에 유학을 보냈다(1989.8.31). 대학설립의 구체적인 추진을 위해 종의회(임시 278회)에서 종립대학 설립 및 설립자금 지원을 결의하였다(1991.3.20). 그리고 각해 통리원장 집행부가 대학부지로 매입한 경주군 강동면 유금리 일대 4만5천여 평의 부지를 무상으로 회당학원에 출연하고, 부근 25만여 평의 부지도 추가 매입하기로 하였다. 또한 대학설립자금으로 부산시 전포동 부지를 회당학원에 무상 출연하기로 의결하였다.

종립 위덕대학교 설립을 위한 교사 신축 지진불사를 지광 통리원장 등 종단 원로스승, 회당학원 이사장 손제석, 대구일보 사장 박권흠 등 50여 명이 참석하여 설립부지에서 올렸다(1994.1.21). 위덕대학교 설립 본 인가를 교육부로부터 통보받았다(1995.12.16). 교육부는 위덕대학교 설립을 승인하는 가인가를 하고(1991.11.14) 개교 준비를 점검한 후 최종 개교를 승인(대행81441-2889)하였다. 한편 학교법인 회당학원은 이사회를 열고 종단의 추천을 받아 회당학원 이사장 손제석을 초대 총장에 선출하였다(1995.12.21). 위덕대학교의 신축교사가 완공되어 신축 헌공불사를 올리고 한국불교계 2번째 종립대학교가 되었다(1996.1.16). 종립 위덕대학교는 종조의 교육사업에 대한 무진서원과 누대 스승과 신교도의 원력이 성숙하여 설립되었다. 헌공불사에서 동참한 모든 이들은 종단의 무거운 기대감에 부응하여 위덕대학교는 종조님의 위없는 가르침을 펴는 복전이 되고 민족과 인류를 요익하게 할 인재를 양성하는 교육의 요람으로 성장하기를 기원하였다. 대학 신축 헌공불사에 이어 회당학원은 제15대 이사장에 혜일을 선출하여 대학교 등 종립학교 발전에 정진하도록 하였다(1996.1.16). 또한 이사회는 위덕대학교 초대 정교에 덕일을 선출하여 대학 교화에 힘쓰도록 하였다. 회당학원은 회당학원 서무국장에 이종관(효운)을 임명하였다(1996.3.22).

종립 위덕대학교는 12:1이라는 경쟁으로 신입생을 모집하고 입학식과 총장 취임식을 공학관 앞 광장에서 실시하였다(1996.3.11). 위덕대학교 손제석 총장은 3개 계열 9개 학과 409명의 신입생과 교수 학부모 등이 참석한 입학식에서 선진한국을 이끌 인재를 육성하고 문화발전과 과학기술혁신에 기여하면서 지역사회에 봉사하는 대학으로 발전시킬 뜻을 밝혔다. 한편 입학식에는 각해 총인과 락혜 통리원장 등 종단 관계자 및 신교도를 비롯하여 이의근 경상북도지사, 이원식 경주시장, 박기환 포항시장, 손수태 육군제3사관학교장, 박권흠 대구일보 사장, 황윤기 국회의원, 장윤일 경주대 총장 등 1,000여 명이 참석하였다.

위덕대학교는 대학본부를 신축하고 신축 헌공불사를 대학본부 광장에서 봉행하였다(1998.8.23). 위덕대학교는 대학본부의 헌공불사로써 세계 각국과 인터넷 연결이 가능한 LAN시스템 등 각종 첨단시설을 갖추고 있어서 지역 명문사학으로 발돋움 할 새로운 기틀을 마련하였다. 헌공불사에는 각해 총인을 비롯해 성초 통리원장 등 종단 4원장과 스승 및 지광 회당학원 이사장 대학 관계자 등 500여 명이 참석하였다. 위덕대학교는 계속하여 인문사회과학관 학술정보관을 신축헌공하고(2000.3.16), 예체능관인 금강관을 신축헌공하여(2000.10.31) 종립대학으로서 면모를 일신하여 갔다.

위덕대학교는 신라고도 경주에 위치하여 문화재보존과 발굴을 위해 대학박물관을 개관하고 초대 관장에 교학처장 경정을 겸임 임명하였다(1999.10.16). 위덕대 박물관은 지역 유적유물 조사활동을 위해 박사 1명 석사 1명 등 2명의 전문 인력을 채용하고 인문사회과학관 4층에 연구실과 유물 정리실을 설치하였다. 위덕대학교는 주간 9개학과 야간 4개학과를 증과하고 특수대학원인 경영대학원을 설치하기로 하였다. 또한 교육대학원 설립인가를 받았다(1999.11.19), 위덕대학교는 첫 입학생을 4년간 교육하여 첫 졸업식을 거행하여 162명의 졸업생을 배출하였다(2000.2.22).

위덕대학교는 종립대학의 특성을 살리기 위해 밀교문화연구원을 개원하고 종단의 교육원과 함께 창교 50주년과 밀교문화연구원 개원을 기념하는 밀교학세미나를 개최하였다(1997.11.20). 밀교학세미나의 논문은 교육원에서 '밀교학 연구'로 간행하였다(1998.10.16). 밀교학 연구는 제1집을 끝으로 발간되지 않았다. 밀교문화연구원장 김무생(경정)은 개원 2주년을 기념하여 밀교학보 창간호를 발간하였다(1999.9.1). 밀교학보는 밀교학을 연구하는 길라잡이 역할을 함으로써 밀교학의 체계적인 연구에 활기를 불어넣기 위해 발행하였다. 밀교문화연구원은 종단의 국제불교연구소와 공동으로 한국일보 송현클럽에서 '21세기 포교현실과 새로운 방향 모색'을 주제로 창교절 기념 학술세미나를 열었다(2000.6.23). 창교 53주년 기념세미나는 경정의 기조연설 등 포교방향을 모색하는 연구논문이 발표되었다. 한편 도서출판 해인행은 위덕대학교 진각종 교학의 교재로서 진각종보에 연재한 경정의 '진각종지를 말한다'를 '현대밀교'라는 제목으로 출판하였다(1996.8.20). 위덕대학교 출판부는 대학의 종학강의 교재와 종단의 이해를 돕기 위해 진각종보에 연재한 경정의 '초기 진각종사'와 '종조법어 해리'를 모아서 '현대한국밀교사'와 '법어로 본 회당사상'의 제목으로 출간하였다(2001.3.1).

위덕대학교 개교에 즈음하여 기로스승 대덕관이 열반한 스승 각인의 유지를 받들어 평생 모은 재산 1억1천2백만원을 장학금으로 대학에 전달하여 대학은 각인·대덕관 장학금으로 예치하였다(1995.12.11). 또한 기로스승 대자심이 밀교문화연구원에 연구기금 1천만원을 전달하였다 (1999.8.19). 대자심은 한평생 교화에 헌신하고 기로원 진원에 즈음하여 밀교학 연구를 독려하는 의미에서 연구기금을 쾌척하였다.

위덕대학교는 종립대학으로서 종단의 인재를 육성하기 위해 개교부터 종단의 종비생 교육을 실시하였다. 종단은 장미룡 박성규 배수경을 위덕대학교 1기 종비생으로 선발하여 수학하기로 하였다(1996.3.22). 종단은 매년 일정수의 종비생을 선발하여 수학하게 하였다. 종비생으로 위덕대를 졸업하는 장미룡 박성규의 대학원 진학을 집행부에서 면접하여 결정하고 합격하면 49일불공을 시킨 후 진학하도록 하였다. 또한 종비생 모집은 기존의 내규대로 하여 신입생에 한하여 선발하고, 현직 스승의 대학원 진학비 지원은 집행부에서 검토하여 원의회에서 다루기로 하였다.

10. 도제교육의 강화와 교법의 체계화

1) 중앙교육원의 개편

중앙교육원은 종단의 교육법에 의해서 통리원의 홍교부에서 실무를 맡아 운영되었다. 그래서 중앙교육원을 종단의 독립 조직기구로 위상을 높이고 교법과 교육을 전담하는 기구로서 독립성을 확보하기로 하였다. 통리원 홍교부의 교리 교법 기능을 확대하여 독립기구로 승격시켜서 종단의 교법과 교육을 관장하는 기관인 중앙교육원으로 개편하였다. 중앙교육원이 종교단체의 교법과 교육을 관장하는 기관으로서 그 명칭을 교법원(教法院) 법장원(法藏院) 등을 고려하였으나 명칭의 현실적인 인지상황을 감안하여 기존의 중앙교육원으로 결정하였다. 종단은 종헌 11개조(중앙교육원 5조 교법위원회 6조)와 종법(중앙교육원법 8장 24조, 교육원운영규정 18조)을 개정 및 제정하고 '종단의 교법 교육에 관한 사항을 관장하는 기관'으로 중앙교육원을 설치하였다(1984.4.19). 중앙교육원법 개편 제정에 따라서 초대 원장에 인강을 선출하고 교법차장 경정, 교육부장 일정을 선임하였다. 중앙교육원은 독립예산을 편성하고 독립적으로 집행하되 경리는 통리원에서 하기로 하였다. 중앙교육원의 업무의 전문성을 위해 사무실을 통리원과 분리하여 독립하였다.

　　중앙교육원은 상설 의결기관으로서 교법위원회를 두고 종단의 4원장과 교육원 부장 그리고 임명직 위원으로 구성하고 교육원장이 의장을 맡았다. 중앙교육원의 구성은 교법부와 교육부를 두고 각기 종단의 교법과 교육을 담당하기로 하였다. 중앙교육원이 교화를 위한 재교육에 중점을 두고 있어서 교화부로 계획하였으나 역시 현실의 상황을 감안하여 교육부로 정하였다. 또한 종학과 교법의 체계적이고 지속적인 연구와 제정을 위하여 종학연구실을 두었다. 교육원은 도제의 기본교육과정으로서 기초과정(2년)과 스승의 재교육과정인 교학과(1년), 심학과(1년), 아사리과정(2년)을 두었다. 그리고 신교도와 일반인을 위한 법회 및 강좌도 하기로 하였다. 중앙교육원이 통리원과 더불어 독자적인 체계를 갖추면서 종단의 교법 연구와 제정, 그리고 도제 교육의 체계가 어느 정도 정착하기 시작하였다. 또한 종단의 교육원의 설립은 다른 종단의 교육원 설립의 계기를 부여하였다.

중앙교육원은 교법위원회를 열어서 종단의 소의경전의 독경을 권장하고 보급하기 위해서 소의경전 전법회(轉法會)를 열기로 하였다. 소의경전의 전법회는 경전의 독해(讀解)을 전승하는 교육과정을 일컫는다. 그래서 소의경전의 내용을 해독(解讀)할 수 있는 수준에 이른 스승에게 경전을 강전(講傳)하는 교육이다. 또한 교학연찬과 보살십선계 수계관정 내규를 논의하였다. 교육과정으로 제2기 아사리과정을 개강하고 지근처무의 기초과정은 월중 교육으로 실시하기로 하였다(1985.12.12). 교육원 교육부는 일선 스승의 교화에 도움을 주려고 월간 '교화연구'를 발행하였다(1986.7.1). 교화연구는 스승의 교화자료로서 일반편, 자성학교와 유치원 교육을 위해서 자성학교편 유치원편 등으로 편집하였다. 중앙교육원은 매년 3월에 각 과정의 수료 입학식을 열기로 하고 기초과정 4기 24명, 심학과정 3기 6명, 아사리과정 2기 8명이 수료식을 가지고 각 과정 입학식을 하였다(1988.3.17).

중앙교육원은 교화의 저변확대를 위해서 전국 심인당을 순회하면서 순회법회를 열기로 하였다. 먼저 벽지(僻地) 심인당의 교화를 활성화하기 위해서 경주, 구룡포, 안강 등지의 심인당을 순회하며 제1회 순회법회를 실시하였다(1994.12.19). 순회법회는 '참 불교와 삶의 길'이란 대 주제로 황경, 위덕, 신혜심인당에서 3일간 실시하였다. 순회법회에는 인강(체험 공덕), 석봉(보살은 어떤 사람인가), 경정(진각종은 어떤 종교인가), 관증 (행복의 길)이 법회를 맡았다. 중앙교육원은 이어서 '참 불교와 삶의 길' 이란 대주제로 중부지역과 영남지역의 2개 지역으로 나누어서 3일간 순 회법회를 하였다(1995.6.28). 중부지역은 장엄, 심지, 각계심인당에서 일 정(보살은 어떤 사람인가), 경정 혜정(믿음의 길), 영남지역은 보광, 수계, 아축심인당에서 석봉 락혜(진각종은 어떤 불교인가), 덕일(믿음의 길)이 법회를 맡았다. 중앙교육원은 필요에 따라서 순회법회를 실시하였는데, 부산 지륜심인당에서 지역의 신교도를 대상으로 각해(마음 밝히는 법), 지광(효순하고 화합하는 법)이 법회를 열어서 신교도의 신심을 북돋우고 법담회를 갖었다.

2) 진각대학의 설립

중앙교육원 교육이 정상 궤도에 오르자 본래 계획대로 교육원의 기초교 육을 보다 내실 있게 하기 위해서 진각대학을 설립하였다(1988.10.26). 진 각대학은 도제의 기본교육 과정으로서 기초과정을 교육원에서 분리하여 독자적인 교육을 위해 설립하였다. 도제의 기본교육 과정으로서 교육원 의 기초과정을 더욱 확대 개편하여 교육의 양과 질을 높인 것이다. 그리 하여 중앙교육원은 교화스승을 위한 재교육을 전담하게 되었다. 이로서 종단의 도제교육이 기본교육과 재교육을 분리하여 전문성을 살리게 되었다. 종교의 교직자는 먼저 전문적인 지식과 인격 소양을 위한 교육을 받고, 나아가 교화 중에 시대변화와 지식과 교리의 발전에 맞추어서 재교육을 받아야 하기 때문이다. 따라서 그동안 교육원에서 실시하던 도제의 기본교육과정으로서 '기초과정'을 확대 개편하여 독립 교육기관으로서 '진각대학'을 설립하였다. 교직자로서 전문지식과 수행, 그리고 인격적 소양을 갖추게 하려는 뜻이었다.

종단은 원의회에서 임의대학으로 진각대학을 설립하여 도제양성과 교학연찬에 힘쓰기로 논의하여 구체적 작업은 교육원에서 추진하기로 하였다(1988.8.1). 종단의 원로스승이 진각대학 설립추진을 발기하고(1988.9.15) 3차의 모임을 거치면서 발기취지문의 채택과 종헌 종법 학칙등 법적문제를 논의하였다.

진각대학의 교육과정은 4년으로 하고, 과도기로서 교육원 교육과 균형을 맞추기 위하여 교양과정(1·2학년), 연구과정(3·4학년)으로 구분하였다. 그리하여 교육원 기초과정 2년을 수료한 사람은 진각대학 교양과정 2학년에, 교육원 교학과정 1년을 수료한 사람은 연구과정 3학년에 편입하게 하였다. 그리고 교육원 교육을 거치지 않는 사람은 진각대학 1학년에 입학하여 4년의 과정을 수학하는 것으로 하였다. 이때부터 진각대학의 기초과정과 전문과정의 구분은 없어지고 진각대학 4년 과정이 되게 하였다. 그러나 진각대학 1학년 입학생은 교육원 수료자와 균형을 맞추기 위하여 당분간 선발하지 않기로 하였다. 진각대학 교육과정의 과도기적 원칙을 잘 이해하지 못하여 상당한 혼선을 빚기도 하였다. 진각대학은 본종 스승의 기본교육기관으로서 스승의 임명에 진각대학 수료를 필수요건으로 하였다. 이렇게 하여 도제양성의 기본교육은 진각대학에서 실시하고, 스승의 재교육은 교육원에서 실시하는 제도를 완비하게 되었다.

진각대학의 운영은 운영위원회에서 독립성을 가지고 운영하기로 하고 제1차 운영위원회를 열고 운영위원장에 지광을 선출하고 대학장에 인강을 선임하여 대학운영에 관한 사항을 심의하였다(1988.11.5). 운영위원회는 또한 2차위원회를 열어서 진각대학설립요강을 심의하는 한편 43학년도 신입생 모집요강, 학사운영일정, 교과확정 및 교수확보, 종비장학제도 등 구체적인 학사를 심의했다. 신입생 모집은 연구과정 10명 이내 선발을 원칙으로 자격은 중앙교육원 교학과 수료 및 수료예정인자로 하는 등 학사일정을 심의하였다. 진각대학 1회 입학생은 교육원과 마찬가지로 우선 대학의 강사를 양성하는 차원에서 종단에서 회정, 효운, 효봉, 지현, 덕일, 관증, 무외 등 7명을 입학지원자로 정하였다. 진각대학 1회 지원대상자는 종학, 한문, 영어 시험과 면접으로 입학전형을 실시하였다(1988.12.27). 합격자에게는 종단의 장학생으로 수업료를 면제하고 교육비, 교재비, 교통비, 숙식비 일체를 지급하였다. 종단의 도제교육에서 진각대학의 위상을 높이기 위해 덕일, 관증, 무외 등 석사 학위 소지자도 제1회 입학생으로 선발하였다.

　　진각대학은 본종 스승의 기본교육과 신교도 및 일반인들의 교양교육의 교육기관으로서 개교식과 인강 초대학장의 취임 및 입학식을 가졌다(1989.3.14). 진각대학은 우선 연구과정 7명의 입학하고 학사일정은 매년 3월에 수료와 입학식을 하기로 하였다. 진각대학 제1기 입학생은 종단의 도제교육에서 비교할 수 없는 중요성을 인식하고 2년간의 과정을 잘 수료하였다.

3) 교법의 체계화

교법체계의 수립은 종조의 수행경험을 바탕으로 종단의 교리와 의식의 체계를 세우는 일이다. 종조의 수행경험은 재세시의 수행생활과 자증교설을 통하여 이해할 수 있다. 종조의 수행경험은 종조의 생애를 담아 놓은 종조일대기를 통하여 추체험(追體驗)할 수 있고, 종조의 자증교설은 재세시의 말씀인 자증교설로써 이해할 수 있다. 종단은 종조 열반 직후부터 종조의 자증교설에 대한 중요성을 인식하고 교설의 결집을 시작하였다. 종조 교설의 결집을 위하여 자료수집에 관한 공문을 각 심인당에 보냈다. 그리고 자료수집이 부진하여 다시 독촉 공문을 보냈다(1965.1.18). 교설의 결집에 들어가서 '법불교전'이라는 명칭으로 '실천강목'을 완성한 후 결집 작업은 진행되지 못하였다.

종조 교설의 결집이 중단되었지만 교설의 수집은 계속하면서 재세시에 남겨 놓은 꼬지경에 대한 중요성을 인식하고 꼬지경 용어해설집 발간계획을 하였다(1973.11.15). 그러나 계획대로 실행하지 못하였으나, 교화 경전인 법불교문을 진각교전으로 개칭하고 꼬지경을 수집 정리하여 교전의 내용을 수정 증보하였다(1974.9.10). 또한 종조 교설에 대한 수집 정리와 동시에 교설에 대한 강설과 연구작업도 시작하였다. 종조 교설의 강설은 주로 강공을 통하여 하고, 연구작업은 개인이 산발적으로 하였다. 종비생 경정이 종무원으로 근무하면서 종조 재세시의 인사들과 인터뷰를 하는 등 개별적으로 종조 교설을 수집하였다. 그리고 진선여고 정교 시절 종조 교설에 관심이 많은 스승과 종조(회당)사상에 대한 연구회를 구성하도록 건의하였다.

그 결과 종단의 승인을 얻어 종조 생애와 사상, 그리고 종단 교리의 연구를 목적으로 종조(회당)사상연구회를 발족하였다(1979.3.27). 연구위원은 정공, 인강, 각해, 도흔, 혜일, 지광, 일정, 경정, 서주, 운범, 청림(박태화) 등으로 하고, 회장 운범, 총무간사 일정, 연구간사 경정을 선임하였다. 연구회는 종조에 관한 자료 수집을 통하여 '종조연보(宗祖年譜)'를 작성하는 등 연구를 진행하였다. 종조연구가 진행되면서 장명 통리원장이 운범을 종단의 전문연구원으로 초빙하였다. 그리고 중앙교육원의 개원에 맞춰 종조사상연구회는 종학연구를 전담하는 종학연구위원회로 전환하였다(1982.7.1). 연구위원은 장명, 인강, 혜일, 일정, 석봉, 경정, 운범, 청림으로 구성하였다. 연구위원회는 제1회 위원회를 열고 연구위원 규정(5장 13조)을 심의 의결하고 위원장 운범, 연구간사 경정을 선출하였다(1982.7.16). 종학연구위원회는 다시 교법연구회로 개편하여(1984.9.17) 진각교전을 중심으로 교학연구를 진행하였다. 그 결과로 진각교전의 내용을 종조 교설을 중심으로 재편하고 경론의 증거를 밝혀서 진각교전 7판을 간행하였다(1985.10.15). 교법연구회는 종조법어를 수집하여 정리하고 내용에 맞추어 종조법어자료집을 만들었다. 진각교전의 7판을 기준으로 교전의 내용 중의 종조 교설(실행론)을 발췌하여 스승의 독송과 연구용으로 '실행론'을 간행하였다(1988.3.7). 실행론은 종조 재세시에 법불교를 간행하면서 종조 법어의 전거를 실행론으로 기록한데서 붙인 명칭이다. 이후부터 실행론은 종조의 법어, 또는 종조 법어를 엮어 발행한 책을 일컬었다. 교법연구회가 공식 활동을 중지하여 다시 종조법전편찬모임을 결성하여(1987.6.15) 종조교설의 연구에 집중 하였다. 이즈음 종단은 종행정 교법 교화 등에서 상당한 의견이 분분하여 원정각 총인은 '종단 화합과 발전을 위한 정묘년 교시'를 내렸다(1988.4.19). 정묘년 추기 스승강공을 통하여 발표한 총인의 정묘년 교시는 수행 교화 생활 교법 행정 등에 대하여 종단내외의 논의를 정리하여 담았다.

그리고 종단은 종조법전편찬위원회를 구성하고 전담위원에 혜일을 위촉하였다(1995.9.22). 종조법어 연구는 종조법전편찬위원회를 중심으로 계속하였다. 종조법전편찬위원회 위원은 총인 4원장 종의회 부의장 관구청장 교육원 교법부장 원로스승 등으로 구성하고 교육원장이 위원장을 맡았다. 매월 정기적으로 모임을 가지고 종조법어자료집을 검토 토의하였다. 종조법전편찬작업이 진행되면서 종조논설문과 일부의 법어를 묶어 스승의 연구 검토용으로 종조법어록을 간행하였다(1994.5.1).

4) 진각의범의 제정 노력

종교의 두 축은 교리와 의식이다. 교리는 의식의 근거이고 의식은 교리의 상징적 표현이다. 교화에서 교리와 의식은 불가분의 관계로서 필요조건이다. 교법연구회부터 종조 실행론을 중심으로 소의경론을 통하여 교리체계를 수립하고, 한편 종조 실행론과 밀교 전래의 의식을 통하여 의식의 례를 간명하게 제정하려는 작업을 진행하였다. 그리고 종단의 의식의례의 체계를 진각의범(眞覺儀範)이라 불렀다.

진각의범 중에서 스승의 법의와 법복의 제작과 수계의식은 필요에 따라 실시하였다. 중앙교육원은 수계의식을 체계화하여 정례화 하기로 계획하고, 먼저 신교도의 수계의식을 실시하기로 하였다. 밀교의 수계의식은 관정(灌頂)의식이 중심이 되므로 종래의 수계를 수계관정으로 개칭하고, 신교도 수계관정은 종조 재세시의 교도행계를 참조하여 결연관정(結緣灌頂) 수명관정(受明灌頂) 화도관정(化導灌頂)으로 정하고 수명관정부터 실시하기로 하였다. 수명관정은 보살십선계와 불명을 내리고 관정으로 인가하는 작법으로서 보살십선계 수계관정이라 부르기도 하였다. 보살십선계 의범을 준비하면서 계단설치에 대하여 결의하였다(1982.3.23).그리고 확대 재편된 중앙교육원의 교법위원회에서 보살십선계 수계관정불사의 작법의범을 심의 결의하였다. 또한 지역별 수계일정과 장소 등을 결정하고 종법에 의거하여 계사 임명과 삼사칠증 위촉은 총인이 추후 실행하기로 하였다.

　　보살십선계 수계관정의 작법 의범이 제정되어 서울 등 전국 6개 관구청에서 삼매야계단을 설치하고 보살십선계 수계관정을 실시하였다(1984.3.15). 보살십선계 수계관정을 위한 삼매야계단이 처음 개설되어 신교도들은 불명을 수여 받고 진언과 인계를 수행할 수 있는 근기를 인가(認可) 받았다. 보살십선계 수계관정 후 신교도의 신심을 북돋우고 수행의 편의를 위해서 행자복을 제작하고 수행과 행사의례에 착용하게 하였다(1984.7.20). 보살십선계 수계관정은 매년 11월 월초불공을 회향한 다음 주에 삼매야계단을 개설하여 실시하기로 하고, 진기38년도 수계관정불사를 6개의 관구청에서 실시하였다(1984.11.13). 증명아사리인 총인은 증계아사리에 대안화 안인정 대안정 경혜 일정 대자 그리고 전계아사리 인강, 갈마아사리 혜일, 교수아사리 각해 등 삼사 칠증사를 위촉하여 수계관정불사가 원만히 실행되었다. 수계과정의 계단을 개설하면서 보살십선계 수계관정의 내규를 제정하여 계법의 체계를 보완하였다(1985.12.12). 이로써 보살십선계 수계관정 계단은 매년 정례로 실시하고, 특수지역인 울릉도의 여래심인당 개축 헌공불사에 맞추어 특별 보살십선계 수계관정 계단을 개설하기도 하였다(1986.9.10). 보살십선계 수계관정이 정착되면서 십선계 수계관정의 진각의범(眞覺儀範)을 진각의범편찬위원회 명의로 간행하였다(1987.11.10). 진각의범(십선계 수계관정)은 십선계 수계관정의 작법절차와 의미, 수계관정에 관련한 법구제작의 방법 등을 자세히 담았다.

진각의범의 필요성이 높아지면서 중앙교육원은 교직자의 수행과 교화 및 일상생활에 필요한 예범을 담아 스승예범을 발간하였다(1990. 10.15). '스승예범'은 종단 예범의 필요성과 의의를 비롯해서 신행생활, 불공생활, 교화 및 복무, 사택생활 등에 대한 상세하고 구체적인 내용을 담았다. 종사(宗史)가 흘러가도 교법을 새롭게 다지고 수행과 교화에 흐트러짐이 없게 하였다.

5) 본존가지와 대일상

심인당 정면에 봉안하는 진언본존(眞言本尊)에 법계와 종조의 가지(加持)를 전수하는 본존가지 작법을 실행하였다. 지금까지 본존진언은 본존판을 제작하고 육자진언자(六字眞言字)를 사경(寫經)하여 봉안하던 관례를 개선하여 진언자를 조각하여 본존진언을 제작하고 본존진언에 법계와 종조의 가지를 전수하여 신행의 본존으로 삼았다. 법계와 종조의 가지를 전수하는 가지작법은 먼저 진언집에 보존하는 종조의 친필 육자진언을 집자하여 양각으로 동판에 새겨서 가지본존을 제작하였다. 그 다음 종조전에서 가지본존에 법계의 진언 묘리를 증득한 종조의 가지를 전수하는 가지작법을 하였다. 종조의 가지를 전수한 가지본존을 다시 심인당의 진언본존판의 내부에 봉안하였다. 그리고 심인당의 진언본존은 종조의 가지를 전수한 가지본존을 내부에 품음으로써 종조의 가지를 전수하여 본존진언의 가지력(加持力)을 가지게 하였다. 그리하여 본존진언은 신행의 본존으로 심인당에 봉안되고 신행의 대상이 되었다. 그리하여 장엄심인당이 개축되어 헌공불사를 올리면서 처음 본존가지 작법을 실시하였다 (1984.4.20). 본존가지작법이 제정되어 신설심인당과 기존의 심인당에 점차로 본존가지 작법불사를 하였다.

종단의 표치로서 제정한 대일상에 대한 의미를 개정하고 작도법을 마련하였다. 종조 열반 직후 제정한 대일상은 의미가 복잡하고 어려워서 신행의 상징으로서 부적절하였다. 다시 대일상을 교리와 신행의 구체적 상징으로서 신행의 대상으로 삼기 위해 간명한 의미를 부여하였다. 대일상의 의미는 "대일상은 진각종의 교리와 신행의 상징이다. 대일상은 시상삼세에 하나로 계시며 법계에 충만하신 비로자나부처님의 지비이덕(智悲二德)을 나타내며, 오불(五佛)의 상(相), 육자대명왕진언의 상을 상징한다"로 정하였다. 그리고 대일상의 작도법은 밖의 큰 원, 네 개의 사선, 안의 다섯 작은 원의 두께를 3:2:1.5의 비율로 정하였다. 대일상의 활용은 종단의 오불기, 신행에 관한 대상과 장소에 사용하되, 허리 밑에 위치하는 대상에는 사용불가하게 하였다.

그리고 공식불사의 삼밀행에서 진언염송의 시간은 15분에서 10분으로 바꾸었다. 공식불사의 진언염송은 15분에서 10분, 다시 10분에서 15분으로 그 때의 사정에 따라서 개정하였다. 그러나 지식정보가 증가하고 교리의 관심이 높아서 10분을 전일하게 염송하는 법으로 바꾸되 스승과 심인당의 사정에 맞추어서 할 수 있게 하였다(1984.12.3). 또한 새해 49일불공은 새해서원불공 후 일제히 하였으나 다시 각기 자유롭게 정하여 하기로 현정(顯正)하였다. 종조 재세 시에는 연중 1회 이상 49일불공을 하도록 하였으나, 언제부터인가 새해서원불공 후 일제히 49일불공을 하는 법이 자연스럽게 정해졌다. 새해서원불공을 회향하고 일 주간을 쉬고 새해 49일불공을 시작하면 3월초 불공회향과 동시에 회향할 수 있다는 이유도 있었다.

6) 성전의 출판과 서원가

총지법장과 응화성전은 초기 교화에서 중요한 교화와 신행의 성전이 되었다. 그러나 총지법장이 범자 만다라 등 쉽게 읽을 수 없는 내용으로 종조의 교화정신에 어울리지 않는 부분이 많아서 실제 사용은 제한되었다. 반면에 응화성전은 꾸준히 교화와 수행에 사용되었다. 응화성전은 처음 1집으로 출판하고 순차로 계속 출판할 계획이었다. 응화성전의 개정증보판을 1집을 포함하여 합본으로 출판하고 출판기념법회를 하였다 (1984.6.26). 그러나 응화성전 개정증보판은 응화성전의 편집당시 기본 저본(低本)만 번역 출판하여 종조의 추가 경론이 빠지게 되어서 논란이 일었다. 그리하여 응화성전의 1집에 대한 회고적 요구가 많아서 응화성전 1집을 영인 발행하였다. 또한 총지법장과 응화성전을 종조의 교화정신에 맞추어서 간행한 법불교와 응화방편문도 영인 발행하였다(1988.3.13). 종조의 정신과 체취가 담겨있는 경전을 존중히 받들고 계승발전 시키기 위한 모본(母本)으로 보존하여 종조의 정신을 보다 친밀히 느끼고 이해할 수 있게 하였다.

중앙교육원은 또한 국내외에서 발표된 한국밀교학 관련 각종 학술논문을 모아서 한국밀교학논문집을 출간하였다(1986.3.16). 논문집은 한국밀교사상사, 밀교의 이론과 실제, 현밀비교연구, 현밀관련 연구 등 4편으로 구성되어 총 37편의 논문을 수록하였다. 또한 일본 밀교학자 마쯔나가 유케이(松長有慶)의 저작인 밀교상승자(密教相承者)를 박필규(朴畢圭)가 번역하여 출간하여(1986.3.30) 밀교의 역사와 교리 이해에 참조하게 하였다. 진각종보가 지령 150호를 발간에 이르러서 기념사업으로 150호까지의 진각종보를 상하 2권으로 영인 출간하고 더불어 종보에 게재한 동화를 모아서 동화집 '노래하는 동박새'를 출간하였다(1987.7.31).

　　교화와 신행에 필요한 서원가를 재보급하기 위해서 서원가 가사의 현상응모를 두 차례 하였다. 현상응모에서 뽑힌 작품을 작곡하여 교화와 수행에 활용하였다. 처음 서원가의 작곡은 대다수 서창업이 맡았다. 서원가의 활용에 도움이 될 수 있도록 새로 제정한 서원가와 종조 재세시의 서원가를 선별하고 다시 작곡하고, 여기에 불교계에서 널리 불리는 서원가를 모아서 서원가집을 간행하였다. 서원가집은 불사의 노래, 행사의 노래, 일반서원의 노래, 자성학생의 노래로 나누어서 총 45곡을 실었다. 서원가집의 내용을 선별하여 진선여고 합창단이 서원가를 녹음하여 테이프로 제작하여 전국에 배부하였다. 또한 진선여고 합창단과 심인고 합창단이 연합으로 서원가를 녹음하여 테이프로 제작하여 배부하였다. 서원가의 관심이 점점 높아지자 종단 제정의 서원가 70여곡을 포함하여 불교계의 서원가를 선별하여 130곡의 서원가집을 다시 발행하였다(1986.10.16). 서원가집은 불사의 노래, 행사의 노래, 집회의 노래, 일반서원의 노래, 자성학생의 노래로 나누어서 130곡을 실었다. 서원가집의 출간에 이어 서원가를 녹음하여 테이프로 제작하였다. 작곡가 변규백씨가 서원가 악보 점검 및 노래지도를 맡고 김부열(바라톤), 김인완(바리톤, 시립대교수), 주완순(바리톤, 청주대교수), 김연옥(소프라노, 군산대교수) 등이 노래를 불렀다. 그래서 서원가 테이프는 순수한 성악음반으로 그 의미가 있었

다. 종단에서는 한정판 수량에 대해 유상으로 전국 심인당에 배포하였다
(1988.8.15). 서원가집 출판 이후 서원가는 진각교전과 합본하여 간행하여
(1990.10.15) 신교도가 수지하기 편리하게 하였다.

11. 교법의 정체성과 교화의 활성화

1) 종단 정체성의 정비

종단은 총인의 권능에 대한 논의를 지속하여 왔다. 처음 총인은 종단의 교법과 행정의 최고 권능을 함께 수행하여 왔다. 교법파동 이후 종헌개정 기초위원회가 초안한 종헌종법개정안을 심의 의결하였다(1970.10.28). 그 중에서 대표적인 개정안은 총인의 권능에 관련한 조항이었다. 총인은 종단을 대표하고 법통을 승수하여 교법의 권위를 상징하는 자리로 바로 잡았다. 총인이 맡고 있던 종단의 현실업무를 통리원장이 행사하게 하여 원의회의 의장을 총인에서 통리원장으로 옮겼다. 또한 종단의 상시 의결기관이던 원의회를 통리원의 상시 의결기관으로 하였다. 이에 따라서 총인 추대조례를 총인추대법으로 격상시켰다.

총인의 권능은 종권파동 이후 행정 인사 재정의 최고 결재권을 가지고 책임을 지도록 바뀌었다. 총인이 재정의 최후 결재권을 가짐으로써 세간의 법적 책임을 지게 되는 상황도 예상되었고, 총인이 노령화 되면 행정 인사 재정의 모든 문제를 집행하기에 어려운 상황도 예견되었다. 따라서 총인의 권능문제를 다시 거론하였다. 종단의 행정 인사 재정의 최종 결제와 책임을 총인이 지느냐 통리원장이 지느냐를 논의하였다. 총인의 권능을 논의하면서 소위 총인 책임제, 통리원장 책임제 등의 표현이 있었으나, 이는 세속의 정치적 표현이므로 적합하지 않았다. 종의회(292회)는 총인의 권능에 대하여 오랜 논의 후에 다음과 같이 최종 결의하였다. ① 총인은 종단을 대표하고 법통을 승수한다. ②임기는 6년으로 하고 재임

할 수 있다. ③모든 교법에 관한 사항을 재결하고 공포한다. ④종법에 정하는 바에 따라서 교직자(스승)를 임면한다. ⑤종헌종법개정에 대한 재가와 공포를 한다(단 종헌종법에 관해서 거부권을 가진다). 종헌종법에 대한 거부권은 곧 총인은 종헌종법 개정에 대하여 종의회로 하여금 재심을 요구하는 일이다. 따라서 총인은 종단의 최고지도자로서 권능과 종교 본연의 교법에 관하여 권위를 가지게 되었다. 통리원장은 재정과 행정을 관장하고 책임을 지도록 하였다(1994.5.24). 또한 종단 행정의 원활한 집행을 위해서 통리원장이 유지재단 이사장을 당연직으로 맡기로 하였다. 종권의 집착을 불식시키기 위해서 개정한 통리원장 3년 단임을 재확인하여 통리원장 임기는 3년으로 하고 1차 역임한 사람은 다시 통리원장이 될 수 없게 하였다. 총인의 권능을 개정하고 스승의 행계 승급연한도 개정하였다. 그리고 종사의 인원수를 7명에서 10명으로 하였다.

락혜 통리원장은 집행부를 구성하고 종헌종법의 개정의 필요성을 강력히 주장하며 종의회의 결의를 받아 종헌종법 개정위원 7명과 간사 1명을 선임하였다(1995.7.27). 종헌종법 개정위원회의 위원장은 통리원장이 맡고 위원에 혜일 일정 효암 덕일, 그리고 간사에 경정을 임명하여 개정작업에 들어갔다. 경정은 인도 유학에서 박사학위를 받고 귀국하여 위덕대학교 근무를 내정 받았다. 대학이 개교할 때까지 종헌종법개정의 임무를 부여받고 종헌종법 개정의 초안을 마련하였다. 종헌종법 개정위원회는 경정이 마련한 초안을 검토하여 종헌종법개정 공청회를 열고 종헌종법에 대하여 광범위하고 심도 있는 토의를 하였다(1995.10.19). 공청회 결과를 반영하여 종헌종법의 개정안을 마련하여 종의회에 상정하였다. 종의회(303회)는 종헌종법을 심의하고 종헌을 원안대로 결의하고, 종법은 다음 정기 종의회에서 종헌에 의거하여 심의하기로 하였다. 이어서 종의회는 종헌종법과 제 규정을 심의하여 만장일치로 개정하기로 결의하고 공포하였다(1996.12.12). 종헌은 종조의 정신과 종단의 실정에 맞추어서 개정하여 종단의 정체성을 밝히는데 중점을 두었다. 종헌은 우선 총강을 통해서 종조 정신과 종단의 정체성을 뚜렷이 하였다. 종조의 유교에 따라서 진기18년(1964) 처음 종헌을 제정할 때 일본 진언종의 종헌을 참조하였다. 그 중에서 첫 3장의 내용은 고유 명칭과 일부의 내용을 제외하고 거의 진언종의 종헌을 따랐다.

종헌종법 개정위원회는 총 3장으로 구성되어 있는 첫 앞부분을 총강으로 하여 7절로 나누고 종단의 교의를 중심으로 종조의 정신을 밝혔다. 개정한 종헌의 내용은 다음과 같다.

제1장 총강(總綱)

제1절 종명 종통 종지

제1조[종명(宗名)]
  1. 본종은 대한불교진각종(大韓佛敎眞覺宗)이라 한다. 총인원[總印院(園)]을 총본산으로 하고 심인당(心印堂) 포교소 및 기타 이에 준하는 장소를 통하여 교화 활동을 한다.
  2. 본종의 명칭은 종조 회당대종사의 자내증(自內證)에서 연유하며 본종의 교리와 신행의 근원(根源)인 법신불을 의미한다.

제2조[종통(宗統)]
  1. 본종은 불법의 심수(心髓)인 밀교정신을 본지(本旨)로 하고 밀교의 법맥을 심인(心印)으로 전수한 종조 회당대종사의 자증교설(自證敎說)

을 종지(宗旨)로 하여 교법을 세우고 종문(宗門)을 열어서 시대에 맞는 교화이념으로 방편을 펴는 불교종단이다.

제3조[종지(宗旨)]

1. 본종은 법신비로자나불을 교주(教主)로 하고 육자대명왕진언을 신행의 본존(本尊)으로 받들어 삼밀수행(六字觀)을 통하여 법신불 진리를 체득하고 즉신성불과 현세정화함을 종지로 한다.

제2절 교주(教主) 본존(本尊) 종조(宗祖)

제4조(교주) 본종은 대일경(大日經) 금강정경(金剛頂經)에서 설하는 이지불이(理智不二)의 법신 비로자나불을 교주로 하며, 또한 신행에 있어서 근본본존(根本本尊)으로 한다.

제5조(본존本尊)

1. 본종은 교주 비로자나불 및 종조의 자내증의 심인(心印)인 육자대명왕진언 옴마니반메훔을 신행의 본존으로 한다.

2. 육자진언을 심인당 포교당 및 이에 준하는 장소에 본존으로 모신다. 따라서 본종은 신행의 대상으로 등상불(等像佛)을 모시지 않는다.

3. 본종은 교주 법신 비로자나불의 자권속(自眷屬)인 금강계 37존과 육자대명왕진언을 상징하는 금강륜(金剛輪)을 종단의 표상으로 하고 이를 의식 의궤의 대상으로 할 수 있다.

4. 금강륜에 관한 의례는 진각의범에 의한다.

제6조[종조(宗祖)]

1. 본종의 종조는 밀교의 법맥을 심인으로 전수한 회당대종사이며 종단 교법의 권위는 종조의 자내증의 법문에서 출발한다.

2. 종조의 자내증의 법문은 심인진리가 중심이며 이 심인(佛心印)은 법

신불의 본성(本性)이요 육자대명왕진언의 본원本源이다.

제3절 소의경전

제7조(소의경전) 본종은 교주 법신 비로자나불과 심인으로 전수한 회당대종사의 법이(法爾)의 당체설법(當體說法)에서 분류된 다음의 경본을 소의경전으로 한다.

1. 대일경 2. 금강정경 3. 대승장엄보왕경 4. 보리심론 5. 종조법전 6. 기타 삼학 소재의 경률론을 신행에 참고할 수 있다.

제4절 기원(紀元)

제8조(기원) 본종의 기원은 진기(眞紀) 원년(불기2490, 단기4280, 서기 1947) 6월 14일부터 기산한다.

제5절 사법(嗣法)

제9조(사법)

1. 본종은 밀교의 법맥을 심인으로 전수한 종조의 "옛날에는 의발(衣鉢)이요, 이제는 심인법이라"의 심인법(心印法)에 의하여 법맥을 상승한다.
2. 법맥상승의 의례는 진각의범에 의한다.

제6절 계율과 계단

제10조(계율) 본종의 계율은 전통과 사실에 근거하고 밀교전래의 삼매야계와 종조의 심인계를 중심으로 한다.

제11조(계단) 본종의 계단은 삼매야계단이라 통칭하며 삼매야계단은 보살오계단 보살십선계단 보살십중계단 전법사중계단 및 전법심인계단 등을 개설하여 스승과 신교도에게 수계관정(授戒灌頂)을 행한다.

제12조(도량) 본종의 모든 계단은 총인이 지정하는 도량에서 설치한다.

제13조(계사) 본종 계단의 계사는 총인이 임명하여 종신직으로 하며, 각 계단의 3사 7증사(證師)는 계단 개설시 총인이 위촉한다.

제14조 계단의 설치 계사의 자격 규정과 계단에 관한 사항은 종법으로 정한다.

제7절 의식과 교화

제15조(의식) 본종의 의식은 전통과 교법에 근거하고 사실에 맞게 하여 간소와 편의를 위주로 한다.

제16조(교화)

1. 본종의 교화는 전 종단인이 행하며, 공식 법요 및 의식의 집행은 스승만이 행할 수 있다.

2. 본종의 교화는 본종 교의의 선포(宣布)와 의식의 집행을 기본으로 하며 진각교전을 중심 교전으로 한다.

3. 본종의 교화는 정례 공식불사 의례를 기본으로 하되 대중과 장소에 맞게 조정할 수 있다.

4. 본종은 도상숭불(睹像崇佛)보다 진리각오[眞理(覺悟)]를 위주하며 참회와 깨침을 실천의 기본으로 한다.

제17조 본종에서 집행하는 항례법요와 교화 의식은 진각의범에 의한다.

이처럼 종헌의 총강을 종조정신을 바탕으로 개정하여 종단의 정체성을 명확히 밝혔다. 그리고 종단의 정체성에 비추어서 개정된 종헌의 총강에 따라서 관련한 조항도 개정하였다. 그 중에서 중요한 내용은 총인의 정의와 인의회의 구성이다. 총인은 종단의 법통과 교법의 신성(神聖)을 상징하고, 심인법통을 승수하고 종단의 최고의 권위와 지위를 가지는 자리로 정의하였다. 총인의 자격은 2급 종사이상, 승속 22년 이상, 연령 60-75세 까지로 하였다(임기 중에는 75세가 넘어도 임기 만료까지 할 수 있다). 총인의 임기를 5년으로 정하고 1차에 한하여 재임할 수 있게 하였다. 그리고 총인을 자문하는 의결기관으로 인의회(印議會)를 두었다. 인의회의 명칭은 초기 종단의 인회 총인회의 정신을 따랐다. 인의회는 종사 행계이상의 스승이 맡고 총인이 의장이 되어 종단의 교법과 수행에 관한 사항을 심의 의결하게 하였다. 그런데 개정 초안은 사감원을 현정원으로, 중앙교육원을 교법원으로 명칭변경을 시도하였으나, 개정위원회의 심의 과정에서 사감원과 교육원으로 존치하였다. 다만 관구청은 교구청(敎區廳)으로 명칭을 바꾸었다.

2) 교학증진과 교법결집

교육원은 교법 의식의 집전과 연구 작업을 지속하였다. 교육원의 각 과정의 교육과 불적답사 등은 꾸준히 진행하였다. 교화 스승의 요구에 부응하여 진각교전의 해석서인 '진각교전자료집성'을 발간하였다(1995.4.1).

진각교전자료집성은 교법부의 종학연구원인 김영덕 연구원이 진각교전의 술어를 해설하여 편찬 간행하였다. 종조 열반 35주기 추념식을 봉행하면서 종조전의 종조존영을 새롭게 조성하여 존영 봉안식을 하였다 (1998.10.16). 종조 열반 추념식과 존영 봉안불사에는 총지종 통리원장 총지화, 불교방송사장 성낙승, 현대불교사장 김광삼 등이 내빈으로 참석하였다. 총인원 종조전 종조존영을 봉안에 이어서 종조탄생 100주년을 앞두고 금강원 성역화 불사의 일환으로 금강원의 종조전 종조존영 봉안을 하였다(2000.6.27).

스승의 법의 위에 수하는 낙자(絡子)를 새롭게 디자인하여 제작을 시작하였다(1995.8.26). 낙자의 제작이 완료되어 총인원 종조전에서 가지관정불사를 하였다. 그리고 추기강공 중에 낙자 정대식(頂帶式)을 하였다(1999.10.20). 지금까지 비공개로 하던 죽비와 낙자의 가지관정 의식을 공개하였다.

매년 11월 월초불공 다음 주간에 시행하는 신교도 보살십선계 수계관정 불사는 차질없이 진행되었다. 특히 미국 LA 불광심인당에 삼매야계단을 개설하고 37명의 신교도에게 수계관정불사를 하였다(1997.10.24). 수계관정불사 후에 특별법회도 열어 100여 명의 신교도들이 법문을 듣고 신심을 높였다. 심인당 본존의 가지불사도 계속하였다. 대구 기로원 내에 주거 스승의 수행 편의를 위해 심인당을 마련하고 본존가지불사를 하였다(1999.12.23). 구미 보광심인당(1994.9.26)과 능인 보정 명륜 심인당의 본존가지불사를 하였다(2000.12.25).

심인당 정면 본존판에 대한 논의가 지속하여 본존과 본존해인의 변경을 공식 논의하고 교법차원의 행정근거 서류를 마련하기로 하였다 (1998.9.3). 본존 변경의 대안을 마련하고 본존장엄 법의 낙자 수행복 등의 변경안을 교법위원회에서 결의하고 교법포교 분과위원회에 상정하기로 하였다(1999.9.29). 그 중 새로 제작한 낙자 정대 관정은 추기강공 중에 실시하기로 하였다. 종의회는 원의회의 결의를 거친 본존장엄은 본존에 육자진언 범자를 넣어서 길상심인당에 시범으로 시행한 후 다시 결정하기로 하였다(1999.10.20). 본존장엄의 의안을 인의회에 위임하여 결정에 따르기로 하였다(2000.10.19). 원의회는 나무로 본존을 제작하고 본존과 좌대를 개금하기로 하였다(2001.2.22). 본존제작은 연화 좌대위에 불꽃형의 광배면에 육자진언 범자를 새기는 양식으로 결정하였다. 본존진언 위에는 닫집 형태를 만들어서 장엄하였다. 그러나 연화좌대 위의 본존진언과 닫집 형태는 흡사 불상 안치처럼 보여서 종조의 무등상불(無等相佛)의 정신에 어긋나는 양식이라는 비판도 일었다.

교육원은 종학연구의 활성화를 위해 종학연구실을 별도로 마련하고 강도불사를 하였다(1998.7.20). 그리고 종학과 불교학의 연구증진을 목적으로 진각논문대상 공모를 시작하였다(1999.3.15). 제1회 진각논문대상에서 응모한 논문계획서를 심사하여 당선작을 발표하였다(1999.5.25). 진각논문대상에 응모한 논문계획서를 심사하여 남희숙(조선 후기에 간행된 다라니경과 진언집에 대한 연구) 등 6명을 선발하였다. 진각논문대상은 연례행사로 시행하기로 하여, 매년 3월에 논문응모 계획을 공고하고 5월에 논문작성 당선작을 발표하였다. 논문당선자는 논문을 집필하여 제출하면 논문발표회를 거쳐서 회당학보에 게재하였다. 종학연구실은 연구활동을 교류하려는 계획으로 일본 평간사와 학술교류 협정식을 하였다(2000.6.14). 제21차 한일불교문화교류대회 중에 평간사 교학연구소를 방문하여 학술교류협정을 맺고 양자 간의 연구활동을 교류하기로 하였다.

교육원은 종단의 본존진언인 육자진언을 설하고 있는 티베트문헌

마니카붐의 영인본을 해제를 붙여 출간하였다(2000.6.14). 마니카붐은 육자진언 신행을 집대성한 문헌으로 티베트에서 마니경전으로 존숭받고 있다. 종단은 인도 티베트하우스 소장인 도붐 툴쿠의 종단방문에 즈음하여 마니카붐 영역(英譯)을 의뢰였으나 완결되지 못하였다. 마니카붐의 영인본 간행은 마니카붐과 육자진언 연구의 중요한 자료가 되었다.

회당학회는 '한국근현대 불교개혁론의 비교연구'라는 주제로 회당사상 심포지엄을 개최하였다(1993.10.22). 불교방송 세미나실에서 300여 명의 신교도와 일반 불자들이 참석한 가운데 발표와 질의를 통하여 불교개혁에 대한 이해를 높였다. 회당사상 심포지엄에서 김보삼(만해선사와 불교개혁론, 만해사상연구회) 한보광(용성선사의 불교개혁론, 동국대 교수) 한종만(소태산의 불교혁신론, 원광대 교수) 권영택(회당대종사의 불교개혁론, 진각종 교법국장) 정병조(한국 근현대 불교개혁론 비교연구, 동국대 교수)가 발표하여 청중의 깊은 관심을 받았다. 회당학회는 제3회 심포지엄을 열고 회당정신에 대하여 집중 논의하였다(1994.10.29). 대전 신덕심인당에서 개최한 심포지엄에서 혜정(회당대종조의 불신관) 곽만연(현대사회 병리현상 치유와 회당사상, 동아대 교수) 임재찬(회당의 충효관, 육군3사관학교 교수) 김호성(천수경과 회당의 심인불교, 동국대 강사) 조용헌(한국 근세사상사의 맥락에서 본 회당, 원광대 교수) 등이 발표하여 회당의 참회정신, 이타정신, 자주정신, 보은정신, 건전한 가정윤리 등을 강조하였다. 나아가 회당정신이 오늘날의 사회를 사랑과 자비가 넘치고 질서가 확립되는 사회로 만드는 중요한 사상이라는데 의견을 모았다.

회당학회는 청년회원이 주도하여 회당사상과 불교 및 밀교의 교리 수행 의식체계에 대한 조사 연구발표를 목적으로 창립하였다(1992.4.22). 회당학회는 스승과 신교도가 참여하는 학술신행단체로 출범하여 매년 학술 심포지엄 개최, 회당학보 발간 등 활발한 활동을 전개해 하였다. 그러나 회당학회 운영의 주체 및 종단의 지원과 학술활동 등에 불화가 발생하면서 진기51년부터 활동을 중단하였다. 이후 종단 교육원이 주도하여 회당학회를 재창립하였다(2000.3.14). 회당학회는 불교학 연구자와 학회 참여를 희망하는 일반인까지 참여하는 열린 학회를 지향하여 총회를 열어서 학회 회칙을 개정하고 임원을 선출하였다. 학회장 혜정(종학연구실장) 부학회장 관증(교육부장) 지성(총금강회 서울지부장)을 선출하였다. 회당학회는 추계학술대회를 다보빌딩 불교문화진흥원 3층 대법당에서 개최하였다(2000.11.25). 또한 회당학회는 회당학보 발간, 소식지 발행, 학술발표회 등의 활동을 지속하여 가기로 하였다. 회당학회는 학회지 발간(6집)과 국제학술대회 등을 계획하고 회원배가운동을 전개하였다(2001.4.11). 그러나 회당학회는 국제학술발표회의 행사와 회당학보 발간에 치우쳐서 회당학을 연찬하는 학술활동에는 미진하였다.

　　교육원은 종립 위덕대학교의 개교와 동시에 선발하여 위탁교육을 실시하고 있는 종비생의 교학 및 수행연수를 매년 여름과 겨울방학 중에 실시하기로 하였다. 종비생 연수는 위덕대학교 1기 종비생인 장미룡 박성규 배수경을 대상으로 총인원에서 처음 실시하였다(1996.8.19). 종비생 연수는 종립학교 종비생의 기본소양과 교화자질 개발을 위해 교리와 교법의 이해 수행실수 및 관련 기관의 견학 등으로 실시하였다. 종비생 연수는 종비생 제도가 시행되는 동안 지속하였다. 교육원은 종비생 연수와 더불어 예비교화스승 교육도 시작하였다. 종단의 종무행정을 맡아 정진하는 종무원 중에서 일선 교화에 나갈 즈음 교화에 필요한 마음자세를 다지고 소양을 기르는 교육을 일정기간 실시하기로 하였다. 총인원에서 종무원 20여 명을 대상으로 예비 교화스승교육을 처음 실시하였다. 교화자의 마음가짐 품위유지 숙지사항 등을 중점으로 교육하여 일선 교화에 대한 두려움을 극복하고 자신감을 가지는데 좋은 기회가 되었다.

교육원은 신교도와 일반 대중에게 종단의 교리와 수행법의 이해를 돕고 수행하려는 신심을 북돋우기 위해 대중 순회법회를 실시하였다. 서울지역 법회는 탑주심인당에서 지광 통리원장이 초청법사로 나서 술 담배 노름 외도 등 현대 생활인의 4대 중병을 설명하고, 4대 중병에서 벗어나는 수행법을 설법하여 큰 호응을 얻었다(1994.9.2). 대구지역 법회는 심인중고등학교 대강당에서 지광 통리원장과 락혜 홍교부장이 법사로 해서 삼밀수행을 통하여 육행실천을 하면 청심정토가 되어 청정국토를 성취할 수 있다고 역설하여 박수갈채를 받았다(1994.9.24).

또한 혜정 종학연구실장이 밀교교리대법회를 계획하여 전국에서 큰 호응을 받았다. 광주 전남 교리법회는 영광심인당에서 400여 명의 청중이 모인 가운데 부처님과 내가 둘이 아니므로 이를 깨닫기 위해서 수행해야 한다고 설하고, 첫째, 진리를 깨닫기 위해 서원하고 둘째, 일체 병고 해탈을 서원하며 셋째, 서로 수원을 끊고 화합할 것을 서원해야 한다고 설법하였다.(2000.3.24). 밀교교리법회는 호응이 대단하여 전국을 순회하며 실시하고 부산 교리법회에서 회향하였다(2000.11.17). '삼라만상이 모두 법신불의 몸이다'라는 주제로 혜정은 500여 명의 청중에게 참회하고 삼밀수행을 통하여 우주 법계와 하나가 되는 삶을 살아가도록 설법하여 큰 공감을 일으켰다.

종단 도제의 기본교육기관인 진각대학은 매년 3월에 입학과 졸업을 통하여 교육활동을 지속하였다. 진각대학은 정규 교육과정과 더불어 각종 연수와 답사를 통하여 교육의 내실을 강화하였다. 진각대학의 답사는 주로 종단 4성지의 순례와 국내 중요 불적지 답사를 통하여 종단에 대한 자부심을 키우고 불교문화의 중요성을 인식하였다. 종단은 진각대학 교육을 충실하게 하도록 통리원 뒷편 구(舊) 신광정밀 건물을 매입 개축하여 독립 건물을 마련하였다. 교수연구실, 행정실, 4개의 강의실을 갖춘 진각대학 건물의 현판식을 거행하고 강의에 들어갔다(1996.5.14).

진각대학은 창교 50주년을 계기로 부설 교양대학으로 밀교문화대학을 개설하였다. 밀교문화대학은 우선 서울의 신교도와 일반불자를 대상으로 제1기 155명의 신입생을 모집하여 종학 밀교학 불교학 등의 강의를 통하여 종단을 체계적으로 이해하도록 강의를 시작하였다(1997.3.12). 밀교문화대학은 서울에 이어 대구에서 130여 명의 신입생을 모집하여 진각문화회관에서 종학 밀교학 일반불교 등을 강의하였다(1997.9.30). 신입생 155명으로 강의를 시작한 밀교문화대학 서울 제1기 수료식을 총인원 대강당에서 올리고 71명이 수료하였다(1998.3.11). 밀교문화대학은 포교의 인적 자산인 포교사 양성을 위해 포교사 과정을 개설하고 교육을 실시하였다(1999.3.10). 밀교문화대학은 교육과정 중에 불적지에 대한 소양을 높이기 위해 포교부 호당과 허일범 교수의 인솔로 25명이 동참하여 일본 성지순례도 실시하였다(2000.9.26).

(1) 교법결집회의

종조 열반 후 종단은 종조의 부법과 교법파동을 겪으면서 종단의 정체성 계승에 애써 왔다. 그러나 시대상황과 신교도의 세대가 변화하면서 종단의 정체성 문제는 늘 대두될 수밖에 없었다. 그러나 교법에서 방편인 의(義)는 변하여도 근본인 법(法)은 변할 수 없다. 혜일 총인은 종조의 교법을 다시 확인하고 수립하여 종단의 정체성을 계승하기 위해 교법결집회의를 시작하였다(2005.5.20). 종조 열반 이후 종단의 발전과정에서 발생한 교법에 대한 혼선을 해소하여 종단 교화발전의 새로운 계기를 마련하기 위한 불사였다. 혜일 총인이 교법결집회의를 시작한 까닭은 교법확인과 계승이라는 보편적인 명분도 있었지만 직접적인 구체적 이유도 있었다. 종단의 교법계승과 관련하여 종단내외에서 가장 빈번히 거론되는 내용은 등상불(等像佛)과 출가문제였다. 등상불과 출가제도는 종조 재세시부터 일어나서 실험적인 실시를 하였다. 그러나 등상불은 종조 재세시에 무상불교(無相佛敎)의 원리에서 세우지 않기로 하였고, 출가는 실행 제도가 미숙하여 실패한 경험이 있었다. 특히 종조 재세시에 세우려한 출가법은 일반 불교의 출가법과 다른 인식에서 출발하였다.

효암 통리원장은 재임 초부터 등상불과 출가의 도입 주장을 지속하였다. 혜일 총인은 교법에 대한 개인적이고 산발적인 논의를 잠재우고 종단의 정체성으로 계승할 교법과 시대 변화에 맞출 방편법을 확인하고 정리할 필요성을 깊이 느꼈다. 그리하여 당시 종헌26조, 교육원법 4조1항 그리고 인의회법 5조에 따라서 교법결집회의를 실시하기로 하였다.

혜일 총인은 교법결집회의 계획안을 수립하고 인의회의 결의를 하였다(2005.3.31). 그리고 스승 춘기강공에서 총인 교시를 통하여 전 스승의 합의를 모았다. 교법결집회의는 제1차 회의를 열어서 교법결집회의 구성과 결집내용을 결의하였다(2005.5.20). 교법결집회의의 성격은 총인 직할의 특별 한시 회의로 하였다. 그러나 도흔 총인의 취임으로 2차 활동으로 연장하였다. 교법결집회의의 목적은 종단의 정체성 계승을 위한 교법의 확립과 수립으로 하였다. 종조 열반 이후 종단의 발전 과정에서 발생한 교법에 대한 혼란을 해소하기 위해 교법을 확인하고 교법과 관련된 모든 사항을 결집하고 체계화하여 종단의 정체성을 확립하고 계승한다는 뜻이었다.

교법결집회의는 결집회의와 실무회의로 업무를 분담하였다. 결집회의는 총인이 의장을 맡고, 종단의 종사스승와 전현직 4원장 그리고 총인이 특별 지명하는 원로스승이 의원이 되었다. 결집회의는 실무회의에서 마련한 내용을 바탕으로, 결집형태로 자유로운 의견을 개진하여 합의하면 종조의 교법으로 결집하였다. 결집회의 의원이 자유로운 의견 개진이 끝나면 총인이 최종 의견을 묻고 죽비를 세 번 쳐서 교법으로 결집 확인하였다. 실무회의는 경정이 좌장을 맡고 혜정 회정 덕일 무외 지정이 의원이 되어 교법결집자료를 논의하고 검토하였다. 실무회의는 논의 검토한 교법결집자료가 마무리되면 교법결집회의에 상정하였다. 또한 실무회의 밑에 스승으로 구성된 연구팀을 두고 종조법어에 대한 자료 수집 및 논의와 검토를 하였다. 실무연구팀으로는 종조법어자료연구팀(전반) 종조법어심화연구팀(후반) 진각의범연구팀을 두어서 연구 작업을 실시하였다. 실무연구팀은 월초불공을 제외한 거의 매주에 때로 합숙하면서 작업을 진행하였다.

교법결집회의의 결집계획은 종조법전의 결집, 교법체계의 수립, 의례의식의 재정립, 교역자의 위상정립, 그리고 교법현안을 정비하기로 하였다. 종조법전의 결집에는 종조의 존호칭 정립, 종조법어의 결집, 종조 일대기 완비 등을 결집하기로 하였다. 교법체계의 수립에는 교주 본존의 확인, 본존양식의 조성지침 정립, 교전내용의 재정비 등을 확립하기로 하였다. 의례의식의 재정비에는 진각의범의 완비, 의제의 확립 등을 정하기로 하였다. 교역자의 위상 정립에는 교역자의 칭호와 행계 호칭의 재정비, 교역자의 생활상 재정비, 퇴임 열반 교역자의 위의와 위상 수립 등을 확립하기로 하였다. 마지막으로 교법현안 정비는 수행과 교화 중에서 발생하는 여러 가지 교법 현안을 수집하여 정비하고 수행과 교화에서 혼선을 줄이는 작업이었다. 교법결집회의에서 결집한 교법은 종단의 행정 절차를 거쳐서 스승강공에 통보하고 보존하여 유포하기로 하였다.

교법결집회의는 총인원 무진설법전에서 총인 등 26명의 의원이 참석하여 제1차 회의를 열고 교법결집의 역사적인 활동에 들어갔다. 한편 교법결집의 실무지원 연구팀으로 종조법어연구모임을 구성하고 (2005.6.24) 제1차 회의를 열고 월초불공 주간을 제외한 매주 모여서 작업을 하고 홈페이지를 통하여 정보를 공유하기로 하였다. 또한 진각의범 연구모임을 구성하고(2005.9.1) 연구 작업에 들어갔다.

교법결집회의는 제2차 결집회의에서 종단의 종요(宗要)와 종지(宗旨)를 결의하였다. 종요는 진각종의 개요, 즉 종단의 개설적 설명이고, 종지는 진각종의 교법의 중심내용과 신행의 주지(主旨)를 말한다. 결집한 종단의 종요는 "진각종은 불법의 심수(心髓)인 밀교정신을 본지로 하고 밀교의 법맥을 심인(心印)으로 전수한 종조 회당대종사의 자증교설(自證敎說)을 종지로 삼아서 교법을 세우고 종문을 열어서 시대에 맞는 교화이념과 방편을 펴는 불교 종단이다"로 하였다. 그리고 종단의 종지는 "진각종은 시방삼세에 하나로 계시는 법신 비로자나부처님을 교주(敎主)로 하고 부처와 종조의 정전심인(正傳心印)인 '옴·마·니·반·메·훔[六字心印]'을 신행의 본존(本尊)으로 받들어 육자관행(六字觀行)으로 즉신성불(卽身成佛)하고 현세정화(現世淨化)함을 종지(宗旨)로 한다"로 하였다.

결집회의는 이어서 제3차 회의에서 종단의 종풍과 창교이념, 그리고 종조와 스승의 호칭을 확정하였다. 종풍은 진각종의 풍의(風儀), 또는 기풍(氣風)을 일컫고 창교이념은 진각종의 불교종파로서의 존재의미를 가리킨다. 결집회의는 종단의 종풍은 "종조 회당대종사의 심인법(心印法)

에 귀명하여 밀교의 오의(奧義)를 전하고 육자진언의 신행으로 즉신성불의 직로를 개시하며 현세정화를 실행하는 승속동행을 풍격(風格)으로 한다"로 규정하고, 창교이념은 "밀교중흥·심인현현·현세정화"로 확인하였다. 창교이념에 생활불교 실천불교를 자주 거론하지만 생활불교 실천불교는 이념보다는 구호의 성격이 강하고 현세정화에 포함된 내용이여서 제외하였다.

교법결집회의는 이어서 종조와 스승의 칭호를 확정하였다. 먼저 종조의 존칭호를 확정하였다. 공식 존칭호는 종조(宗祖) 진각성존(眞覺聖尊) 회당(悔堂) 대종사(大宗師), 공식존호는 진각회당대종사(眞覺悔堂大宗師), 약식 존칭호는 종조, 종조 회당대종사, 회당대종사, 대종사 등으로 받들기로 하였다. 교역자의 총칭과 행계칭호도 개정하였다. 교역자의 총칭은 스승으로 하고, 여남(女男) 교역자는 각기 전수(傳授) 정사(正師)로 부르기로 하였다. 교역자의 행계칭호는 전교(傳敎) 범사(梵師) 인사(印師) 종사(宗師)로 정하였으나 전교는 관례에 따라서 시무와 혼용하기로 하였다. 범사 인사 등의 칭호는 종조 재세시에 스승의 품위에 맞추어 부르던 칭호였다. 또한 스승과 스승, 스승과 신교도, 신교도와 신교도의 상호 호칭도 정하였다. 스승에 대한 호칭은 행계호칭보다 총칭인 스승 전수 정사 등의 호칭을 원칙으로 하였다. 신교도의 호칭은 남녀 각각 각자覺子 보살로 부르기로 하였다. 그리고 다양한 호칭에 대한 용어 해설도 함께 결의하였다. 종의회는 교법결집회의의 스승칭호에 대한 결집에 따라 승려법을 개정하여 행계칭호를 결의하였다(2006.1.17). 교법결집회의는 제4차 회의에서 종단의 교법현안을 결집하였다. 여러 가지 교법현안 중에서 정송법(定誦法)과 정시법(定施法)에 대한 결집을 먼저 하였다. 정송법과 정시법은 종단신행의 기본법이기 때문이었다. 위의 결집내용은 진기

65(2011)년 추기강공을 통하여 전 스승에게 통지하고 숙지하게 하였다.

교법결집회의에는 수각(김치원)시무가 인도 유학하여 델리대에서 박사학위를 받고(2004.4.13) 귀국하여 결집회의 행정실무와 진행을 도왔다. 또한 결집회의 중에 성제(박준석)가 일본 유학하여 교토 대정대(大正大)에서 박사학위를 받고(2010.2.1) 돌아와서 회의 자료를 정리하였다.

교법결집회의는 제5차부터 종조법어 결집에 들어갔다. 종조법어 결집은 종조 열반 직후 종조법전 결집으로 시작하였으나(1964.11.25) '종조법전'이라는 문건을 결집하고 중단하였다. 그리고 종조법어 결집에 대한 여론이 비등하여 경정이 개인 자격으로 자료수집을 하던 중 종단의 의지를 모아 종조(회당)사상연구회를 발족하였다(1979.3.27). 종조연구가 궤도에 오르자 종학연구위원회를 결성하여 본격적으로 진행하였다(1982.7.1). 결집회의는 종조법어연구모임이 그동안 수집 정리한 종조법어와 새로 수집한 법어를 검토 정리한 내용을 실무회의에서 다시 검토 정리한 법어를 두고 결집회의 의원들의 자유로운 토론과 의견을 통하여 최종으로 법어를 결집하였다. 교법결집회의를 진행하는 중에 도흔 총인이 추대되어 결집회의를 계속하였다(2007.3.29). 그리고 오랫동안 수집 정리한 종조법어 윤문본이 완성되어 실무의원이 울릉도 종조전에서 윤문본 봉정식을 올렸다(2007.6.14). 또한 종조법어 결집에 관심을 모으고 연구결과를 공유하고 연구활동 방안을 마련하기 위해 종조법어연구 세미나도 열었다(2007.12.13).

그러나 교법결집회의는 제11차까지 개최한 후 종단의 행정 갈등의 여파로 일시 중단하였다. 그리고 다시 제12차 결집회의를 열어 종조법어 결집을 다시 시작하였다(2009.6·25). 교법결집회의는 제15차 회의에서 종조법어 결집을 일단 마무리하였다(2010.7.16). 교법결집회 6년간의 작업을 거쳐서 종조법어 결집을 일단 마무리하고 종조법어 합본집 출판 작업에 들어갔다. 종조법어집의 명칭은 종조 재세시 법불교를 간행하면서 종조의 법어를 스스로 '실행론'이라 일컬은 사실에 따라서 '실행론'으로 정하였다. 실행론의 목차는 편·장·절 등으로 분류하고, 법불교의 편 구분에 따라 다라니편, 교리편, 수행편(계율은 장으로 분류), 실행편, 응용편으로 분류하기로 결정하였다. 실행론의 인쇄형식은 현 진각교전의 8.8조 형식 유지와 산문 형식을 겸하기로 하되 가로 띄어쓰기를 하기로 결정하였다. 실행론 편찬 과정에서 실행론전문편찬위원회를 두고 실행론 편찬에 집중하였다. 제16차 회의는 실행론 편찬양식을 논의하고 판형은 진각교전 판형에 따르기로 하였다(2011.3.25). 그리고 이미 결집한 종조법어자료를 검토하고, 진각교전 개편을 위한 소의경론 내용도 검토하였다.

교법결집회의는 실행론 편찬 작업에 관련한 세부내용을 논의하고, 또한 진각교전 개편에 대한 문제점을 논의하였다. 현 진각교전 내용 중에서 경론의 내용과 전거 없는 내용의 처리문제 등을 논의하고, 응화방편문의 내용을 검토하였다. 개편하는 진각교전에는 실행론의 중요내용을 중심으로 법불교편으로 하고 소의경론편 응화방편편으로 구분하고 서원가를 제외하기로 하였다. 그 외에 교법상 논점이 되는 부분을 검토 논의하였다. 특히 육자진언의 상징 본존 중에서 '훔'자의 상징 본존은 밀교의 교의에 맞추어 금강살타로 결의하였다. 그리고 일본 진언밀교의 교리 강격(綱格)인 육대사만삼밀을 참회문에서 제외하기로 하였다. 육대사만삼밀은 진언밀교의 중심 교리로서 참고할 수 있기 때문이다. 진각교전 중의 인용문헌이 없는 내용은 응화방편의 밀교교리의 장에 포함하는 문제를 논의하였다.

교법결집회의는 제20차 회의를 열어서 실행론 출판과 진각교전 개편 문제를 논의하고 결집회의를 종결하였다(2011.9.30). 결집회의는 실행론 편찬을 최종 결의하고, 진각교전 개편은 육대사만삼밀의 문제에 합의를 하지 못하여 유보하기로 하였다. 교법결집회의는 7년여 간의 회의를 마치고 종사의 큰 획을 긋고 마무리하였다. 교법결집회의는 결집회의 과정에서 겪은 여러 법문으로 말미암아 계획한 교법결집 내용 중에서 실행론 등 극히 일부 내용만 결집하여 큰 아쉬움을 남겼다. 결집회의를 마무리 하면서 종사의 명운이 도래하여 종단의 장구한 발전을 위해서 또 다른 결집회의가 여법하게 열리기를 서원하였다.

교법결집회의가 끝을 맺고 실행론 편찬은 제1판 인쇄를 하여 (2011.11.24) 우선 스승에게만 보급하여 수정과 보완을 거쳐서 제2판을 인쇄하여 신교도에 보급하였다(2012.5.10). 그리고 실행론의 편·장·절(가나…)의 편제는 차후 실행론 내용의 증보가 이루어져도 그대로 유지되도록 하였다. 실행론 증보는 증보할 내용을 새로운 장·절 또는 '가나…'를 만들어서 하면 기존의 장·절 '가나…'는 변함없이 유지될 수 있기 때문이다. 종단은 실행론을 초판 발행하고 가장 먼저 총인원 종조전에서 종조법어 실행론 봉정불사를 올렸다(2011.11.23). 종조법어 실행론 봉정불사를 통하여 실행론은 종조의 가지(加持)를 통하여 수행과 교화의 법본(法本)이 되었다. 종의회는 종조 진각성존 회당대종사 법어집 실행론 편찬을 최종 의결하였다(2011.12.13). 종단의 실행론 발행은 종단의 교법수립과 수행 및 교화에서 종조의 법어가 드디어 중심이 되어 진각밀교의 초석을 다지는 계기가 되었다.

종단은 실행론의 말씀 120개를 발췌하여 영어 중국어 일본어 싱할리어 네팔어 티베트어 몽골어 등 7개국 다언어 법어집 '진각'을 출간하였다(2012.6.1).

(2) 교법확립과 실천

종단 교직자의 남녀 구별의 일반 명칭을 정사, 전수로 부르기로 제192
회 원의회에서 결의하였다(2001.6.12). 스승의 호칭을 행계 명칭에 따라
서 부르는 관행을 막기 위한 초치였다. 그러나 정사, 전수 역시 행계 명칭
이여서 문제는 여전히 남았다. 교법결집회의는 종단 호칭을 여법하게 정
리하여 교직자의 행계별 호칭을 전교(傳敎) 범사(梵師) 인사(印師) 종사
(宗師)로 개정하였다(2006.1.17). 정사의 의상에 대한 논란이 일어나서 밤
색 황색 개량한복의 수행법을 제작하여 대외 행사 및 공식불사에 입도록
하고 동절기에는 밤색, 하절기에는 두 가지 색을 겸하도록 하였다(2001.
12.11). 그러나 의상에 대한 여론이 비등하여 다시 밤색 양복은 생활복으
로 하고 계절에 관계없이 법복은 노랑색 한복으로 공식불사에 착용하고
법의와 낙자를 수하는 등의 의제를 결의하였다(2002.3.21). 교역자의 의
제를 성급하게 정하여서 논의가 계속되어 의제법은 종헌종법계정과 함께
다시 심의하기로 하였다(2002.10.23). 종단은 종조의 대각절의 중요성을
인식하여 5월 16일을 대각절로 시행하기로 결의하였다(2002.12.17). 그러
나 종단 기념행사의 여법한 시행은 깊은 숙고가 필요하였다. 탑주심인당
건물의 명칭을 무진설법전(無盡說法殿)으로 개칭하였다(2003.3.28). 종
단은 초파일의 음력시행에 따라서 기념행사의 양력 음력 시행에 대한 정
리가 요구되었다. 효암은 석가모니부처님 관련 기념일을 음력으로 시행
하는 안건을 제안하여(2003.3.28), 종의회는 교법포교상임위원회에서 심
의하기로 하였다(2003.4.15). 그리고 심인당 본존 양식의 변화로 진언본
존 좌우에 삼십칠존의 법만다라만 게시하여 참회문을 제외하여 교화일선
에서 참회문의 포함을 요구하는 일이 있었다. 인의회는 진언본존의 양식

이 다양하여 여법한 본존 양식을 연구하고, 종조의 참회정신을 살려가는 실천행을 하고, 참회문을 본존양식에 포함하면 교법의 혼란을 일으킬 수 있어서 포함하지 않기로 결의하였다(2010.4.21).

종단은 보살십선계 수계관정불사와 본존가지불사를 지속하여 시행하였다. 그리고 스승의 행계 승진을 위해서 전법관정불사를 봉행하였다(2004.4.20). 스승의 행계에 따른 전법관정의 명칭을 전법갈마관정(전교), 전법연화관정(범사), 전법금강관정(인사), 전법심인관정(종사)으로 정하고 각기 계상(戒相)을 정하여 전법관정불사를 올렸다(2009.4.15). 그리고 각 행계별로 법기(法器)를 수여하는 계획을 마련했으나 확정하지는 못하였다. 그리고 종조탄생 100주년 기념행사의 하나로 종단의 수계관정 의식에 필요한 금강수(金剛水)의 취수의식을 울릉도에서 일반에 공개하였다(2001.6.21). 또한 한국 일본 티베트 몽골 등 4개국 세계밀교의식 시연법회를 열고(2002.9.27), 화보집 '밀교의 호마와 관정'을 발간하였다(2004.12.1). 그러나 밀교의 비밀의식을 공개의 문화행사처럼 시행한 사실은 논란이 있었다. 종단 성지조성불사의 하나로 대각지 표지석을 세우고 제막식 불사를 올렸다(2003.5.12). 표지석 제막불사는 농림촌 최정심인당 경내에 표지석을 세우고 혜일 총인과 스승이 동참하여 봉행되었다.

종단은 종조 100주년 기념사업에 즈음하여 교법의 연구와 정립에 큰 관심을 쏟았다. 교육원은 교법부와 종학연구실 합동으로 진각종 교법 확립과 활성화를 위한 워크숍을 열었다(2001.7.26). 종조 100주년 기념사업을 계획하면서 열린 워크숍은 종조법어록 편찬과 진각교전 개편, 그리고 진각의범 제정에 따른 다양한 과제를 심도 있게 논의하였다. 종단 교법확립의 초석이 되는 소의경론을 전산화하여 CD로 제작하였다. 그리고 37존 관련 경론을 모아서 '37존 의궤집성 1집'을 편집 발간한(2003.12.23)

후 계속하여 시리즈로 이어갔다. 다만 소의경론 전산화와 37존 의궤집성의 발간은 치밀한 작업과정이 아쉬웠다. 혜일 총인은 춘기강공을 통하여 본존 육자진언 등 교법을 바르게 계승하여 교법을 확립하고 수행과 교화의 혼란이 없도록 하자는 법어를 내렸다(2005.4.19). 교육원은 혜일 총인의 춘기강공 유시와 교법결집회의의 개최 등을 감안하여 강공 주제를 교법의 확립에 맞추어서 정하기로 하였다. 교육원장 경정은 추기강공부터 교법확립의 계획에 따라서 강공주제를 정하여 강공의 내용을 기획하였다(2005.10.18). 교법확립에 따른 첫 강공주제는 종단의 종지와 종요로 정하고 혜일 총인이 '진각밀교를 확립하자'로 법어를 하고, 경정은 주제강론으로 종지와 종요에 대하여 논의하였다. 교법의 확립에 맞춘 강공의 주제는 종조와 종지에서 시작하여 진각의범을 끝으로 마무리 짓고(2013.4.17) 강공주제와 관련 논문을 보태어 '진각밀교의 교학체계'를 발간하였다(2013.4.16). '진각밀교의 교학체계'는 종단의 종지 종요와 참회 심인 진각의 종조의 중심사상, 본존 육지진언과 삼밀수행 그리고 당체법과 이원진리 등의 종조의 실천법에 관련한 내용을 실었다.

종단의 교법수립은 진각논문대상을 통하여도 진행되었다. 진각논문대상은 불교와 밀교분야의 논문을 통하여 교법수립의 저변을 다져왔다. 또한 종단의 교법수립에 직접 관련이 되는 지정주제를 제시하여 논문의 응모를 받았다. 논문대상의 지정주제는 '건당', '재가와 출가', '등상불과 무상불' 등으로 이어져서 교법수립의 참고자료를 제공하였다. 또한 진각논문대상은 진각종학 분야에도 응모를 받는 등 계속하여 시행되었다.

회당학회 역시 종단의 교법수립에 큰 역할을 해 왔다. 회당학회는 종조 100주년을 기념해서 국제학술대회를 열고 몽골 티베트 네팔 일본 등 국내외 학자들이 참여하여 '회당사상과 밀교'의 주제로 진행하였다

(2002.10.17). 국제학술대회는 혜정 학회장의 기조연설에 이어서 경정(회당사상의 특질과 사상) 등 국내외 학자들의 발표와 토론으로 진행하였다. 회당학회는 학술대회의 발표와 토론의 글을 모아서 '회당사상과 밀교'의 학술지를 발간하였다(2013.9.5). 회당학회는 종단의 교법수립과 더불어 종조사상의 계승을 천착하기 위해서 종조 직제자의 교화업적을 살피는 학술회를 열었다(2013.11.15). 종조 직제자 원정각 원오제 실상행 석암 등의 행적을 통하여 종조사상의 계승을 엿보는 학술회의를 진각문화회관에서 열고 종단내외의 관심을 받았다. 회당학회는 국제학술회의를 중국 일본 스리랑카 네팔 몽골 미국 대만 등 해외에서 개최하여 육자진언 삼십칠존 밀교전래 등 상호 관심사에 대한 학술적 탐구를 진행하였다. 회당학회는 국제학술회의를 통하여 종단의 국제적 홍보와 인식을 넓히는 계기를 마련하였다. 그러나 국제학술회의가 행사적인 측면이 높고 준비 부족 등으로 학술적 깊이와 성과에 대한 비판은 면하지 못하였다. 국제적 상호관심과 친선을 위한 국제학술행사는 학구적 천착과 연구과정 등의 학술연찬을 거쳐서 의미 있는 연구 결과를 도출할 수 있기 때문이었다.

위덕대학교는 밀교문화연구원을 중심으로 종조사상과 교법수립에 많은 힘을 기울였다. 종조탄생 100주년을 기념해 밀교문화연구원은 '회당대종사의 심인사상'을 주제로 심포지엄을 열었다(2001.5.14). 밀교문화연구원은 또한 부처님오신날 봉축과 종조탄생 100주년을 기념하여 세미나를 위덕대 대강당에서 열고 종조의 종파관과 밀교의 수행법에 대하여 발표를 하였다(2002.6.18). 종조탄생 100주년 사업의 하나로 위덕대 불교학과 교수들이 실행론 읽기모임을 통하여 종조논설문을 공동 연구하고 '회당논설집'을 출판하였다(2002.11.10). 또한 '회당논설집' 출판을 기념하여 위덕대 강당에서 '회당사상과 새불교 운동'을 주제로 심포지움을 개최하였다(2002.12.12). 종조 실행론 읽기 모임에 동참한 불교학과 교수들이 종조 논설문을 공동 연구하면서 토론한 내용을 바탕으로 종조의 사상을 8가지 주제로 분담하여 발표하였다. 발표한 논문은 밀교문화연구원 논문집 '밀교학보' 제4집(2002)에 실었다. 밀교문화연구원은 심포지움을 마치고 경주교육문화회관에서 스승과 신교도 및 대학 구성원이 참석하여 '회당논설집'과 회당일대기 '사람 없는가 하였더니, 거기 한 사람 있었구나'(강지훈 지음, 상하권)의 출판 봉정법회를 열고 심포지움을 회향하였다. 위덕대 출판부는 종조의 진각밀교의 연구논문집 '회당사상과 진각밀교'(경정, 2002.10.16)와 회당사상에 대한 기획논문집 '회당사상'(2007.12.21)을 출판하였다. 종조사상 기획논문집 '회당사상'은 창교 60주년 기념으로 밀교문화연구원이 기획하여 종단 내 학자들이 종조사상을 일반 대중이 쉽게 읽을 수 있게 집필한 특별 논문집이었다.

특히 진각종의 창교를 통하여 일으킨 밀교 교학을 '진각밀교(眞覺密敎)'로 규정하였다. 진각밀교라는 술어는 박태화가 종보을 통하여 '진각밀교의 정리(正理)"라는 글을 발표하면서 처음 사용하였다(1976.8.1). 창교 30년을 맞아서 종단의 좌표를 정립하려는 기획특집의 글에서 박태화는 종조의 밀교 재가사상을 강조하여 붙인 이름이다. 그러나 경정은 종조 회당대종사가 밀교의 비로자나불 진언수법 삼밀수행 등을 수용하고 자내증으로 재해석한 특수한 밀교 교학을 종지(宗旨)로 하여 창교한 진각종의 교법을 일컬어 진각밀교라 하였다. 종조는 전래의 밀교 교학을 수용하여 자내증으로 재해석하여 참회 심인 진각의 실천이념을 중심축으로 특수한 교학을 세웠다. 진각종은 정통 밀교를 본지(本旨)로 하면서 무등상불 진언본존(육자진언) 의식의례 재속주의 사원양식, 그리고 정송 정시 은혜를 비롯한 생활 중에 실행하는 신행 등으로 특수한 신행체계를 세웠다. 종조 회당대종사는 진각밀교의 특수한 신행체계를 정통밀교(正統密教)에 대하여 마치 이교적(異敎的)이라는 표현을 하였다.

종조의 진각밀교의 교학이 정립되어 가면서 덕일은 회당대종사를 첫 박사학위 연구주제로 삼아서 학위를 받았다(2003.10.1). 덕일은 종조의 진각사상과 용성의 원각사상, 소태산의 원각사상을 비교 연구한 학위논문을 '대각·원각·진각'이라는 이름으로 출판하였다(2004.10.16). 또한 혜담은 종립 위덕대에서 '진각종 교학의 형성과정 연구'로 위덕대의 첫 교학 관련 박사학위를 받았다(2011.2.22). 그리고 보성은 미국 LA 웨스트대학에서 종조의 불교개혁사상을 주제로 연구하여 박사학위를 받았다(2011.5.14). 보성은 종무원에 입문하여 종무를 보다가 자진 미국에 건너가서 수학하고 LA 불광심인당에서 교화보조업무를 보면서 수학을 마치고 귀국하였다. 보성의 학위논문 'Jingak, Hoedang's Reform on Korean Buddhism'은 다시 영문판으로 출판하였다(2016.9.26). 한편 경정의 박사 학위논문 '진언의 이론과 실제(The Theory and Practice of Mantra)'가 종조와 진각종을 알리는 최초의 영문 학위논문으로 출판되었다(2014.5.10). 경정이 인도 델리대에서 받은 학위논문은 인도 인도학 최고 권위의 출판사 문쉬람(Munshiram Manoharlal Publishers)에서 출판하여 세계적으로 배포되었다. 이즈음 종단의 교학 관련 석사 학위논문도 다수 배출되었다.

종단은 진각밀교의 교학정립과 교화를 진행하는 가운데 정부로부터 밀교문화를 정리할 과제를 받았다. 종단은 정부에서 '한국밀교문화총람'의 연구과제를 받아서 편찬불사를 시작하였다(2016.2.25).

(3) 도제의 양성과 진각대학원

교화 일선에 나갈 교화스승 예비자를 위한 교육을 처음으로 시작하였다 (2002.5.21). 종단 교리와 의식을 확인하고 교화 실무를 익히는 교육을 15주간 실시하였다. 교화 예비스승 교육은 내용과 방법 그리고 기간을 개선하면서 계속하여 교화 준비에 많은 도움을 주었다. 종비생 연수도 다양한 변화를 겪으면서 지속하였다. 그러나 종비생 제도가 뚜렷한 이유없이 흐지부지되어 종비생 연수는 끝나고 종단의 도제양성에 큰 차질을 예고하였다. 교육원장 경당은 종단의 수행 풍토를 진작시키고 교화의 활성화를 도모하려자 종단의 구성원을 위한 수행연수를 시작하였다(2014.6.12). 수행연수는 스승을 비롯해서 신교도와 종단 산하기관의 직원에 이르기까지 순차로 2일간 수행실수를 중심으로 진행하였다.

불교의 존립요건이 불(佛)·법(法)·승(僧)이라면, 불교의 계승발전의 주축은 승(僧)이다. 부처님과 진리는 스승에 의해서 세간에 실현될 수 있기 때문이다. 예로부터 종교에서 도제의 양성은 최대의 관심사였다. 도제 (徒弟)는 수행과 교화라는 특수 목적을 위해 종교단체에서 특별히 양성하는 교육 수습생을 일컫는다. 종단의 도제양성은 교화현장에서 특별히 자격이 엿보이는 신교도를 선발하는 방법으로 대체하였다. 도제양성은 수행과 전문 지식의 교육만큼이나 직접 체험하여 습득하는 과정이 함께 중요하다. 도제양성은 특수한 장소에서 특별한 과정을 거치면서 조각하듯이 종교적 소양과 인격을 다듬는 과정이다. 종단은 종비장학생 제도를 도입하여 도제양성의 첫 시험을 시작하였다. 그러나 도제양성에 대한 인식과 양성방편이 성숙하지 못하여 도제양성의 제도가 정착하지 못하였다.

종단 내외에서 도제양성의 필요성이 끊임없이 제기되어서 효암 통리원장은 도제양성위원회 결성을 결의하였다(2002.5.21). 통리원장 직속의 도제양성위원회를 구성하고 혜정을 위원장으로 내정하였다(2002.6.19). 도제양성위원회는 종단의 도제양성 제도를 확립하기 위한 법적 절차를 거쳐서 활동을 시작하였다. 혜정 위원장은 도제양성위원회 첫 회의를 열고 활동의 방안을 논의하였다(2003.3.20). 도제양성위원회의 활동은 상황이 여의치 못하여 소강상태로 유지되었다. 그 가운데 종단은 티베트 불교의 교리와 의식을 습득하려는 의도로 남인도에 유학생을 파견하는 방안의 도제 양성법을 마련하였다(2004.12.12). 도제양성에 대한 식견의 부족으로 유학생 파견은 무산되었다.

종단은 도제양성위원회의 활동을 새롭게 하기 위해 경정을 위원장으로 하는 9명의 위원을 선임하여 재구성하였다(2005.7.29). 도제양성위원회 계획을 승인하고 위원회 규정을 제정하여 시행하기로 하였다(2007.3.20). 도제양성위원회는 연구와 발표를 거듭하여 종단의 도제양성방안을 담은 도제양성연구백서를 출간하였다(2009.4.1). 도제양성위원회의 활동이 마무리되면서 종의회는 도제양성법의 개정을 결의한 원의회의 결의(2009.2.17) 내용을 수정하여 "종비생은 종단이 필요로 하는 모든 분야의 학문을 수학한다"는 등의 도제양성법 개정을 결의하였다(2009.3.23). 도제양성연구백서는 종단의 교육헌장을 비롯해서 도제의 개념과 양성의 원칙, 과정 등 도제양성의 모든 분야를 담았다. 그러나 도제양성에 대한 종단 구성원의 인식이 성숙하지 못하여 실행되지 못했다. 종단 발전의 백년대계를 위한 도제의 양성은 아직 제자리에 정착하지 못하였다.

종단 내의 교육기관인 교육원과 진각대학의 교육활동은 어려운 가운데 지속하였다. 교육원은 스승재교육 기관으로 꾸준히 교육활동을 개

선하였다. 교육의 정규과정을 충실히 실행하고 특별 교육으로 해외 불적
답사도 실시하였다. 특히 교육원 아사리과정은 '혜초의 발길 따라'라는
주제로 인도네시아의 보르부드르, 수마트라와 중국의 우루무치 돈황 등
의 답사를 통하여 혜초의 역사적 발자취를 느껴봤다(2005.11.23). 도제양
성의 기본교육기관인 진각대학은 정규교육 과정을 충실히 이행하면서 불
적답사 등 특별활동도 다양하게 실시하였다. 특히 진각대학은 '정진실수'
를 교육과정의 특별과정으로 도입하여 산내 연수원 등에서 수행정진을
중심으로 일과를 보내는 정진실수를 실행하였다(2005.6.20). 진각대학의
정진실수 과정은 교육생의 큰 호응을 받아서 교육원에도 도입하였다. 진
각대학은 진각대학 20년을 맞아서 '진각대학 20년사'를 편찬하여 20년의
교육활동을 집성하였다(2009.3.13). 진각대학 20년사는 진각대학이 대학
원으로 승격하는 시점에 맞추어서 원래 교육원과 종단의 역사를 집성하
는 과정으로 계획되었다. 진각대학 20년사는 종단 교육과정의 변천과 진
각대학 설립 및 교육활동은 담은 '진각대학 설립과 발전' 등 진각대학의
활동상을 담았다. 진각대학은 대학원으로 승격되기 전 마지막 제19회 졸
업식을 거행하였다(2009.3.13).

종단은 진각대학의 교육이 진행되는 중에 진각대학원대학교 설립을
구상하였다. 종의회는 진각대학원대학교를 설립하기로 하고 법인설립 추
진위원회 구성을 집행부에 위임하였다(2001.12.11). 원의회는 학교법인 진
각학원 설립추진위원회를 구성하기로 의결하고 혜정을 위원장으로 하고
위원을 내정하였다(2001.12.27). 진각대학원대학교 설립 추진은 당시 대
학원 대학교 설립의 사회 분위기에 맞추어서 추진되었으나 중단되었다.
종단 종립의 회당학원과 위덕대학교가 설립이 되어 있는 상황에서 진각
학원과 대학원대학교를 설립하려는 의도가 정당하지 못하였기 때문이다.

진각대학은 사회의 고학력 상황을 수렴하고 진각대학의 교육을 강화하기 위하여 진각대학의 대학원 승격을 추진하였다. 원의회는 진각대학원 관련 종헌종법 개정을 결의하여 종의회에 상정하였다(2007.7.24). 종의회는 진각대학의 대학원 승격을 의결하고 관련 종헌 종법을 개정하였다(2007.8.21). 원의회는 진각대학원 관련 규정을 일부 개정하고(2008.2.21) 종의회의 의결을 거쳐서 진각대학원 승격을 확정하였다. 진각대학원은 인증과정과 본과정을 두고 진각대학의 교육과정을 수렴하였다. 대학원의 인증과정은 기존의 진각대학의 교육과정을 수용하여 교육을 실시하고, 본과정은 위덕대학교 불교대학원과 연계하여 정규 석사학위 과정으로 교육을 실시하기로 하였다. 그러나 진각대학원의 정규 석사학위 과정은 얼마 후 인식부족과 운영의 미숙으로 중단되었다. 진각대학원은 진각대학의 활동을 수용하여 답사활동을 하는 한편 종단 사성지 순례를 실시하였다(2009.9.21). 원의회는 진각대학원운영위원회와 합동 회의에서 진각대학원 학칙을 개정하여 종의회에 상정하였다(2012.2.21). 교육과정에 수행정진을 강화하여 교육기간 전 일정을 수행과 교육에 정진하도록 하였다. 종단은 국제포교의 준비를 위해 외국인 종비생에 대한 교육을 실시하였다(2011.11.21).

3) 시대변화에 따른 교화의 다각화

종단은 교화발전과 시대변화에 맞춰 종무행정을 개선하였다. 사회의 경제발전에 맞추어서 심인당 교화활동에 필요한 심인당 차량구입 조건을 개선하였다. 심인당 삼종시 헌상금이 3억 이상이면 25인승 또는 35인승의 버스를 구입하고, 4억 이상이 되면 45인승 대형버스를 구입할 수 있도록 개정하였다. 또한 스승을 보좌하여 심인당 교화에 임하는 화도보살을 두어서 일정의 급여를 지급하게 하였다(1994.5.24). 연례행사의 하나로서 종무행정을 담당하는 종무원이 한해의 업무를 회향하고 새해의 업무를 계획하는 종무원 연수를 총인원과 설악산에서 실시하였다(1996.12.19). 통리원과 교육원의 종무원과 각 관구청 지근처무가 락혜 통리원장과 성초 교육원장의 업무교육 및 자체 업무평가의 계획 등으로 1박2일간 연수를 진행하고 종단 종무원의 긍지와 자부심을 높이는 계기로 삼았다.

종단이 사회발전에 발맞추어 교화발전을 구상하고 계획할 종단발전기획위원회(종발위)를 설치하였다(1998.6.23). 종발위의 설치를 결의하고 다시 종발위의 운영 내규를 마련하였다. 종발위는 운영 내규에 따라 활동을 시작하기 위해서 1차 운영회의를 열어서 4개 전문분과위원회를 구성하고 임명장을 수여하였다. 종발위는 종무행정 포교 사회문화복지 교육교법 등 4개 분과위원회를 두고 각 분과의 활동상황을 중심으로 월 1회 운영회의를 열어서 심의 토의하기로 하였다. 종발위의 위원장은 회정 총무부장이 맡고 관천 법정 회성 원명 장익 등의 전문위원과 선상신 광혜 성산 등의 실행위원을 두고 지현이 간사를 맡아서 업무를 추진하기로 하였다. 종발위의 출범과 동시에 남북불교의 교류 등 대외의 교류활동을 위해서 국제불교연구소를 설립하고 운영규정을 마련하였다(1998.9.3). 그러나 종발위는 별다른 결과를 얻지 못하였다.

정보화 사회의 흐름에 동참하기 위해 종단의 행정과 교화의 전산화를 추진하였다. 종단 내외의 다양한 교화정보를 수집 전달하기 위해서 전산실을 설치하고 운영하기로 하였다(1998.7.1). 전산실은 자료의 체계적 장기 관리를 위한 문서의 표준화와 전산작업, 통합 자료 관리체계를 통한 부서별 업무관리, 중앙과 지역 간의 종행정의 일관성 확립, 통계와 분석을 통한 신교도 관리, 종단 인터넷 개설, 종단 산하기관의 전산망 구축 등의 사업을 하기로 하였다. 전산실은 업무추진의 단계로서 1차로 종단행정의 전산화 내용개발과 통신 포교작업을 하고, 2차에 총인원과 교구청 및 심인당 간의 연결망을 통하여 교화정보와 신교도 관리의 체계를 수립하기로 하였다.

전산실의 설치에 따라서 종단의 홈페이지를 개설하여 사이버 포교 시대를 열었다(1998.9.25). 종단 홈페이지는 종단 소개 교육사업 복지사업 포교사업 등 종행정의 3대 지표와 활동방침 등의 섹션을 구성하여 운영하였다. 종단 홈페이지는 정보기술의 발달에 따라 다시 새롭게 단장하고 동영상 등의 신개념을 도입하였다(2000.5.1). 종단은 홈페이지 개설과 더불어 종교계 최초로 종단의 이미지표준화(CIP) 작업을 끝내고 선포식을 하였다(2000.4.19). 종단의 이미지표준화 사업은 새로운 포교활동을 위해 종단을 상징하는 새 얼굴(심벌)과 캐릭터를 제작하였다. 춘기강공에 즈음하여 '금강신심, 금강진각'이란 주제로 종단이미지 표준화 선포식을 봉행하고 종단의 심벌마크와 캐릭터, 로고타입, 전용색상, 국영문 전용서체 등을 발표하였다. 종단의 CIP 작업의 연장으로 죽비(竹箆)의 캐릭터를 도안하여 명칭을 공모하여 '깨침이'로 확정하였다(2000.8.11).

종단의 교화발전에 의해서 정보가 늘어나서 진각종보의 명칭을 밀교신문(密敎新聞)으로 개칭하고 월 2회 발행하기로 계획하고 종의회에 상정하기로 하였다(1999.4.19). 밀교신문은 창간26주년을 맞아 격 주간으로 발행하여 시대 변화의 요구에 부응하고 종단과 불교계의 정보를 보다 신속하고 정확하게 제공하며 전면 가로쓰기로 발행하기로 하였다. 밀교신문은 또한 인터넷 밀교신문 '밀교뉴스넷'을 개설하여 인터넷 서비스를 시작하였다(2000.5.1). 밀교신문은 인터넷 서비스를 통해 매일 오전 10시와 오후 6시 두 차례 뉴스를 업그레이드하여 신속하게 종단 내외의 뉴스를 제공하였다.

(1) 총인원 성역화와 교화환경 개선

총인원 터는 종조의 유교에 따라서 선정하여 서울 동북방에 자리하고 있다. 서울 동북방에 종단의 본부를 건설하라는 종조의 유지가 깃들어 있는 곳이다. 총인원 건설 40여년 후에 총인원 부지는 서울의 팽창에 따라서 도심의 깊숙한 곳이 되었다. 서울 도심의 땅값이 오르자 총인원 부지를 매각하고 서울 근교로 옮기려는 움직임이 일어났다. 총인원 이전의 분위기는 구체적 의견으로 발전하였다. 총인원 부지 매각과 이전 장소 선정의 실제 계획까지 공공연 하게 나돌았다. 효암 통리원장은 총인원 건물배치와 총인원 정비를 위해 종조 비탑을 이운하고 탑주심인당을 종조전으로 이전하였다. 종조 비탑의 이운과 탑주심인당 이전은 종의회의 결의를 받아(2002.3.21) 해탈절에 맞추어 실행하였다(2003.7.15). 종조 사리탑은 탑주심인당 뒤 공간으로 옮기고 종조 행적비는 탑주심인당 앞에 두었다. 종조전은 울릉도 종조전으로 일원화하고 탑주심인당을 종조전으로 이전하여 총인원 정비를 하려는 계획이었다. 총인원 정비의 논의가 나오면서 총인원 이전 문제가 동시에 거론되었다.

　　종조 비탑의 이운과 탑주심인당의 재배치는 전문적 검토 없이 즉흥적으로 시행한 종행정의 결과이었다. 또한 총인원 이전은 세간의 가치에 집착하여 역사적 상징성과 미래에 대한 안목의 결여로 빚어진 현상이었다. 종단은 정부의 종교단체 지원사업을 신청하면서 총인원 이전 문제를 논의하였다. 총인원 부지의 역사적 상징성과 종단 발전의 먼 미래를 감안하여 총인원은 도심에 안착하고 있어야 한다는 주장이 제기되었다. 총인원이 도심에 여법하게 안착하도록 총인원 성역화 사업이 필요하다는데 의견을 모았다. 정부의 지원사업은 총인원 성역화 사업의 일환으로 진행하기로 하였다. 원의회는 총인원 성역화 사업으로 대한불교진각종 문화전승관(가칭)과 진각복지센터 건립안을 의결하였다(2007.1.17). 총인원 성역화는 총인원을 비로자나불(오불)이 안주하는 터전으로 조성하기로 뜻을 모았다. 진각문화전승관은 구조상으로 중앙이 불의 상징이 되고 북방에 복지센터, 동방에 탑주심인당, 남방에 교육관, 서방에 국제관을 배치하기로 하였다. 종의회는 원의회가 상정한 전승관과 복지센터 건립을 승인하였다(2007.1.18). 진각문화전승관은 정부의 지원사업으로 하고 복지센터는 서울시의 지원사업으로 추진하기로 하였다.

총인원 성역화 불사의 계획이 구체화 되면서 탑주심인당을 본래 자리로 옮기고 종조사리탑을 이운하기로 결의하였다(2007.4.11). 탑주심인당 주교 효암은 집행부와 행정 갈등을 겪으면서 심인당 이전을 거부하였다. 종의회는 전승원 건립의 세부안을 다시 논의하기로 하고 건립 재정을 위해 추가경정예산을 편성하기로 하였다. 총인원 성역화의 시작으로 전승원과 복지센터 건립 지진불사를 올렸다(2007.10.18). 전승원은 지하 2층, 지상 6층의 건물을 짓기로 하였다. 종의회는 전승원 건물의 개요를 승인하고 건축에 따른 기반시설 부담금은 집행부에 위임하였다. 원의회는 진각복지센터와 지하주차장 건축비 지원을 결의하고 종의회에서 복지센터 건축비 지원을 최종 결의하였다. 복지센터 건립을 위해 종조사리탑 이운 불사를 올리고 사리탑을 해체하여, 사리함은 총인 주석처에 임시 봉안하였다(2008.1.15). 밀교신문에 전승원 시공업체 모집공모를 하여 설명회를 열고 시공업체를 선정하여(2007.11.29) 공사에 착수하였다.

효암이 스승인사에 불복하여 구(舊) 종조전 탑주심인당에 교화를 하면서 일부 신교도들이 심인당 옆에서 심인당 이전을 거부하는 천막 농성을 벌렸다. 전승원 시공업체는 농성 교도들의 방해를 피해 야간에 종조전을 철거하였다. 시공업체의 공사 계약해지의 요청으로 계약해지와 계약변경은 건설추진팀에 위임하고 종의회에 보고하기로 하였다. 공사 시공업체를 변경하여 성역화불사는 순조롭게 진행되었다. 먼저 진각복지센터 건물이 완성되어 개관하였다(2009.10.23). 진각복지센터는 지하 2층, 지상 5층의 연건평 4,429.25평 규모의 건물로 노인전문요양원으로 사용하였다. 복지센터는 진각족지재단 사무처와 진각홈케어 데이케어 등 복지 관련 용도로도 사용되었다. 복지센터 완공에 이어서 전승원 건축은 계획대로 진척되었다.

종단은 전승원 건립불사 모금운동을 시작하여(2009.11.12) 탑주유치원장 본심인 전수의 1천만 원을 비롯해서 스승과 신교도가 모금운동에 동참하였다. 진각전승원 건축의 완공에 대비하여 전승원 개관추진위원회를 구성하여 위원장에 수성 총무부장, 위원에 각 부서 부장, 집행위원에 각 부서 국장과 전승원 추진팀장이 맡았다. 전승원 건물 상량불사를 종단의 스승과 신교도들이 동참하여 봉행하였다(2010.10.14). 전승원 건립불사 모금운동이 진행되는 가운데 포항교구청이 전승원 기금마련 바자회를 여는 등 모금 운동에 활발히 동참하여 후원금이 10억을 돌파하였다(2010.11.30). 전승원 건축이 막바지에 접어들어 건물의 일부를 사용하게 되어 전승원 입주불사를 올렸다(2011.1.17). 또한 춘기 스승강공에 즈음하여 전국의 스승이 동참한 가운데 전승원 입주 원만강도불사를 올리고 전승원이 여법하게 운영되어 교화발전의 터전이 되고 불법이 흥왕하는 새

역사의 종풍이 진작되기를 서원하였다(2011.4.21).

진각전승원 건축이 완공 단계에 이르면서 진각문화국제체험관의 건립의 건을 결의하고 교육관(탑주유치원) 신축의 건도 결의하였다. 종의회는 국제관 교육관 건립을 최종 결의하였다(2012.4.24). 원의회는 전승원 완공에 따른 총인원의 구(舊) 통리원 건물의 철거를 위한 시공사 선정 평가단을 구성하였다. 국제관과 교육관의 공사추진을 위한 추진팀을 구성하고 외부전문가 2인을 포함하여 종단 집행부 국장단으로 팀원을 꾸렸다. 구 통리원 건물 철거와 전승원 입주불사를 전승원 1층에서 올리고 전승원 입주를 시작하였다(2012.9.10). 총인원 서울 이전 불사로 세워진 통리원 건물은 총인원 본관으로 45년간 종사와 함께 한 후 해체작업에 들어갔다(2012.9.27). 총인원 구 통리원 건물의 철거는 총인원의 45년의 역사를 마감하고 또 다시 새 역사를 시작하는 의미를 담고 있었다.

총인원 성역화 불사로 임시 해체한 종조사리탑의 건립을 위한 공모의 건을 결의하였다. 진각문화전승원 건축이 완공되어 전승원 앞뜰에서 헌공불사를 봉행하였다(2012.10.30). 전승원 헌공불사는 종단의 전국 합창단이 교성곡 '불법은 체요 세간법은 그림자'의 연주를 시작으로 종단의 스승과 신교도를 비롯하여 교계 정계 학계 언론계 및 스리랑카 수메다 지자야세나 정무장관, 세계불교도우의회 팔롭 타이어리 세계본부 사무총장, 팃사 위제랏너 주한 스리랑카 대사, 카만 싱 라마 주한 네팔대사 등 수많은 인사가 동참하여 성대하게 진행되었다. 전승원 건립에 이어서 국제관 교육관 건축의 교통영향평가 및 개선대책을 결의하였다. 국제관 교육관 주차장 건축의 심의를 다시 종의회에 상정하기로 하여 종의회는 원의회의 상정안을 결의하였다. 원의회가 국제관 교육관 주차장을 통합 연결하는 내용을 결의하여 종의회는 총인원 주차장 신축공사 등 원의회의 상정안을 결의하였다(2013.12.12).

　총인원 성역화 불사 2차사업인 국제관 교육관 주차장 건축에 대한 지진불사를 올리고 시공에 들어갔다(2014.3.10). 국제관은 정부지원을 받아서 지하 2층, 지상 5층의 규모로 짓고, 교육관은 탑주심인당과 외관이 같은 2층 건물을 계획하였다. 총인원 주차장은 지하층이 연결 가능하도록 주차시설을 한 공간으로 조성하기로 하였다. 총인원 성역화 불사가 마무리 단계에 들어서 진각문화전승의 대관운영을 결정하고 대관운영규정을 심의하고 수정 보완하였다. 원의회는 전승원 대관운영 주체를 통리원장에서 총무부장으로 변경하고 종의회에 보고하기로 하였다. 전승원의 층별 명칭으로 1층을 로비층으로 변경하고 차후 보완하기로 하였다. 종조사리탑을 조성하기로 한 전승원 1층 뒤 공간에 추복전을 건립하는 안을 결의하였다(2015.4.28).

　진각문화국제체험관의 완공으로 국제관의 운영을 위해 운영팀의 명칭을 진각국제교화사업단으로 정하여 종단의 신설부서로 하기로 하고 종헌 종법 등 법적 절차를 거쳐서 종의회에 상정하기로 하였다. 총인원 성역화 불사의 마지막 불사로 종조사리 이운불사를 봉행하였다(2016.12.2).

　종조사리탑은 진기22(1968)년 10월 17일 총인원 건설공사의 일환으로 착공되어 10월 25일 사리 봉안불사를 가지고 12월 27일 준공하였다. 그 후 진기56(2002)년 7월 24일 종조전으로 탑주심인당이 이전함에 따라 진기57(2003)년 4월 4일 탑주심인당 건물 뒷편으로 이운하였다. 총인원 성역화 불사로 사리탑을 해체하여 사리함을 이운하고(2008.1.15) 최종으로 사리탑을 이전하고 사리이운 불사를 올렸다. 그러나 종조사리탑과 행적비의 관계 및 총인원의 배치 등에 따른 사리탑의 위치는 여전히 숙제로 남겼다. 총인원 성역화 불사는 중앙에 진각문화전승원과 사방의 탑주심인당 교육관 국제관 진각복지센터가 오불의 배치로 조성되었다. 또한 중앙의 전승원이 육자진언을 상징하는 6층 육자탑의 건물로서 육자진언이 비로자나불의 총진언인 사실을 나타내고 있다. 총인원 성역화 불사로 총인원이 오불 육자진언의 원력이 생동하는 밀엄정토의 본거(本居)가 되었다.

종단의 교화가 역사를 거듭하면서 심인당의 신축보다 개축이 주를 이루었다. 경기 남서부의 교화를 위하여 미리 터를 마련하여 둔 안산에 심인당을 신축하고 헌공불사를 올렸다(2010.12.28). 세월이 흘러 여러 심인당 건물이 노후되고 협소하여 개축을 진행하였다. 충남 논산의 혜정심인당을 개축하고 헌공불사를 올렸다(2002.12.20). 서울 신촌심인당이 시장 통에 위치하여 장소를 옮기고 명칭을 혜원(惠園)심인당으로 바꾸어 신축 헌공하였다(2003.1.20). 서울 강남구 대치동 행원심인당을 매각하고, 역삼동 진선여고 회당기념관 앞에 새롭게 심인당 건물을 신축하고 헌공불사를 올렸다(2005.12.1). 행원심인당이 진선여고 교내에 자리한 일은 공교육과 교화의 관계에 대한 이론(異論)의 여지를 남겼다. 수원 유가심인당이 노후 협소하여 주위의 터를 더 매입하여 개축하고 헌공하였다(2003.12.26). 유가심인당은 신축 건물에 교계 최초의 어린이 공공도서관 화홍 어린이 도서관을 개관하고 개관식을 하였다(2005.5.30). 화홍 어린이 도서관은 심인당 1층에 90평 규모로 시청각실 등 3천여 권의 장서를 갖추었다.

춘천 방등심인당 시설이 노후하여 시 외곽으로 장소를 이전하여 신축하고 헌공불사를 하였다(2013.4.8). 충북 청주 각계심인당이 좁은 골목길 안에 위치하여 시 외곽에 넓은 터를 매입하여 신축하고 헌공불사를 올리고 교화환경을 개선하였다(2014.9.18). 대전 득도심인당이 건물이 낡고 위치가 좋지 않아서 넓고 전망이 좋은 곳에 부지를 매입하여 신축하고 헌공하였다(2006.12.12). 대구 서부 선정심인당이 노후하여 개축하고 헌공하였다(2003.6.26). 대구 신암동 낙산심인당 역시 좁은 골목 안에 위치하여 대구 동쪽에 좋은 터를 마련하고 신축하고 이전하였다(2009.6.8). 경주 교화에 큰 역할을 한 홍원심인당을 반월성 가까이 도로변에 규모가 크고 뜰이 넓은 다목적 한옥 건물을 매입 수리하고 이전 헌공불사를 하였다(2003.4.1). 홍원심인당의 이전으로 지역민과 관광객이 주목받는 환경을 갖추고 경주 문화를 알리는 명소가 되었다. 포항 상륜심인당의 건물이 무척 노후하여 개축 확장하여 교화환경을 일신하였다(2012.11.15). 또한 종단 해외 교화의 일환으로 네팔 카투만두에 반야포교소를 마련하고 교화에 들어갔다(2015.8.29).

심인당 교화환경을 개선하고 교화가 진행되는 동안 종단은 스승의 화합을 위한 노력도 계속하였다. 스승의 화합과 건강을 위해서 주기적으로 실행하는 스승 선지식 한마음 체육대회를 지속하여 창교 60주년 기념으로 강원도 홍천에서 가졌다(2006.11.1). 원로스승의 기로진원도 해마다 늘어나서 각해 도흔 등 11명의 스승을 위한 기로진원식을 올리는(2003.4.17) 등 기로진원식이 계속 이루어졌다. 원로스승의 기로진원과 더불어 스승의 열반 소식도 이어졌다. 종단의 원로로서 7·8대 총인을 수행한 각해가 세랍 78세로 열반에 들었다(2003.4.21). 종단은 종단장으로 각해의 고결식과 다비식을 여법하게 올리고 산내 연수원에 산골(散骨)하여 안주하게 하였다. 초기 종단부터 종조를 보필하여 교화를 시작하여 종단의 혼란기에 종단을 지킨 인강이 세랍 77세로 열반에 들었다(2005.1.29). 일찍이 종문에 들어서 경주 지역 교화의 터를 이루고 스승의 사표로서 품위를 보여준 안인정이 법랍 44세 세랍 80세로 열반에 들어서(2005.3.10) 경주 교구장으로 장의절차를 봉행하였다. 대구 초기교화에 크게 기여하며 정사(正邪)에 대한 대쪽 같은 자세를 견지한 대안정이 열반에 들었다(2007.12.24). 대안정은 1916년 경북 고령에서 출생하여 진기3년 보정심인당 교화를 시작으로 평생을 교화에 바쳤다. 종단의 업무에 정열을 보이며 교화를 한 석봉이 열반에 들어서(2011.8.20) 여법하게 장의를 봉행하였다. 종단의 발전에 크게 공헌한 휴명이 열반에 들었다(2012.8.27). 휴명은 스승의 자세를 견지하며 직위에 걸림 없이 사익(私益)의 편향(偏向)을 지극히 경계하였다.

또한 새 불교가 나왔다는 모친 실상행의 말에 감명을 받아 입문하여 종조의 종단 헌법제정을 돕고 말년에 종단에서 종조법어 연구에 정성을 바친 운범 각자(覺子)가 열반에 들었다(2010.5.21). 종조의 아들로서 종단의 난관을 극복하는 데 일조하며 마지막에 위덕대학교 설립에 혼신을 다하고 초대 총장과 학교법인 회당학원 이사장을 역임한 서주(손제석) 각자(覺子)가 열반에 들었다(2016.5.21). 서주의 고결식은 진선여고 회당기념관에서 학교장으로 거행하였다.

(2) 교육, 복지와 문화를 통한 교화의 외연확대

전국 각 지역에 종립유치원을 설립하여 운영하고 있는 가운데 전북 익산시 관행심인당에 유치원을 개원하였다(1993.3.8). 관행유치원은 성초 통리원장 등 종단 스승이 참석하여 신축 지진불사를 올리고(1998.9.4) 공사를 진행하여 스승 및 신교도가 참석하여 헌공불사를 올렸다(1998.12.25). 관행유치원은 당국의 2학급 인가를 받고 교사를 신축하여 교육을 실시하였다. 대구 최정심인당 유치원 증축 지진불사를 올리고(1998.7.21) 공사를 진행하였다. 경전유치원이 아동 수가 늘어나서 신축공사를 계획하고 지진불사를 올렸다(1999.10.12). 신축 경전유치원은 경전심인당 인근에 연건평 2백 30평의 지상 3층 건물로 건축하여 교육시설로 활용하기로 하였다.

유치원교사의 종교적 소양과 교양 증진을 위해 해마다 시행하는 제13기 유치원교사 연수를 실시하였다(1994.7.19). 중앙교육원은 3박4일간 총인원에서 88명의 유치 유아원교사의 참여로 교사연수를 열어서 수행 강의 참여교육 등 다양한 내용으로 진행하였다. 전국 종립유치원 유아원교사의 참여의욕을 북돋우고 교육사례발표 등을 통하여 상호 정보교환에 도움을 주고자 매년 실시하는 제15회 유치원교사 연수를 실시하였다(1996.7.16). 유치원 교사연수는 총인원에서 80여 명의 교사가 참여하여 '마음의 등불을 밝히자'를 주제로 2박3일 동안 지도사례발표 전문교육 교리강연 등으로 실시되었다. 대구교구 유치원연합회는 서구 구민운동장에서 제17회 대구교구 유치원 가을운동회를 개최하였다(2000.9.30). 교구 내 6개의 유치원 연합으로 마련한 가을운동회는 개구쟁이올림픽 등 다채로운 운동으로 유치원 가족의 즐거운 한마당이 되었다. 중방유치원도 임당초등학교에서 제10회 중방가족 한마당을 개최하여 유치원생 및 가족 친지 700여 명이 참석하여 기와 밟기 가마타기 등 옛 전통놀이를 재현하며 화합의 시간을 보냈다(2000.10.1).

종단은 스승의 퇴임 후 수행 휴양기관인 기로원 설립 후에 연로한 신교도의 수도 휴양 기관인 수도원(修道院) 설립을 종의회(280회)에서 결의하였다(1991.10.23). 수도원 신축공사를 청도군 화양읍 항자심인당 부지 내에 착공하고, 수도원 설립에 따른 수도원법을 결의하였다. 수도원 건물이 완공되어 종단의 스승과 한국불교종단협의회 회장 의현 및 2,300여 명의 신교도가 참석하여 수도원 개원 헌공불사를 올렸다(1993.3.11). 수도원은 연건평 1,400평의 콘크리트 건물로 심인당을 비롯하여 거주실 식당 휴게실 양호실 세탁실 목욕실 등 편의시설을 갖추었다. 수도원 헌공불사에 이어서 1명의 각자와 9명의 보살 등이 처음 입소하였다(1994.8.12).

종단은 스승과 신교도의 복지시설인 기로원과 수도원을 설립하고 다시 대사회의 복지사업을 계획하였다. 락혜 통리원장은 신년사를 통하여 사회에 능동적으로 참여하는 교화사업의 일환으로 복지사업을 추진하여 대사회활동을 확대할 것을 다짐하였다. 사회사업의 계획이 구체화 되어 가면서 종의회(311회)는 사회복지법인을 설립하기로 하고 구체적인 내용은 이사회에서 결의하게 하였다(1997.10.22). 사회복지법인은 발기인총회를 열어서 법인의 명칭을 진각복지회로 정하고 법인의 이사와 감사를 선임하였다. 법인대표 김선관(통리원장) 이사 김영호 최해욱 이상대 김상균 손규열 박종두 손개락 양택근을 선임하고 사업계획 및 예산을 심의하였다. 진각복지회는 사회복지시설 설립 및 운영지원사업을 통하여 종단의 대사회포교사업의 일환으로 국제구호 및 협력, 불우이웃결연 및 후원사업 등을 펴기로 하였다. 한편 종단은 성북구 하월곡동 19-3번지 소재 부동산 등을 진각복지회 목적사업에 대한 사업비로 지원하였다.

진각복지회는 보건복지부의 설립인가를 받고 업무수행에 들어갔다(1998.2.18). 진각복지회는 조계종에 이어 불교계의 두 번째 사회복지법인으로 진각종 유지재단이 출연한 총 9억 2천만원 규모의 동산 및 부동산을 기본자산으로 하여 복지사업을 시작하였다. 진각복지회는 광제중생, 밀교중흥의 창교이념을 구현키 위해 정부 및 지방자치단체로부터 위탁받는 각종 사회복지관 등을 운영하고, 다양한 복지사업을 위해 복지기금을 조성하는 한편, 자원봉사 센터를 개설, 소외받고 고통 받는 이웃들을 위해

부처님의 법음과 자비를 직접 전달하기로 하였다. 특히 복지법인은 종단이 운영해 오던 수도원, 청정국토가꾸기운동 등 복지관련 사업들을 종합적이고 체계적인 사회활동으로 펼치고, 장단기적인 계획을 세워 청소년 수련원, 어린이 포교를 위한 자성단 발족, 장묘사업, 국제교류 등을 통해 종교단체로서의 역할뿐 아니라 일반 사회복지단체로서 역할도 적극 추진하기로 하였다. 진각복지회는 현판식 및 개소식을 하고 정식업무에 들어갔다(1998.3.10). 종립 위덕대학교 사회복지학과 신설과 때를 맞춰 설립한 진각복지회는 종단의 교육불사에 이어 복지불사의 시대를 열어가기로 다짐하였다.

진각복지회는 이사회를 열고 인강 안인정 대안화 보인정 등 원로 퇴임스승을 고문으로 추대하고 복지타운 건립과 복지시설 수탁을 결의하였다(1998.4.21). 진각복지회는 법인설립 이후 서울 종로구청으로부터 옥인어린이집(정원 59명)을 수탁하고 운영에 들어갔다(1998.3.5). 그리고 시립이나 구립의 시설의 위탁운영보다는 전국 6대 교구청별로 직영복지관을 설립하는 방침을 세웠다. 또한 전국의 종립학교 학생과 심인당 신교도를 중심으로 자원봉사를 모집, 자원봉사센터를 운영하기로 했다. 이와 함께 장기적으로 위덕대 의과대학 신설과 연계 복지병원설립, 실버타운 및 납골당 건설 등을 계획하고, 이미 확보한 경북 의성의 임야 43만평에 대한 활용방안을 강구하기로 하였다.

복지법인은 성북구청에서 석관제일어린이집을 수탁받았다(1998.5.1). 진각복지회는 진각복지재단으로 명칭 변경하고 총인원 인접 종단 종무원 사택에 실직자 자녀의 보호를 위한 시설로서 '선재의 집' 개원식을 하였다(1998.5.1). 서울 성동구청으로부터 성동구청 관내 무료 세탁방을 수탁 받아 밀각심인당에 설치하게 되었다(1999.2.22). 또한 인근의 금호 2가 어린이집도 수탁 받고 관악구 구립 양지어린이집을 수탁, 신내 어린이집을 수탁 받아 복지재단의 사업을 활발히 전개하였다. 복지재단은 복지관으로는 처음으로 부산 강서구청에서 낙동종합사회복지관을 수탁하여 지역주민을 위한 복지사업을 시작하였다(1999.3.30). 낙동종합사회복지관은 968평의 대지에 건평 433평의 지하 1층, 지상 2층 규모로 지하 1층에 식당을 비롯한 조리교육실, 샤워실, 연회실(체력단련실)을 갖추고, 1층에 컴퓨터교실, 미술교실, 피아노 교실, 미용교실, 진료실(물리치료실), 상담실, 어린이집, 2층에는 대강당(예식장), 사회교육실, 아동도서실, 독서실, 휴게실 등의 시설을 완비하였다.

서울시의 성북노인종합복지관을 수탁하여 개관하였다(1999.9.30). 성북노인종합복지관은 지역 노인의 공동체 의식을 조성하고, 저소득노인의 자립능력 배양과 건강 예방, 치료 등 종합적인 서비스를 제공하여 지역노인들의 복지향상에 역점을 두었다. 성북노인종합복지관은 연면적 329평에 지하1층 지상5층 규모의 시설로서 경로식당 상담실 기능회복실 사회교육사무실 이·미용실 교육실 실외휴게실 치매주간보호실 작업치료실 특수치료실 자원봉사자실 체력단련실 문화강좌실 등을 갖추었다.

복지재단은 '선재의 집'의 운영을 중단하고 그 자리에 날로 증가하는 치매노인의 부양문제를 해결하기 위해 마련된 진각치매단기보호소를 개소하였다(2000.1.30). 진각치매단기보호소는 대지 100평, 건평 60평의 단독 2층 건물로 치매노인의 안전보호를 위한 숙박실 의무실 물리치료실 목욕실 세탁실 등 시설을 갖추고, 간병인 간호사 생활보조원 등 치매노인을 위한 전문인력을 두었다. 진각치매단기보호소는 서울시가 실시한 재가노인복지 확충사업에 따라 진각복지재단이 제안한 치매노인복지에 대한 사업계획이 채택돼 서울시의 보조로 운영하였다. 또한 의정부 장애인

주간보호시설 '곰두리네 집'을 수탁하여 개원불사를 하고 운영하였다.

진각복지재단은 전국불교사회복지대회에서 불교사회복지진흥 공로패를 받았다(1999.5.12). 종단은 복지재단과 함께 경기 강원 북부 수재민을 위해 긴급수해대책반을 가동하여 수재민수호사업과 지원사업을 펼쳤다. 복지재단은 현세정화 교화이념의 실현을 위해 진각복지재단 산하 진각사회봉사단 발대식을 가졌다(1999.10.16). 진각사회봉사단은 스승님과 신교도 등 봉사단원을 통하여 소외되고 어려운 이웃을 돌보고 각종 봉사활동에 참여하여 체계적인 보살행을 전개하기로 하였다.

종단 청소년 사단법인 비로자나청소년협회는 문화관광부의 정식 설립인가를 받고(2000.7.21), 총인원 대강당에서 출범식을 하고 청소년 문화창달과 건전문화 보급에 앞장서기로 하였다. 비로자나청소년협회는 사단법인 설립을 기념하기 위해 서울 대구 대전 부산 경주 포항 등 전국에서 중고등학생 등 청소년 300여 명이 모여서 경북 안동 하회마을에서 홍천 대명유스호스텔까지 통일의 염원하는 100km 국토순례 대장정을 시행하였다. (2000.7.24). 비로자나청소년 협회의 설립준비로 진각복지재단은 제천시 송학동 소재 제천시 청소년 수련관을 수탁하여 종단 인사와 제천시장 등 관계 인사가 참석하여 개관식을 하였다(1999.11.9).

진각복지재단은 한국국제협력단의 민간지원단체(NGO)에 등록하기로 하였다(1999.7.16). 진각복지재단 한국국제협력단 민간지원단체(JGO)는 네팔과 스리랑카에 JGO 이름으로 국제지부를 설립하고 국제포교의 새 전기를 마련하였다(1999.11.25). 진각복지재단은 네팔의 JGO을 설립하고(1999.11.25) 이어 국제지부 설립을 위해 스리랑카를 방문하고, 스리랑카 정부 산하 직업훈련소와 건물 및 대지(4천평) 사용의 장기임대계약을 체결했다(1999.11.25). 직업훈련소 임대계약 후에 시설을 정비하고 현지인

직업훈련과 영어 한글 컴퓨터 교육, 태권도 등 한국전통문화와 교양강좌 등을 실시하였다. 한편 임대체결식에서 스리랑카 유력 종파인 시얌종 대표단은 현지인을 중심으로 진각복지재단 스리랑카지부 후원회를 결성하기로 하였다.

JGO 시설임대 계약에 따라서 진각복지재단은 스리랑카 네곰보 카타나 현지에 JGO 사회직업훈련센타를 개원하고 전통적인 불교국가 스리랑카에 한국불교의 자비복지사상을 펴는 등 해외복지활동을 시작했다 (2000.7.19).

종단 포교부는 JGO와 함께 LA 불광심인당, 워싱톤 법광심인당 등 해외심인당 청소년을 대상으로 한국문화체험 프로그램을 개최하고 종단을 홍보하고 한국불교문화의 우수성을 알렸다(2000.8.2).

진각복지재단은 공공 복지기관의 수탁 또는 재수탁을 거듭하면서 꾸준하게 범위를 키우며 활동하였다. 대구 지정심인당의 건물을 보건복지부의 종교 유휴시설 활용 지침에 따라서 노인요양시설로 개조하여 보은노인요양원을 개원하였다(2003.12.9). 보은노인요양원은 국고보조를 받아서 건물의 개보수를 완료하고 시설보강을 하여 개원하였다. 인천 덕화심인당을 이전 신축하면서 요양원 시설을 갖추어서 덕화노인요양원을 열었다(2003.12.9). 비산동 기로원 부지에 노인요양원 신설은 집행부와 대구교구청에 위임하였다(2004.4.21). 비산동 기로원 노인전문요양원의 신축을 종의회의 승인을 받아서 건축공사에 들어갔다(2009.3.29). 대구 비산동 신익심인당 경내에 보은전문요양원 건물을 완공하여 개원불사를 하고 지역사회의 복지 발전에 초석을 놓았다(2007.4.26). 비산동 요양원 시설이 부족하여 건물을 증축하기로 하고 증축에 따른 인접부지의 무상임대를 의결하였다.

종단은 스리랑카 JGO센터 부설유치원을 세우고 개원하였다 (2005.1.10). 스리랑카 JGO센터 부설 유치원은 JGO센터의 강당을 부분 보수하여 유아교육시설로 재정비하고 정원 50명을 등록 받아 입학식을 가졌다. 또한 스리랑카에 국제학교 설립을 계획하고 설립법인의 구성을 종의회에 상정하기로 하고, 네팔 JGO센터 건립은 보류하기로 하였다. 종의회는 스리랑카 JGO센터 회당국제학교 설립을 승인하였다(2009.6.23). 회당국제학교는 신축 공사를 마무리하고 개교하였다(2010.11.16). 회당국제학교는 3년간 순차적으로 500명 이상의 학생을 수용할 수 있는 9,663㎡ 규모의 3층 건물을 건립하여 도서관 과학실 음악실 실습실 운동장 식당 등의 부대시설을 차례로 마련하기로 하였다. 회당국제학교의 교사를 증축하고 헌공불사를 하였다(2012.12.14).

종단의 사단법인 비로자나청소년협회(VIYA)는 짜임새 있는 활동을 하며 성장하였다. 비로자나청소년협회는 청소년의 건전한 여가활동의 기회를 마련하기 위해 제1회 청소년 댄스경연대회를 열고(2001.5.1) 매년 부처님오신날 기념행사로 정착시켰다. 또한 서울 돈암동에 소극장 미아리 사랑방을 수탁하여 협회활동의 폭을 크게 넓혔다(2001.6.1). 소극장은 실내 공간 66평에 각종 조명 음향시설 등을 완비한 200석 규모의 공연장으로 청소년을 비롯해 지역 주민들에게 다양한 문화 예술 프로그램을 제공하였다. 그리고 지역에서 활동하는 각종 문화단체를 발굴 육성시켜 건전한 지역문화를 창달하고 보급하는 문화공간의 역할을 하였다. 비로자나청소년협회는 활동 범위의 확장을 위해 지부 설립을 계획하고 먼저 대구경북지부를 발족시켰다(2010.12.18). 대구경북지부는 심인중고등학교 실내체육관에서 발대식을 가지고 초대 지부장으로 시경심인당 주교 회성을 추대하였다. 아울러 종단산하 청년연합회장 전병창 심인고등학교 심학교사와 학생연합회장 김준영 자성학교교사연합회장 정호정(월광화) 등을 지도위원으로 위촉하였다.

종단은 산하 교화단체의 역량을 결집하고 교화 비젼을 공유하기 위해 진각문화전승관에서 교화결집대회를 열었다(2013.11.30). 통리원 사회부가 주관하여 교구와 심인당 단위의 합창단 중창단 연희단의 공연, 그리고 진선여중 연화학생회의 댄스와 율동 공연도 함께하며 화합과 교화역량을 다졌다(2013.11.30). 또한 사회부와 VIYA는 청소년 포교의 역량을 모으고 교화의 비젼을 함께 나누는 청소년 교화결집대회를 진각문화전승원에서 개최하였다(2013.12.29). 교구와 심인당에서 활동하는 청소년 단체의 조직을 결집하고 소통을 강화하기 위해 청소년 회원 500여 명이 참여하여 청소년 포교의 결의를 깊게 하였다.

종단은 출판문화의 계승을 위해 진각복지재단의 활동의 일환으로 총인원 경내에 해인서림을 열고 신교도와 지역주민의 문화공간을 마련하였다(2002.1.18). 총인원 성역화 불사로 일시 중단한 해인서림을 다시 운영하기 위한 해인서림 설립 운영계획안을 결의하였다(2014.4.1). 해인서림 운영과 함께 종단의 출판기구인 해인행의 활성화를 위해 관련 종헌종법을 개정을 결의하였다. 해인행 운영관련 종헌종법을 개정하여 도서출판진각종해인행으로 개칭하기로 하고(2016.9.20) 공포하였다.

종교의 교화역량은 복지와 문화가 어울려서 한층 활기를 가진다. 교화의 역량을 한 단계 더 높이려는 계획으로 종단의 문화기구 설립을 계획하였다. 한국불교문화센터 건립을 구상하여 건립추진위원회를 구성하였다. 한국불교문화센터 건립추진위원회는 통리원장 직속의 주관부서 및 특보단이 중심이 되어 문두루비법 복원을 비롯해 총인원 성역화 건축 등 다양한 종단 문화 창출과 전시 방안을 모색하기로 하였다. 한국불교문화센터 건립은 의욕에 상응하는 계획의 구체성이 결여하여 성취하지 못하였다. 종단은 다시 회당문화재단 설립을 결의하고 구체적인 계획을 세워 문화재단 설립안을 결의하였다(2011.11.22). 종의회는 문화재단 설립의 법적 근거를 위해 종헌을 개정하였다(2012.4.24). 다시 구체적인 설립 계획을 종의회에 상정하기로 하였다(2014.9.27). 회당문화재단 설립도 뜻대로 진행되지 못하였다. 문화재단 설립의 미완성은 계획과 운영방안이 즉흥적 의욕과 전문성 결여의 결과였다.

효암 통리원장은 부처님오신날 봉축행사로 전통연등제작에 큰 관심을 가졌다. 전통등 제작 전문팀을 구성하여 전통등 제작에 힘을 기우리고 봉축행사에 선보였다. 종단은 전통등 제작의 관심을 일으키고 봉축 분위기를 띄우는 제1회 등경연대회를 총인원 대강당에서 열고 최우수상 '연꽃들의 향연'(법상, 호국비룡사 법사) 등 수상작을 시상하고 전통등 제작의 열기를 높혔다(2002.5.9). 대형 전통등이 대중의 호응을 받아서 전통등 보급에도 관심을 가졌다. 문화사회부는 제1회 불교문화강습회를 밀각심인당에서 열고 전통등 제작과 서원가 강습회를 열었다(2002.8.26). 종조탄생 100주년 기념행사의 일환으로 기념사업회 사무국이 불교문화강습회를 열었다(2002.9.9). 불교문화강습회는 진각밀교아카데미 발족을 겸하여 종단 및 유관기관의 직원과 신행단체 종립학교 교사 학생 및 일반 불자들이 동참하여 대구 진각문화회관에서 열었다.

전통 장엄등이 세간의 관심을 끌게 되자 종단의 대형 전통등이 진주 남강 유등축제에 초청되어 전시되는 등 각종 축제에서 호평과 주목을 이끌어 냈다. 부처님오신날 봉축 행사에 등장한 장엄등을 중심으로 총인원 경내에서 진각오색등축제를 열었다(2007.5.23). 오색연등축제는 총인원 경내에서 5일간 진행되어 축제에 참가하는 지역주민이 넘쳐나서 해마다

지역축제로 열었다.

　종조탄생 100주년 기념행사의 하나로 창작 교성곡 '회당-불법은 체요 세간법은 그림자라'를 공연하여 세간의 큰 이목을 끌었다. 창작 교성곡 회당은 지현이 작사하고 김회경이 작곡하여 극립극장 해오름 대극장에서 사부대중 2,000여 명이 참석하여 성대하게 거행되었다(2002.12.9). 안숙선 중요무형문화재 제23호 가야금병창 보유자와 장사익 소리꾼, 서울 진각, 대구 금강, 대전 심인합창단 및 길상사 합창단, 불광사 마하보디 합창단, 대한불교소년소녀합창단, 국립창극단, 노사나혼성합창단 등 400여 명이 오느름 국악관현악단, 바로크모던 필하모니 오케스트라 등과 함께 초연한 '불법은 체요, 세간법은 그림자라'는 국악과 양악의 선율이 어우러진 장중한 야단법석의 드라마였다. 교성곡 회당의 공연은 회당 대종사의 구도역정을 음악으로 승화시켜 음악이 시작되는 각 장마다 무대 뒤에 마련된 대형 화면에는 회당 대종사의 생애가 파노라마로 선보여 눈길을 끌었고 마지막 합창이 공연될 때 수많은 연등이 위에서 내려오는 무대 연출로써 2,000여 명의 청중들로부터 큰 환희심과 감동을 불러 일으켰다.

　종단 문화의 선두로 활동한 합창단은 교구와 심인당의 합창단을 넘어 청년회 합창단도 창단하였다. 서울청년회는 노래 전문활동반 'J&B소올' 출범식을 가지고 문화코드를 통한 새로운 청년포교에 나섰다. 서울청년회는 8월 22일 서울 성북구 하월곡동 총인원 내 무진설법전에서 'J&B소올' 창립총회를 겸한 출범식을 개최하고 사업계획 등을 밝혔다(2004.8.22). 'Jingak New Buddhist Band of Soundholic'의 약자로 '음악을 사랑하는 진각종 불자들의 밴드'를 의미하는 노래 전문반 J&B소올은 수준 높은 공연을 펼치며 꾸준히 활동하였다.

종단은 종단의 불사의식 서원가 법구 등 각종의 소리를 통일하려는 작업을 시도하였다. 소리통일화 작업의 하나로 서울합창단과 함께 공연 무대를 통하여 소리통일화 작업을 처음 시도하였다(2005.12.26). 소리통 일화 작업은 법회의식과 합창을 시연하며 청중의 큰 호응을 받았다.

한편 종단은 종조탄생지 울릉도 지역의 특성에 맞는 문화축제를 정착시키고 지역주민의 안녕과 발전을 도모하여 종단과 울릉군의 교 류 활성화를 위해 울릉문화축제로서 제1회 회당문화축제를 개최하였다 (2001.6.20). 회당문화축제는 제6회에 '독고아리랑'을 주제로 도동 해변 특설무대를 중심으로 울릉군민을 비롯해 관광객과 함께 나라를 사랑하는 감흥의 축제를 즐겼다(2006.8.3). 회당문화축제는 격년으로 지속하여 매 회 마다 주제를 바꾸며 특색있게 꾸며 제10회는 '초발심'을 주제로 한여 름의 울릉주민과 광관객이 흥겨운 시간을 보냈다(2010.7.26).

종교활동에서 복지와 문화는 새의 두 날개처럼 밀접한 관계를 가진 다. 종단은 문화와 복지를 교화활동의 두 축으로 삼기 위해 문화복지연대 를 결성하였다(2004.12.16). 진각복지재단 회향의 밤 행사를 겸하여 결성 한 문화복지연대는 종단의 외곽기구로서 상임공동대표로 지현과 김종엽 이 맡았다. 진각복지재단은 자주 전문 사회의 3대역량 강화를 지표로 삼 아 후원결사운동 만월회(萬月會)를 결성하여 후원자를 늘여왔다. 진각복 지재단의 건전한 발전을 지속하기 위해 안으로는 복지사업의 연구와 정 책기능을 강화하고 밖으로 문화와 복지의 연대 활동을 위해 문화복지연 대를 결성하였다. 문화복지연대는 복지와 문화단체가 연대하여 폐사지 음악회를 시작하였다. 문화복지연대가 주최한 폐사지 음악회는 문화관광 부 진각복지재단 조계종 등의 지원을 받아서 전국 폐사지 투어콘서트 형 식으로 양주시 사암연합회의가 주관하여 제1회 회암사지에서 시작하였다

(2005.10.16).

이 폐사지음악회는 종단이 주최하고 진각복지재단 신라문화원이 공동주관하여 제6회 경주 홍원심인당에서 펼쳐졌다(2012.11.17). 종단은 대구 두류공원에서 제7회 폐사지 음악회를 계속하였으나(2013.10.19) 폐사지 음악회 본래 취지와 전문성 부족으로 중단하였다. 문화복지연대는 폐사지콘스트와 더불어 월곡지역 문화축제 제1회 월곡동이야기를 개최하였다(2007.10.21). 월곡동이야기는 월곡동 문화 예술인 및 단체들의 조직화를 통해 월곡동 지역 역사를 주제로 한 문화컨텐츠화를 시도하여 월곡동 지역사랑의 공감대 형성을 목적으로 개최하였다. 총인원이 위치한 월곡지역 문화행사로 시작한 월곡동이야기는 제3회로 중단하였다(2009.10.24). 종단은 월곡동이야기 축제를 계속하여 총인원 일대에서 제1회 진각문화제를 실시하였다(2014.5.5). 종단은 서울에 이어서 대구에서 문화축제를 계획하여 제1회 심인문화제를 개최하였다(2014.11.27). 심인문화제는 종단의 합창단과 민족음악관현악단 오느름 오케스트라가 창작교성곡 '회당-불법은 체요 세간법은 그림자라'를 재공연하는 등 수성아트피아 용지홀에서 다양한 프로그램으로 진행하였다. 제2회 심인문화제는 창작서원가 경연대회를 겸하여 대구 엑스코 오디토리움에서 개최되어 청중의 큰 호응을 받았다(2015.12.15).

(3) 시대정신을 반영한 창교정신의 재해석

종단은 종조탄생 100주년을 앞두고 종조탄생 100주년 기념사업을 위한 운영내규를 정하였다(1999.10.20). 종의회(319회)는 종조탄생 100주년 기념사업 봉행위원회 운영내규를 심의 결의하였다. 운영내규는 기념사업 봉행위원회를 통리원장 직속 전담부서 형태로 구성하고, 실무위원을 위촉하도록 하였다. 종단은 종의회의 결의에 따라 진각성존 종조 회당대종사 탄생 100주년 기념사업을 기획하고 봉행위원회를 구성하였다 (2000.10.10). 봉행위원회는 위원장 성초 통리원장, 집행위원장 회정 총무부장을 선임하고 포교 교육 복지의 3대 종책사업을 중심으로 종조의 이원자주 정신을 구현하기 위한 종단문화의 사회화 대중화를 전개하기로 하였다.

봉행위원회는 종조탄생 100주년 엠블럼을 확정하고 시행에 들어갔다(2000.11.6). 회당대종사 탄생100주년 기념 엠블럼은 한글 '회당'과 '100'을 조합하여 회당대종사의 이원자주사상과 미래지향적인 화합종단의 의지를 표현하였다. 이원자주사상의 이원(二元)은 '100'을 구성하고 있는 두 개의 열린 원으로 나타내고, 자주는 '100'을 구성하고 있는 1로 표현하였다. 또 '1'을 이루고 있는 밤색은 밀교의 오방색을 혼합한 종단의 기본색상으로 스승을 의미하고, 두 개의 열린 원을 이루고 있는 노란색은 수행자의 수행복 색상으로 신교도인 진언행자를 나타내 화합종단의 비전을 제시하였다. 탄생 100주년 기념사업 엠블럼 확정에 이어서 탄생 100주년 기념사업 주제를 '참여·화합·회향'으로 정하였다(2000.12.12). 탄생 100주년 기념사업 주제에 따라서 '즐거운 신행, 하나되는 신행, 함께하는 신행'을 슬로건으로 세워서 종단의 정체성을 확립하고 포교활성화를 통하여 종단 교화발전의 전기로 삼기로 하였다.

종조탄생 100주년 기념사업 봉행위원회는 기념사업회 공식 홈페이지를 개설하고 기념사업 활동을 활발히 추진하였다(2001.1.1). 기념사업 홈페이지는 종조의 생애 사상 연보 앨범 등을 수록하고, 조직도 사업소개 기획코너를 비롯해 종단 소개와 이미지 통합작업 코너를 별도로 구성하는 등 3개의 프레임으로 구성하였다.

종단은 종사를 거듭하면서 다양한 방편을 마련하여 교화활동을 전개하였다. 종조탄생 100주년 기념행사를 다채롭게 진행하여 종조의 새불교 운동정신을 조명하고 되새겼다. 진각성존 종조탄생 100주년 기념사업 계획을 마련하고 종의회에 보고하였다(2001.10.5). 진각성존 종조 회당대종사 탄생 100주년 기념사업 봉행위원회장에 문사부장 무외를 선임하였다. 종조탄생 기념사업계획을 확정하고 발표하였다(2001.10.23). 종조탄생 기념사업 계획안은 '참여·화합·회향'의 3개 영역의 50여개의 사업을 장단기 사업으로 나누어 실행하도록 하였다. 기념사업의 주요내용에서 참여불사는 학술세미나, 소리통일화작업, 서원가 아카데미 설립 등 7개 사업, 화합불사는 진각 50년사 발간, 소의경전 전산화, 밀교의식 시연, 회당대종사 탄생100주년기념관 건립, 창작서원가 발표 등 27개 사업, 회향불사는 탈북자 정착지원, 청정국토가꾸기운동 재추진, 심인인권위원회설립 등 6개 사업을 중점불사로 결정하였다. 특히 신행체계 일신을 위한 포교백서 발간, 종단 정체성확립을 위한 다양한 기획, 정보화시대에 부합하는 불사영역 확대 등은 종단의 대사회적 역량을 한층 끌어올릴 수 있는 불사로 기대를 모았다.

종조탄생 100주년 기념사업 봉행위원회는 총인원에서 스승과 신교도 각계인사 10,000여 명이 동참한 가운데 종조탄생 100주년 기념사업 선포식을 거행하였다(2002.5.10). 기념사업 선포식은 회당대종사 영상 다큐멘터리 상영을 시작으로 김대중 대통령 축사, 기념사, 선언문 낭독 등으로 진행하여 현세정화 심인구현의 종조정신을 계승할 신심을 다졌다. 회당대종사의 생애를 다룬 다큐 '불법은 체요 세간법은 그림자'가 불교TV에서 방영하였다(2002.5.19). 회당대종사 다큐 '불법은 체요 세간법은 그림자라'는 회당대종사의 탄생에서 열반까지 전 생애와 사상을 현대적으로 재조명하고, 그 동안 제대로 소개되지 않았던 구도역정과 수행일화, 불교개혁론, 비공개 자료 등을 집대성하여 1부와 2부로 나누어 110분 분량이었다. 대전교구 심인합창단은 종조탄생 100주년과 월드컵 4강 진출을 기념하여 평송청소년수련원 대강당에서 진각행자와 시민 등 1,000여 명이 동참하여 정기연주회를 열었다(2002.6.28).

교육원은 교화의 활성화를 위해서 종조탄생 100주년을 계기로 교화지 '법의 향기'를 발간하였다(2002.7.15). 법의 향기는 월간으로 몇 번의 개편을 거치면서 중단 없이 간행되었다.

진각문학회는 진각문학 특집회를 발간하여 종조탄생 100주년을 기념하였다(2002.9.1). 진각문학 특집호는 종조의 자비, 순례의 저녁, 님은 가고 없어도 등 회당 대종사 추모시를 비롯하여 '회당 종조님을 그리며'를 주제로 추모대담 등 종조를 기리는 내용을 실었다.

효암 통리원장 집행부는 종조탄생 100주년을 기념하여 인사위원회를 열고 원정(손대련), 장명, 락혜(김석모) 등의 사면복권을 정리하여 사감원에 이첩하고 종단의 해묵은 아픔을 해소하고 화합을 서원하였다. 종의회는 사감원에서 결의한 사면복권 내용을 정리하여 결의하였다(2002.12.17). 사면복권의 내용은 원정과 장명은 종단의 전 직책을 사실대로 교사에 기록하고, 장명을 선사록에 기재하며, 락혜는 3급1호로 복권 결의하였다. 교육원은 종조탄생 100주년 기념사업의 일환으로 진각교전 사경대회를 열고 신교도의 신심을 북돋우었다(2002.11.29). 종조 탄생 100주년 기념사업은 의욕적인 계획만큼 실행의 역량이 미치지 못하여 아쉬움을 남겼다.

종단은 종조 탄생 100주년 기념사업과 더불어 창교 60주년 기념사업을 시작하였다. 회정 통리원장 집행부는 창교 60주년 기념사업 집행위원장에 총무부장 수성을 임명하여 기념사업계획서를 작성하게 하였다. 회정 통리원장은 '포교·교육·복지'의 3대 종책지표와 연계하여 창교 60주년 기념사업의 추진을 발표하였다(2006.1.23). 또한 총무부장 회성 등 60주년 기념사업 준비위원을 임명하였다. 그리고 집행위원장 회성이 기념사업 기구를 구성하게 하여 창교 60주년 기념사업 운영규정을 제정하였다(2007.2.21).

창교 60주년 특별사업으로 현대불교신문사가 주관하는 불교박람회에 특별 홍보관을 마련하여 종단홍보를 하였다. 전시관에 심인당을 꾸미며 진각성존 회당대종사와 종단의 주요불사 행사 등을 영상으로 선보이고, 터치스크린을 마련해 밀교의 역사와 종단의 연혁 육자진언 옴마니반메훔 및 수행과정 교리 등을 설명하였다. 홍보물 코너로 해인서림을 운영해 관람객에게 다양한 불교용품을 소개하였다. 진각60년을 주제로 전국 순회교리법회를 열어서 보정심인당(2007.5.11)과 황룡사지 등에서 실시하여 교리를 익히고 문화공연을 보며 신심을 북돋우었다(2007.6.2). 포교부는 대구 진각문화회관에서 자성동이를 대상으로 만다라 사경대회를 열어서 부처님을 생각하고 몸과 마음을 수련하는 정화의 시간을 가졌다(2007.7.14).

종단이 주도적 역할을 하던 WFB 한국본부가 창교 60주년 기념 국제컨퍼런스를 개최하여 '미래불교와 불교도의 역할'을 주제로 국내외 학자들의 논문 발표와 토론이 이루어졌다(2007.10.9). 특히 미안마 군부 압정에 대한 특별발표문을 내는 등 WFB의 활동과 불교의 사회참여에 대한 깊은 논의를 하였다.

위덕대 유아교육학부는 진각성존 회당대종사의 일대기 동화책 '회당대종사-소년기'를 발간하였다(2007.12.26). 위덕대 유아교육학부 김수향이 유아교육학부에서 3차 동화구연대회를 거친 스토리보드를 바탕으로 글을 쓰고 이미희가 그림을 그린 이 책은 한글과 영문을 함께 수록해 교육효과를 더욱 높였다. 창교 60주년 기념사업의 일환으로 제작한 회당대종사 동화 일대기는 계속하여 성인기, 창종기, 열반기 등의 내용을 담아 5권으로 완간할 계획을 하였다.

(4) 세계화를 위한 교화방편 모색

종단은 종단협의회를 중심을 국내 연합활동을 지속하며 군 사관학교의 교화 등 군포교 지원도 다방면으로 실시하였다. 국내 교화활동을 넘어 국제 교류활동도 확대하였다.

교직자의 불적지 참배와 교화와 수행에 대한 견문을 넓히기 위해 실시하는 정기적인 불적지 순례가 계속하여 실시되었다. 일본밀교의 실상을 살피고 교화와 수행의 상황을 경험하기 위해 고야산 오사카 나라 등 불적지를 순례하였다(1993.6.21). 지광 통리원장의 인솔로 18명의 순례단이 5박6일간 불적지 순례를 하고 돌아왔다.

한국과 일본을 오가며 정기적으로 실시하는 한일불교문화교류대회 제15차 대회가 일본 정토종 총본산 지은원(知恩院)에서 개최되었다(1994.10.3). 지광 통리원장 도흔 교육원장이 참석하여 '생명과 함께 사는 기원, 국제 가족의 해'를 주제로 자연에 대한 중요성을 공감하고 상호간의 우의를 가져서 세계평화발전을 기원하였다. 한일불교문화교류대회는 제20차(1999.5.25) 대회에 이어 제21차 대회를 일본 동경 천초사에서 개최하여 성초 통리원장과 종단 간부가 참석하였다(2000.6.12).

한국 중국 일본 3국을 번갈아 오가며 실시하는 한·중·일 불교우호교류회의 제2차 사무준비협상회의에 통리원장 지광 교육원장 도흔이 참석한 가운데 북경에서 개최되었다(1994.12.15). 사무준비협상회의는 3개 항을 합의하고 교류회의는 공동성명을 발표하며 제1차 대회를 중국 북경에서 개최하기로 하였다. 불교우호교류회의 실무준비협상회의의 합의에 따라 제1차 교류회의를 중국 북경에서 개최하였다(1995.5.22). 종단의 지광 통리원장 등 20개 종단대표가 참석한 교류회의는 3개 항의 결의를 하였다. 결의 내용은 3국 불교교류 연락위원회를 상설하고, 연락위원회가 연도별 교류협력사항과 계획을 책임지고 공동대처하는 북경선언을 채택하고, 제2차 회의는 한국에서 개최하고 제3차는 일본에서 개최한 후 순환적으로 매년 개최하기로 하였다. 불교우호교류회의 제2차 회의는 서울에서 '21세기에 있어서 한·중·일 불교의 사명'을 주제로 삼고 상호교류 및 우호증진 방안을 논의하였다(1996.9.9). 불교우호교류회의는 한국에서 종단의 통리원장 락혜를 비롯한 19개 종단 대표와 정계지도층 인사 등 500여 명, 중국에서 중국불교협회 부회장 명양 등 200여 명, 일본에서 일본불교회 회장 나까무라 고우류와 종단대표 300여 명이 참석하여 3박4일간 서울 워커힐 호텔에서 개최하였다. 또한 한·중·일 불교우호교류대회 제3차 회의가 성초 통리원장과 한국 종단대표 200여 명이 참석하여 '부처님의 가르침을 세계로'를 주제로 일본 교토에서 열렸다(1997.10.26). 교류회의는 2박3일간 회의를 진행하고 아시아의 안정과 세계평화에 기여할 수 있는 5개항의 사업을 공동추진하기로 하는 일본선언을 채택하였다. 종단은 매년 한 중 일 불교우호교회의에 동참하였다.

한·중·일 불교우호교류회의를 통하여 상호교류를 위해 중국불교협회 회장 조박초가 한국불교종단대표를 초청하였다(1997.6.16). 중국불교협회의 초청에 따라 종단 통리원장 성초 문사부장 효암을 비롯한 한국 종단대표 23명이 중국불교 사찰을 둘러보고 중국불교와의 교류와 협력을 다지는 계기를 마련하였다. 한국불교종단협의회는 중국불교대표를 초청하여 호텔 프라자 덕수홀에서 중국불교대표단 방한 환영식에 참석하였다(1998.9.12). 중국불교협회 부서기장 장림 등 한·중·일 불교우호교류회의 중국대표단 일행이 종단을 방문하였다(2000.3.28). 종단은 한·중·일 불교우호교류의 일환으로 중국불교협회 소속 승려 2명을 유학승으로 초청하여 위덕대학교에서 위탁교육하기로 하고 초청공문을 발송하였다(2000.5.24). 중국 유학승은 한국어 연수비 등 5년간 학비와 체류비를 전액 지원받아 종립 위덕대학교에서 한국문화와 불교를 교육 받도록 하였다. 중국 구화산 불교협회장 인덕 등 홍보사절단 일행이 종단을 예방하여 오찬을 하며 환담을 나누었다(2000.6.26).

종단은 티베트 망명정부 문화종교장관 일행의 예방을 받고 달라이라마 한국 방문 등 한국 티베트 간 불교교류 등을 논의하였다(2000.6.3). 티베트 망명정부 국제관계 담당자 텐진 담돌게톡트상이 국제불교연구소 소장 회정의 초청을 받아 종단과 위덕대학교 등을 방문하고 청소년국토순례대행진에도 참석하였다(2000.7.21).

성초 통리원장이 호주에서 열린 세계불교도우의회 제20차 대회에 참석하였다(1998.10.29). 성초 통리원장 등 종단 대표 11명은 스리랑카를 국빈 방문하고 스리랑카 최대 종파인 시암종단과 불교발전과 문화인력교류를 위한 상호교류 협정을 체결하고 부처님 진신사리(眞身舍利) 2과를 이운해 왔다(1998.12.15). 종단은 스리랑카 캔디시를 방문하고 스리랑카 불교의 중심지인 불치사(佛齒寺) 박물관에 금동 비로자나불상을 봉안하였다(2000.7.21). 성초 통리원장 등 종단 스승과 시암종 총무원장 주(駐)

스리랑카 한국대사 캔디시의회 의장 등이 참석하여 '한국 주간 2000년' 행사가 열리고 있는 캔디시 불치사 박물관에 금동 비로자나불상을 봉안하고 양국 불교계의 우의를 다졌다.

종단은 주한 인도대사관을 방문하여 인도 지진피해 구호성금 1천만원을 전달하였다(2001.2.2). 아프가니스탄 탈레반 정권이 불적지의 불상을 파괴하는 훼불사건에 대하여 종단은 성명을 발표하고 훼불만행을 즉각 중단하도록 촉구하였다(2001.3.14).

티베트 불교에 큰 관심을 가져온 효암 통리원장은 진각종 대표단과 인도 히마찰(州)의 따보(Tabo)사를 방문하고 주지 게쉐왕디, 방장 세르콩 촉툴린포체와 상호 교류에 대하여 논의하였다(2003.5.22). 따보승원 주지 게쉐왕디의 초청으로 따보사를 방문한 대표단은 법회를 위해 따보사에 머무르고 있던 달라이라마를 친견하였다. 또한 종단 대표단은 인도 티베트 불자 20,000여 명이 참석하여 달라이라마가 주재하는 무병장수기원 관정법회에 동참하였다(2003.5.25). 종단의 혜일 총인과 원로 스승들이 포교부장 무외의 인도를 받으며 따보사, 알치사 등 북인도 밀교성지를 순례하고(2003.8.17) 다람살라에서 달라이라마를 접견하였다(2003.8.21).

종단 효암 통리원장과 대표단은 달라이라마가 주재하는 금강계 37존 만다라 관정법회 등에 동참하기 위해 따보사를 방문하였다(2004. 6.13), 인도 따보사의 공식초청을 받아 8박 9일간의 일정으로 달라이라마 성하가 주재하는 금강계 37존 만다라 관정법회에 동참하고 따보사를 둘러보았다. 금강계 관정법회가 진행되는 동안 통리원장 효암과 따보사 주지 게쉐왕디는 달라이라마가 증명하는 가운데 양측 교류에 관한 폭넓은 의견을 교환한 후 따보사의 문화적 정신적 교류를 위한 양해각서 조인식을 가졌다(2004.6.14). 또한 종단은 따보사 승려 주거 요사채 건립을 지원하기로 하고 요사채 신축 지진불사를 종단과 티베트 의식으로 봉행하였다(2004.6.15). 따보사 요사채는 종단의 1억 5천원 정도의 지원으로 연면적 1,320㎡ 지상 2층 규모의 티베트 전통양식으로 건립되어 60여개의 방사와 도서관 등 부대시설을 갖추었다. 따보 요사채는 종단의 교직자가 방문 수행할 수 있는 거주처로 3개의 방사를 특별히 마련하였다. 따보사 요사채가 완공되어 종단은 교육원장 경정 등 대표단이 방문하여 요사채 회향불사를 올리고 상호교류를 확인하였다. 종단이 따보사와 교류를 하고 있는 중에 달라이라마 동아시아 대표부 초페펠졸 췌링 대표가 총인원을 방문하여 통리원장과 환담하였다(2004.10.13).

종단의 국제교류는 궁극으로 교화의 결실로 회향하는 일이다. 불교 국제교류 중 스리랑카 네팔 포교소 개설을 결의하고(2015.4.28) 국제 교화활동을 계속하였다. 국제포교의 성공은 포교사의 역량에 달려 있다. 종단은 국제포교사 추가선발을 결의하고(2011.5.31) 국제포교사 교육을 실시하였다(2015.4.6). 국제포교사 교육은 우선 그 동안 종단 종비생으로 교육받은 네팔 너빈 바즈라 챠리야 바즈라와 스리랑카 세나라따나 2명을 대상으로 실시하였다. 교육내용은 종단의 교화에 필요한 개명정진 불사 동참 교리와 수행법 심인당 관리 등을 중심으로 진행하였다.

한일불교문화교류대회 제24차 한국대회가 '공생-대승불교의 생명관'을 주제로 제주 약천사에서 개최되어 교류협의회 부회장 효암이 대회사를 하였다(2003.5.12). 매년 개최하는 한일불교문화교류대회 제37차 일본대회가 도쿄 진언종 대본산 평간사에서 개최되어 교류협의회 이사장 회정이 만찬 인사를 하였다(2016.6.17). 한일과 더불어 한중일 불교교류대회 제6차 일본대회가 교토 청수사에서 개최되어 종단 대표단이 참석하여 계율을 인연하여 진정한 평화세계의 실현을 위해 함께 노력하기로 기원하였다(2003.10.29). 한중일 불교교류대회도 중단 없이 열려서 제19차 중국대회가 절강성 열파시 설두사 용화광장에서 3국 불교도 400여 명이 참석하여 열렸다(2016.10.11). 교류회에서 통리원장 회정은 '동북아 불교교류의 과거와 미래, 그리고 전망'이라는 주제로 열린 학술대회에서 기조연설을 하였다.

중국불교협의회는 세계불교활동의 주도권을 마련하기 위해 세계불교포럼을 마련하고 제4회 세계불교포럼을 중화종교문화교류협회와 공동으로 무석 영산법궁에서 개최하여 종단 간부도 참석하였다. 종단의 보성은 '불교와 교육'을 주제로 학술분과토론에서 학술발표를 하였다(2015.10.24). 중국정부의 계획으로 중국불교협회와 중화종교문화교류협회가 주관하여 중국 천년역사 고도 시안(西安)에서 열린 대승불교종찰 문화국제학술대회에 교법연구위원 보성이 '근대한국불교에서 진각종의 역할'을 주제로 발표하였다(2016.11.18). 학술대회는 불교학술활동을 주도하려는 의도로 열려서 17개국 200여 명의 불교계 학술계 대표들이 참여한 가운데 '조사대덕의 위업을 널리 알리고, 함께 수승한 인연을 이어가자'라는 주제로써 3개 분과(중국 대승불교종찰과 문화흥왕, 중국 대승불교종찰과 중국의 실천, 중국 대승불교종찰과 국제교류)로 나눠 진행되었다.

종단은 세계불교도우의회(WFB)의 활동에 활발하게 동참하였다. WFB 본부회장 판 와나메티, 사무총장 팔롭 타이어리 한국본부 회장 임선교가 총인원을 방문하였다(2005.11.15). WFB 한국본부 회장 임선교가 임기 만료되고 한국본부 운영이 미미하여 통리원장 회정을 새 회장에 추대하였다(2006.10.17). 종단 간부는 WFB 제23차 타이완 총회에 참석하여 오계실천운동분과 상임위원장에 혜정이 선임되었다(2006.4.18). 종단은 창교 60주년 기념으로 WFB 국제컨퍼런스를 경주에서 열고 종단의 역량을 대외에 보였다(2007.10.9). WFB 제24차 총회 일본대회에서 진각종 지부가 승인되어 종단은 제5차 방콕대회 이래 WFB 활동에 더 큰 역할을 하게 되었다(2008.11.14). WFB 제24차 총회는 진각종을 비롯해 조계종 중앙신도회 열반종 등 17개 지역본부의 가입을 공식 승인하고, 재정분과 상임위원장으로 수각을 선출하였다.

태국에서 열린 WFB 제85차 집행이사회에서 제28차 총회 서울대회를 종단이 개최하기로 결의하였다(2015.8.31). 종단은 WFB 제28차 서울대회 종단 개최를 결의하고(2015.8.25) WFB 총회 추진위원회 구성과 '불교의 생활화 생활의 불교화'의 주제 선정을 논의하였다(2015.12.14). WFB 총회 서울대회 행사추진계획을 일부 수정하고(2016.1.26) WFB 원만성취 불사를 시행(2016.8.25) 하기로 하였다. 태국 일본 스리랑카 등 20개국 1,000여 명이 참석한 가운데 WFB 제28차 서울대회를 총인원에서 개최하고 성황리에 회향하였다(2016.9.26-30). 종단은 WFB 제28차 서울대회를 성공적으로 회향하여 국내외 불교활동에 역량을 높였다. 세계불교도우의회는 정기적인 세계대회를 통하여 불교도의 단합과 세력을 대외에 드러내는 일과 동시에 사회의 이익과 안락을 위한 구체적 활동의 방향과 방안의 모색에 보다 큰 역량을 보일 과제를 안고 있었다. 종단의 국제 교화는 지역의 상황에 맞추어서 인재를 양성하고 다방면의 방편을 통하여 직간접의 효과를 기대하며 지속성과 일관성을 유지해야 본연의 목적을 달성할 수 있다.

종단이 북한 불교계와 교류한 계기는 지현정사가 열었다. 사단법인 조국평화통일불교협회 미주상임부회장인 지현정사가 제2차 남북해외불교지도자 합동기원법회 및 간담회를 위해 남측 실무지도자로 원효종 전 총무원장 정산과 함께 방북하였다(1995.4.23). 불광심인당 주교 지현은 미국에서 교화하면서 남북 불교계 교류에 적극 참여하여 오던 중 남북해 외불교지도자 합동기원법회를 기획하고 실무대표로 8박9일간 방북하고 돌아왔다. 총인 각해를 비롯한 종단 간부스승과 신교도 대표는 평화통일을 기원하는 진호국가불사를 백두산 정상에서 봉행하였다(1997.6.26). 진호국가불사는 울릉도 금강원과 총인원 종조전에서 금강수와 금강토를 채취하여 백두산 천지에 가지(加持)하고 비로자나부처님의 자비광명과 종조 회당대종사의 무진서원이 온 누리에 가득하여 남북 평화통일이 성취되도록 서원하였다.

종단은 북한 동포돕기 성금모금운동을 벌리고 1차 모금한 5천 5백만원을 북녘동포돕기 불교추진위원회에 전달하였다(1997.8.15). 북한동포돕기 성금은 서울 봉은사에서 열린 민족화합통일정토 서원대회가 주최한 광복 52주년과 민족화합통일정토 서원 전국순례단 회향 서울법회에서 전달하였다. 종단과 보광심인당은 북녘동포돕기 불교추진위원회로부터 북한동포돕기에 기여한 공로로 감사패를 받았다(1997.10.7). 감사패는 조계사에서 열린 북녘동포돕기 제2차 백일결사인 북녘동포 겨울나기 백일결사 입재식에서 전달받았다.

불광심인당 주교 지현은 평불협 미주 본부 상임부회장 자격으로 3박4일의 일정으로 방북하여 북한측 불교대표와 국수공장을 설립하기로 합의하였다(1997.12.27). 국수공장은 범종단 불교계 통일운동단체인 평불협 미주 본부에서 식량위기의 지속으로 굶주림에 처한 북한주민들에게 동포애를 전하기 위한 대북지원사업 가운데 하나로서 추진해 왔다. 지현은 북한측과 국수공장의 명칭을 '금강국수공장'으로 하고 황해도 사리원에 설립하며, 3월말로 예정한 준공식에 북한 측이 지현을 비롯해 법타 등 평불협 대표 3인을 다시 초청하기로 합의하였다. 북한 사리원의 '금강국수공장'의 운영에 필요한 후원금 지원을 위한 금강국수공장 후원회 창립 법회가 서울 종로구 서울호텔에서 열렸다(1998.4.17). 종단은 조선불교도 연맹 중앙위원회 서기장 명의의 방북초정을 받았다(1998.5.2). 조불련은 지현 등 평불협 대표의 방북 기회를 통해 상호 교류를 희망해 오던 방북 초청을 창교 51주년 축하 메시지와 함께 보내왔다. 성초 통리원장은 조불련의 창교 51주년 축하 메시지와 방북초정을 공개하는 간담회를 가지고 조불련과 접촉을 지속하고 우의를 증진시킬 방안의 모색을 강구하였다.

종단은 통일부에 북측과 접촉신청서를 제출해서 총무부장 회정 문사국장 원명 복지법인 사무국장 지현 등 3명의 접촉 승인을 받았다. 그리고 실무대표진을 중국 북경에 파견해 조불련과 실무회담을 가지고 방북 일정 규모 등을 논의하기로 하였다. 종의회는 종단 간부의 방북을 승인하고 실무자의 접촉을 통하여 타당성을 검토하고 시행하기로 하였다. 또한 대북 교류와 국제포교를 추진하기 위해 국제불교연구소를 설치하기로 하고 구체적인 제도방안을 마련하여 보고하도록 하였다. 국제포교와 대북 교류를 위한 국제불교연구소를 개소하고 활동을 시작하였다(1998.7.20). 종의회는 국제불교연구소 규정을 결의하고 연구소장은 문사부장이 겸임하기로 하였다. 국제불교연구소는 국제교류와 경전 연구를 위해 네팔인 나레쉬 만 바즈라짜리아를 비상임 연구위원으로 위촉하였다. 나레쉬 만 비상임연구원은 네팔 출신으로 1989년 네팔 카투만두 트리뷰반대학교를 졸업하고 93년 인도 델리대학교 불교학과 불교연구문학 석사와 98년 불교학과 철학박사학위를 받았다. 그 후 네팔 크리티푸르시 트리뷰완 대학교 네팔문화역사 및 고고학과 전임강사와 네팔 카투만두시 마헨드라 산스크리트대학교 강사를 맡았다. 나레쉬만 박사는 경정이 해외불교학생 지원을 위해 종단의 스승과 신교도로 구성한 은진회[恩眞會(은혜갚는 37

진각인의 모임)]의 지원을 통해 5년간 과정을 마치고 박사학위를 받았다.

조불련의 방북초청에 따른 실무회담을 베이징에서 열고 방북초청과 국제재가불교 성직자연합, 통일과 민족화합을 위한 교류와 인도적 지원 등을 논의하였다(1999.3.2). 종단대표 총무부장 회정, 문사부장 무외, 복지재단 사무국장 지현과 조불련 서기장 심상진 등 대표단은 중국 베이징 시내의 한 음식점에서 회담을 가지고 상호 관심사를 중심으로 교류를 지속하여 추진해 나가기로 합의하였다. 한편 한국종교인평화회의(KCRP) 조선종교인협회(KCR) 아시안 종교인평화회의 등이 공동주관한 북경종교인평화모임을 2박3일간 중국 북경에서 열었다(1999.4.25). 북경종교인평화모임은 한국에서 성초 통리원장을 비롯해 KCRP 회장 고산(조계종 총무원장) 등 6대 종교대표 30여 명, 북한에서 장재언 조선종교인협회장 등 5명, 일본대표 모찌지 니세이 등 6명이 참석해 기념세미나와 종합토론을 비롯하여 남북한종교관계자모임 등 다양한 내용으로 진행되었다. 종교인 북경평화모임은 한국 일본의 종교지도자가 모금한 성금을 북측 대표들에게 전달하고 차기 회의를 서울이나 평양에서 개최하기로 합의하였다.

성초 통리원장과 종단 간부스승 및 조계종 등 범불교도 1,100여 명이 분단 이후 처음으로 방북하여 금강산 신계사(神溪寺)에서 법회를 봉행하였다(1999.6.3). 방북초청 북경 실무모임에 따라서 성초 통리원장과 종단 간부스승 등 종단 대표단이 교계에서 처음으로 공식으로 북한을 방문하여 보현사(普賢寺)에서 남북평화통일기원대법회를 봉행하였다(1999.9.18). 종단은 북한 조불련 위원장 박태화의 초청장을 받고(1999.8.24) 당국의 승인 절차를 거쳐 7박8일간 북한을 공식방문 하였다.

종단은 북한 동포돕기 모금을 지속하여 관행유치원 자모들이 내놓은 성금 등 모금한 물품을 선적하였다. 성초 통리원장은 민족의 화합과 통일을 위한 천일정진 불교연대 입제식 및 화해평화의 날 선포식에 참석하였다(2000.3.1). 조불련이 종단협의회에 중앙위원회 위원장 박태화 명의로 불기2544년 부처님오신날 봉축 특별메시지를 보내왔다(2000.4.26). 조불련이 보낸 온 특별메시지는 봉축법요식에서 발표할 남북공동발원문과는 성격이 달라서 주목을 받았다. 종단은 창교 53주년을 앞두고 조불련 중앙위원회의 축하메시지를 받았다(2000.6.8). 조불련은 메시지에서 창교 이래 진각종이 걸어온 애국애민의 실천행은 오늘 광범한 대중의 환영을 받고 있다는 내용으로 창교절을 축하하고 통일조국 실현을 위해 공동으로 노력하자고 하였다. 성초 통리원장과 종단간부 등 대표단이 조불련 위원장 박태화의 초청으로 2차 방북하여 보현사에서 6·15 남북정상공동선언 실천결의 법회를 봉행하고 북한 일대를 시찰하였다(2000.9.19).

이후 종단은 대북 교류와 연락활동을 계속하였다. 조불련의 초청을 받아 진산 종의회 의장 등 종단 간부가 4박5일간 북한을 방문하고 조불련 청사에서 조불련 위원장 박태화 등 북한 인사와 평화통일 기원법회를 봉행하고 북한 사찰을 시찰하였다(2002.11.19). 또한 종단 대표단은 북측과 평양에 탁아소 설치 운영을 논의하고, 명칭 장소 등 탁아소 설립에 필요한 구체적인 사안은 추후 협의하기로 하였다. 조불련은 종단의 기념일과 행사에 꾸준히 축하메시지를 보내며 연락을 하였다.

(5) 대중포교의 다각화

종단은 불교방송의 설립에 적극 동참하여 방송국 설립 출자금으로 15억원을 출연하기로 결의하고(1993.7.13), 또한 불교방송국 주식을 1억원 상당 매입하기로 추인하였다(1995.7.27). 불교방송이 대구지국을 설립함에 따라 종단은 이사회에 준하는 수준으로 경영에 참여할 수 있을 정도의 자금을 출연하기로 하였다. 이에 따라 대구불교방송에 2억원을 출연하고 진각문화회관에 입주하도록 허가하였다. 불교계에 불교방송에 이어서 불교텔레비전방송의 설립자금으로 1억8천만원을 추가출연하고 이사직을 유지하기로 하였다(2000.12.19).

지광 통리원장은 주요 사업으로 청정국토 가꾸기 운동을 실시하였다. 청정국토가꾸기 운동은 환경보전 생명존중 지은보은 사업을 전개하기 위해 한국불교종단협의회 회장 서의현, 환경부장관 황산성 및 스승과 2,500여 명이 참석하여 진선여자중고등학교 회당기념관에서 운동본부 발족식을 거행하였다(1993.9.16). 청정국토가꾸기 운동본부는 청정국토가꾸기 제1기 일꾼학교를 개설하였다(1993.11.29). 청정국토가꾸기 운동을 추진할 기간요원 양성을 위해 일꾼학교는 1차로 서울지구를 비롯해 6개 지구 심인당본부에서 305명의 실무추진요원이 전문교육을 받았다. 청정국토운동 일꾼학교는 심인당별로 본부장 사무장 총무 전문사업부서장을 우선하여 일반회원에까지 교육을 확대하기로 하였다. 제1기 일꾼학교는 1박2일간 진행하여 첫날은 지광(청심정토) 박광서(생명존중의 길, 서강대 교수) 손성섭(환경보전의 개념과 환경오염의 실태 및 해결방안, 신교도) 성초(청정국토가꾸기 운동 실천요령, 청정국토운동 본부)의 강의와 '일본 쓰레기 제조작전'이란 비디오를 시청하였다. 특히 손성섭은 1993년도 환경관계 유공 국무총리 표창 수상자로서 환경보전에 대한 인식을 새롭게 하였다. 이튿날은 경기도 부천 환경모범단체를 방문해 '환경보호 생활화 실제'라는 설명을 들었다.

청정국토운동 본부는 사업계획을 구체화하고 66개 심인당에 본부를 두고 운동을 활성화하기로 하였다(1994.1.20). 본부는 구체적인 추진 내용으로 환경정화 생명존중 지은보은 교육홍보 및 연구기획 사업 등 5개 사업을 병행해 추진하기로 하였다. 또한 환경정화 사업으로 청정마을 가꾸기 운동과 환경특강 일꾼학교를 통해 지구별 순회교육 녹색이벤트 운동을 하고, 생명존중사업으로 헌혈운동 장애인돕기, 지은보은사업으로 무의탁노인 돌보기, 교육홍보사업으로 소식지 발간, 제안제도 도입, 교화 및 홍보자료 발간 등의 세부사업을 추진하기로 하였다. 청정국토운동은 환경정화운동을 실천한 성과로써 모범적인 사회운동으로 인정되어 환경 부장관의 감사패를 받았다(1995.4.6).

종단은 청정국토운동에 이어서 국난극복과 평화통일을 위한 육자진 언비 건립 지진불사를 총인 각해, 통리원장 성초, 교육원장 일정 등 스승 과 종무원이 동참하여 총인원 뜰에서 거행하였다(1998.9.1). 육자진언비 의 건립이 완성되어 육자진언비 제막식을 겸하여 국난극복 참회 대법회 가 이틀간 거행되었다(1998.10.15). 육자진언비는 높이 8미터의 자연석에 육자진언을 음각으로 새겨 육자진언의 위력으로 호국불교의 전통을 이어 서 경제난국의 극복과 평화통일을 서원하는 진언행자의 원력을 담아 건 립되었다. 육자진언비 제막에 즈음하여 한국불교종단협의회가 주최하고 종단이 주관하는 제6차 국난극복기원 참회대법회가 불교계 및 정관계 인 사 등 5,000여 명이 동참한 가운데 총인원에서 다채로운 행사로 진행되 었다(1998.10.16). 육자진언비를 장엄하기 위해 진언비 주위에 마니륜을 배치하여 회랑을 만들어 회향불사를 하였다(2000.10.16). 종조 열반절 추 념불사에 이어 총인원 육자진언비 앞에서 장엄불사 회향법회를 열고 남 북평화통일을 서원하였다. 이 자리에서 진선여중고 학생 350명이 회당대 종사를 기리는 백일장도 실시하였다.

종단은 종조 열반 30주년을 추념하기 위한 기념사업을 기획하였다. 종조 열반 30주년을 맞아 종단의 과거와 현재를 재조명하고 새 도약의 기틀을 마련하는 계기로 범종단의 기념사업회를 구성하였다(1993.2.25). 종조 열반 30주년 기념사업회는 증명 원정각 총인, 회장 지광 통리원장을 주축으로 자문 부회장 운영위원 등을 두고 집행위원장 락혜로 구성하였다. 기념사업회는 종조의 은혜를 갚고 종단의 위상을 높이기 위한 기념사업의 일환으로 300여 명의 종단 내외 학생과 일반 시민이 참석하여 총인원 경내에서 회당백일장을 실시하였다(1993.9.25). 종조의 옛 자취를 더듬어 보고 높은 가르침을 되새겨보는 종조 유품전시회를 총인원 대강당에서 개최하였다(1993.10.16). 종조 유품 20점 사진 39점을 수집 정비하여 자료집을 제작하여 전시회장에서 배부하였다. 진각합창단과 금강합창단은 합동으로 종조 열반 30주년 기념 진각음악발표회를 가졌다. 진각음악발표회는 대전 엑스포 불교문화행사의 일환으로 우송예술회관에서 발표회를 성대하게 열고(1993.9.2), 국립중앙극장에서 국내 정상의 성악가들이 동참하여 종조의 위대한 밀교중흥의 업적을 기리는 추모음악회를 개최하여 불교계의 큰 관심을 받았다(1993.10.19). 회당학회는 종조 열반 30주년을 추념하는 '한국근현대 불교개혁론의 비교연구'라는 주제로 회당사상 심포지엄을 개최하였다(1993.10.22). 불교방송 세미나실에서 300여 명의 신교도와 일반 불자들이 참석한 가운데 발표와 질의를 통하여 불교개혁에 대한 이해를 높이고 종조 회당대종사의 불교개혁 정신을 기렸다. 종조 열반 30주년 기념사업회는 1년 동안 종단의 새 도약의 기반을 다지고 사회의 위상을 높인 여러 사업을 전개한 후 기념사업을 회향하였다(1993.12.20). 종조 열반 30주년 기념사업의 회향법회는 서울 마가레트호텔에서 스승과 신교도 및 관계기관의 인사들이 참석하여 성대히 거행되었다. 종조 열반 30주년 기념사업회는 회향법회에서 사부대중 대토론회 등 1년간 추진한 14개의 사업을 발표하였다.

종단은 창교 50주년을 기념하는 사업도 추진하였다. 창교 50주년 사업을 마련하고 불교 TV에서 홍보방송을 하였다(1996.6.10). 혜정 교법 부장은 불교텔레비전의 '날마다 좋은날' 프로그램에 출연해 종단 소개 및 창교 50주년 추진사업 등을 소개하였다. 혜정은 창교 50주년 사업으로 신교도 성지순례(진각성지와 인도불적지), 진각문화회관 개관, 기념음악 회, 서원가 CD제작, 밀교학논문, 밀교사전, 진각의범 발간 등 포교 및 문 화사업 계획을 설명하였다. 창교 50주년의 업적을 기리고 종교문화의 기 틀을 다지기 위한 진각음악제를 개최하였다(1996.10.19). 창교 50주년 기 념음악제는 종단 통리원이 주최하고 대구교구청 한국불교종단협의회 대 구경북불교방송국이 후원하여 유가합창단 금강합창단 진각합창단이 공 동으로 참가하여 대구 시민회관에서 20여곡의 합창을 통하여 1,000여 명 의 관중을 감동시켰다. 창교 50주년을 맞이하여 락혜 통리원장을 비롯한 종단 4원장과 신교도 대표 100여 명이 울릉도 금강원 종조전을 참배하고 창교절 기념불사를 올렸다(1996.6.12). 창교절 기념불사 후에 금강원 경 내의 정화작업을 하면서 종조의 위업과 창교의 정신을 길이 받들어 가기 를 서원하였다. 한편 전국 각 심인당은 창교절 불사를 올리고 창교 50주 년의 의미를 되새겼다.

이후 종단은 종조성지에 대한 관심을 지속적으로 고취하여 각해 총 인, 성초 통리원장 등 종단의 간부스승 등이 성지순례단을 꾸려서 금강원 을 참배하고 울릉도 각 심인당을 순방하였다(1998.5.28). 금강원에 대한 관심이 높아서 방문자수가 늘어남에 따라서 금강원을 울릉도 관광명소로 지정하였다(1999.2.1). 이에 따라 성초 통리원장은 창교 52주년 기념 금강원 순례법회를 실시하였다(1999.6.16). 성초 통리원장을 비롯한 종단 간부와 각 교구청장 등의 순례단은 금강원을 참배하였고 울릉군수 등 기관장과 금강원과 울릉도 현안에 대하여 환담하고 독도수비대를 찾아 위문품을 전달하였다.

종조탄생절에 즈음하여 회당대종사 일대기 '불법(佛法)은 체(體)요 세간법(世間法)은 그림자라'를 간행하고 봉정식을 봉행하였다(1999. 5.10). 회당대종사 일대기의 봉정식에 이어서 각해 총인을 위시한 종단의 주요 간부와 스승 신교도 및 종교계 지도자들이 참석한 가운데 세종문화회관 세종홀에서 출판법회를 봉행하였다(1999.7.26). 한편 회당대종사 일대기 '불법(佛法)은 체(體)요 세간법(世間法)은 그림자라'는 지현이 미국 불광심인당에서 교화하는 동안에 집필하고 종단에서 감수하였다. 그러나 종단의 감수과정에서 임의로 수정한 부분이 사실에 어긋난 문제를 남겼다.

불교텔레비전 방송이 밀교강좌를 계획하여 종단은 제작에 참여하였다(1997.9.29). 밀교강좌는 밀교의 역사와 교리를 시리즈로 제작하고 방영하는 프로그램으로 혜정 교법부장이 교리부분을 담당하고 경정 위덕대 교학처장이 역사분야를 담당하여 24회 제작 방영하기로 하였다. 밀교강좌의 호응이 높아서 불교방송이 BBS 교리강좌에 밀교의 기본교리를 편성하여 방송하였다. 혜정 종학연구실장이 3개월 동안 밀교의 기본교리 강좌를 실시하였다. BBS 교리강좌가 청취자의 호응이 높아서 3개월 연장 방송을 시작하면서 불교방송 대법당에서 공개방송을 하였다. 공개방송의 인기가 크게 높아서 2차 공개방송도 실시하였다.

한국방송공사(KBS)가 드라마 '태조 왕건'을 제작하여 방영하면서 육자진언(옴마니반메훔)의 내용을 왜곡하여 방송하였다. 종단차원에서 경정 교학처장은 KBS에 육자진언에 대한 정확한 자료를 보내는 등 엄중 항의하여 제작자의 실수라는 답변을 받았다(2000년 11월).

불교의 대중화를 위하여 한국불교종단협의회가 주최하고 불교TV가 주관하여 열린 문화축제 불교문화대제전에 종단이 참여하였다(1996.9.13). 불교대제전 진각종의 날에 락혜 통리원장의 인사말과 혜정 교법부장의 '비로자나불과 삼밀수행법'의 강연을 하였다. 또한 진각합창단 심인고 사물놀이반, 신교도 장기자랑 등의 공연을 펼쳐서 대중의 큰 박수를 받았다. 종단은 불교방송이 편성한 특집 프로그램 '길을 찾아서'에 출연하여 9주 동안 종단의 교화 활동을 소개하였다(1998.6.12). 불교방송은 9주에 걸쳐서 종단개괄 복지사업 포교활동 교육활동 교리강좌 신행상담 공식불사 중계 등 종단을 여러모로 소개하였다. 불교방송이 환경캠페인 방송에 성초 통리원장이 동참하였다. 성초 통리원장은 우리 전통의 보자기문화가 자원절약 환경보존 미풍양속 등 우수성이 많은 점을 지적하고 일회용 포장지의 사용 자제를 홍보하였다. 불교방송 김규칠 사장이 종단을 방문하여 불교방송에 대한 종단의 적극 지원과 참여에 대하여 고마움을 전하였다. 한국불교종단협의회가 주최하는 대한민국 종교예술제에 성초 통리원장이 참석하고, 또한 한국 새천년 종교인 윤리헌장 선포식에 참석하였다. 조계종 고산 총무원장이 종단을 방문하여 성초 통리원장과 종단화합과 남북불교교류 등에 대하여 의견을 교환하였다.

한국불교종단협의회 부설 풍경소리가 제작 설치하고 관리하는 지하철의 '자비의 말씀' 게시판의 홍보에 종단이 동참하였다. 서울지하철 '자비의 말씀'에 종단도 참여하여 미아삼거리역 등 8개의 역에 각각 4개씩 32개의 게시판을 설치하였다. 매년 부처님오신날 연등축제 거리행사에 참여하여 불교문화체험상 등 다양한 수상을 하였다. 종단협의회가 주관하는 '국운융창과 국민화합기원 신년대법회'에 성초 통리원장이 참석하였다. 불교종단협의회와 서울도시철도공사가 운영하는 부처님오신날 '봉축열차' 개통식에 참여하였다. 고려대장경 전산화 작업이 완료되어 '고려대장경 전산화 본 발표와 봉정식이 올림픽 펜싱경기장에서 봉행되었다. 고려대장경 전산화 작업은 고려대장경 연구소가 주관하고 종단에서 기금을 찬조하여 진행되었다.

성초 통리원장이 불교종단협의회 회장단 초청 청와대 국정간담회에 참석하였다(1997.5.31). 종교 불교계인사의 청와대 초청은 정권이 바뀌거나 국정 현안이 지중할 때마다 있었다. 성초 통리원장이 세종문화회관 소강당에서 개최된 '제2의 건국 범국민 추진위원회 창립총회'에 참석하여 추진위원으로 위촉받았다(1998.10.2). 문화관광부 장관이 초청하는 불교계 지도자 초청간담회에 성초 통리원장이 참석하였다(1999.6.23). 군승 파견과 종립 위덕대학교 군승 지정이 문제가 되어 조성태(趙成台) 국방장관이 성초 통리원장을 초정하여 의견을 교환하였다(2000.2.25).

진각복지재단은 성북노인종합복지관에서 인정과 사랑이 넘치는 풍요로운 사회를 만들려는 실천운동으로 인간 4사 운동 선포식을 하고 활동에 들어갔다(2002.3.12). 인간 4사 운동은 인사·감사·봉사·희사를 생활화하고 함께 참여하는 실천운동이었다. 마음에서 우러나는 인사, 자연과 사회에 대한 감사, 일상생활에서 봉사, 아낌없이 나누고 베푸는 희사 등을 작은 것에서부터 실천하는 운동이다.

종단은 교화활동을 다방면으로 확보하기 위해 성북지역 6개 노선 버스에 종단 광고를 하였다(2003.6.12). 포교부는 대중포교의 일환으로 총인원 인근 간선도로를 운행하는 마을버스에 종단 광고를 실시하였다. 도서출판 진각종해인행은 불교도의 신행체험을 공유하여 수행 문화를 널리 펴기 위해 신행수기체험담을 공모하였다. 신행수기체험담 제2회는 다양한 신행수기가 응모되어 최우수상은 견성관의 '어머님전상서' 등이 수상작으로 선정되었다(2003.5.10). 종단의 문화 창달과 신행의식을 고취하기 위해 창작서원가 가사를 공모하였다(2006.10.20). 창작서원가 가사 공모는 250여 편의 작품이 응모되어 자성동이 서원가 부문과 일반 서원가 부문으로 나누어서 심사하여 대상은 지심화의 '나는야 자성동이'를 비롯해서 27편의 수상작을 선정하였다(2006.12.26). 종단은 교화의욕을 북돋우기 위해 가족과 이웃제도 모범심인당 10곳을 선정하여 시상하고 4백만 원의 포교비를 전달하였다(2007.6.14).

혜정 통리원장 집행부는 교화활동의 대중화를 위해 불교TV BTN과 공동기획으로 밀교수행강좌를 방영하였다. 밀교수행강좌는 보정심인당의 강좌를 비롯하여(2009.10.12) 1년간 계속하고 회향하였다(2010.10.16). 밀교수행강좌에는 혜정을 비롯하여 경정, 지정 등 다수의 스승이 참여하여 밀교의 홍보와 종단의 수행을 알렸다.

전국 심인당 교화는 신교도 야단법석, 이웃 김장나눔, 경로잔치, 독거노인 돌보기 등 교화방편을 통하여 교화활동을 하였다. 아축심인당은 낙동종합사회복지관에서 울산 마음의 전화 창립발기인대회를 열고 청소년 상담활동을 위한 준비단계에 들어갔다. 마음의 전화는 심리상담 등을 통해 가치관이 뚜렷한 청소년의 지도 육성을 취지로 정사 효심을 비롯하여 아축심인당 신교도 40여 명이 참여하였다. 신덕심인당 자비복지회는 신교도 자녀들의 신심을 고취시키고 자성학교와 학생회의 발전을 도모하기 위해 장학제도를 마련하고 장학금을 전달하였다(2002.3.3). 불교계의 템플스테이가 사회에 크게 관심을 받아서 탑주심인당이 템플스테이 지정 사찰로 선정되었다(2004.5.11). 한국불교전통문화체험사업단은 한·일

월드컵 이후 널리 알려진 템플스테이 사업을 전문화하고 상시적으로 운영하는 체계를 구축하기 위해 조계종·진각종·태고종·관음종 등 4개 종단 소속 총 38곳의 사찰을 템플스테이 운영사찰로 선정하였다. 불정심인당 불정마음학교는 경북대학교 수련원에서 생사 수행프로그램을 개최하였다(2015.11.27). 생사수행프로그램은 이틀간 실시하여 생사일여(生死一如)의 삶을 이해하고 실천하는 계기를 마련하였다. 심인당 교화는 새로운 방편을 모색하며 교화활동을 하였다.

종단의 유소년기의 심성교육과 미래 신교도 확보 방안으로 자성학교 교화를 꾸준히 이어왔다. 시대와 사회 환경의 변화로 자성학교 교화방편도 새롭게 강구하였다. 여름 겨울 실시하는 자성학교 캠프에 가족이 동반하는 방안도 시도하였다. 행원심인당은 청년회 학생회 자성동이가 공동으로 한마음수련회를 열고, 시복심인당은 부모가 함께 참여하여 가족캠프를 열어 새로운 캠프문화의 가능성을 보였다(2001.7-8월). 자성학생 포교지 '자성 찾는 아이들'의 제호를 '자성동이'로 변경하여 다양한 내용을 담아 월간으로 발행하였다(2001.10.1). 자성학교 교사의 전문화를 위해 종단 차원에서 유급 자성학교 교사제도를 도입하였다(2002.1.1). 유급교사제도는 우선 20개 심인당에 시범으로 시행하고 전국으로 확대할 계획을 하였다. 지역 아동의 교육과 자성학교 교화의 보편화를 위해 지역아동센터를 열어 운영하였다. 종단은 1차로 본원심인당 청소년 아동복지센터 수탁과 건물부지의 매입을 결의하고 건축 지진불사를 올렸다(2005.9.11). 매년 여름 겨울에 실시하는 자성하교 교사연수는 빠짐없이 진행하여 제26기 자성학교 교사연수를 70여 명의 교사가 참석하여 총인원에서 열었다(2001.12.26).

회정 통리원장 집행부는 자성학생의 몸과 마음을 증진시키려는 취지로 자성동이 미니 축구 풋살대회를 계획하였다. 자성동이 풋살대회는 제1회로 위덕대 잔디구장에서 16개팀 200여 명의 자성동이가 동참하여 이틀간 진행하였다(2006.8.18). 자성동이 풋살대회는 연례행사로 치루고 중학생팀의 경기도 마련하였다. 자성동이의 지도력 향상을 위해 제2회 자성동이 리더십캠프를 열어서 큰 반응을 일으켰다(2006.1.4). 자성동이 리더십캠프는 자성학교 전담교사회의 주최로 초등학생 5·6학생을 대상으로 산내 연수원에서 '열린 진각나라 앞서가는 자성동이'를 주제로 진행하였다. 자성동이 리더십캠프는 포교부와 전국자성학교교사연합회가 주최하여 몇 년간 지속하였다. 종단은 문화관광부의 후원으로 초중고교의 청소년이 전통문화 유산을 체험하는 청소년 신라역사캠프를 열었다(2013.8.13). 청소년 신라역사체험캠프는 3박4일간 위덕대학교와 홍원심인당을 중심으로 경주 일원에서 신라의 문화유적을 탐방하고 역사의식과 화랑정신을 기르고 한국불교의 특징인 호국불교와 전통문화에 대한 인식을 새롭게 하였다.

종단 교화에 교구와 심인당 합창단의 활동은 꾸준히 이어져 왔다. 합창단은 교구별 심인당별로 창단되어 종단과 심인당 행사 참여와 자체 활동을 하며 교화에 크게 이바지하여왔다. 서울·대구·부산·대전 등 4개 교구합창단이 연합하여 합창단 협의체를 구성하였다(2004.9.17). 서울·대구·부산·대전 교구합창단 임원들이 대구 진각문화회관 7층에서 연석회의를 가지고 '종단 교구합창단 발전을 위한 모임'을 결성하고 서울 진각합창단 대성지 단장을 회장에 추대하고 교구합창단의 정보교류와 연합합창제 등을 하기로 하였다.

종단의 신교도회인 금강회도 신행활동과 더불어 종단과 심인당의 교화에 동참하여 왔다. 총금강회 서울지부는 탑주심인당 금강회 주관으로 남양주에서 제6회 서울교구 한마음대동제를 열고 다양한 프로그램을 통하여 교구 화합을 다졌다(2001.7.17). 대구지부 금강회는 전국 단위의 금강상조회를 조직하고 신교도 초상 장례에 도움을 주고 봉사활동을 하기로 하였다(2002.1.1). 총금강회는 지금까지 교구별로 각기 시행하던 한마음체육대회를 교구별로 동시에 진행하기로 하였다(2002.5.19). 종조탄생 100주년을 기념하여 총금강회가 주최하고 각 교구지부가 주관하여 전국 제1회 한마음체육대회를 울릉도를 비롯하여 6개 교구에서 진행하였다(2002.10.3).

총금강회 서울지부는 밀교교리의 보급과 신교도의 교리이해를 위해서 온라인과 오프라인 두 방식의 교리강좌를 열었다(2004.2.2). 교리강좌는 기초불교1(무외) 기초불교2(김경집) 대승불교1(장익) 대승불교2(이태승) 밀교(경정) 종학(혜정) 등 12주 동안 진행하기로 하였다. 종단 홈페이지를 통하여 한 주제를 매일 2시간 강의하고 토요일은 오프라인 강의를 통하여 질의응답을 하기로 하였다. 인터넷 교리강좌가 시작되어 첫 공개 강좌를 총인원 대강당에서 열고 무외정사의 초기불교 강의와 질의응답의 시간을 가졌다. 교리강좌에 이어서 총금강회는 실행론 인터넷강좌를 추진하였다(2004.8.18). 실행론 인터넷 강좌는 총금강회가 대전교구에서 임원회의를 가지고 후반기 중점 사업을 정하였다.

포교부는 산내 연수원에서 제1차 신교도 지도자 교육을 실시하였다(2004.10.2). 신교도 지도자 교육은 서울·대구 교구 신교도 지도자 100여 명이 동참하여 종단의 종학과 불교 소양교육 등으로 진행하였다. 총금강회 대전지부는 신교도의 신심 단련과 친목을 위해 신덕심인당 진각문화회관에서 심인산악회를 창립하고 발대식을 가졌다(2006.6.17). 총금강회는 계룡산에서 제1회 전국 합동등반대회를 열고 지부간의 친목과 종단을 홍보하였다(2007.10.27). 총금강회 합동 등반대회를 계기로 전국에서 산발적으로 시행하던 등반행사가 교구별 산악회로 조직되었다.

포항교구는 지역불자의 불교 교양을 높이고 포교활동의 폭을 넓히려는 취지로 포항불교대학을 열고 입학식을 가졌다(2007.3.19). 총금강회 역대 회장과 지부장이 중심이 되어 총금강회 원로회를 발족하였다(2007.4.1). 총금강회 원로회는 친목과 화합을 도모하며 종단발전과 총금강회 후원 등을 위해 힘을 모으기로 하였다. 총금강회는 산하조직으로 금강복지회를 공식 출범하였다(2013.11.30). 금강복지회는 진각문화전승원에서 발대식을 하고 지부조직을 정비하는 등 본격적인 활동을 하기로 하였다.

종단 산하 단체로서 진각차문화협회가 결성되었다. 진각차문화협회는 진각다회의 조직체계를 정비하고 사단법인으로 출범하였다(2007.5.31). 진각차문화협회 승의주 이사장은 밀각심인당 밀각다실에서 진각차문화협희 창립불사를 올리고 동시에 '차생활 예절 지도자 사범교육' 개강식을 하였다(2007.9.15). 진각차문화협회는 강원도 월정사에서 열린 제3차 대한불교차인대회에서 육법공양의식 다례공양을 시연하였다(2010.10.17). 진각차문화협회는 활동을 다방면으로 하면서 제9회 동계사범연수와 제4기 차생활 예절 지도자양성 과정 수료식을 하였다(2012.2.23).

청년회는 자성학교와 더불어 종단의 미래 교화의 주축으로서 부침을 거듭하면서 활동하였다. 전국청년회는 제28회 진각청년 불교지도자 하기수련회를 위덕대에서 개최하고 '참여·화합·회향의 정점에 서자'는 주제로 2박3일간 진행하며 불교지도자로서의 자세와 사명감을 재확인하고 새로운 활동방향을 점검하였다(2001.8.3). 전국청년회는 수련대회를 통하여 청년회활동의 비젼을 공유하고 수련회에 동참한 50인이 '진각청년 50인결사'를 결성하여 청년회 활동의 이정표를 새롭게 하고 결의를 다졌다. 전국청년회 지도위원은 중앙회관에서 제16회 정기모임을 가지고 지도위원 명칭을 '진각을 사랑하는 모임(진사모)'로 변경하고 보다 새로운 활동을 하기로 결의하였다(2003.6.21). 청년회의 비전을 밝히는 역할을 하던 청년회지 '진각청년'의 발행을 중단한 전국청년회는 이사회를 열고 제73회 '진각청년'으로 속간하고 편집 전문위원회 주관으로 분기별 25일자로 발행하기로 하였다(2004.8.28). 전국청년회는 각성심인당에서 '참회와 서원을 새롭게 하는 전국청년회'를 주제로 철야정진법회를 가졌다(2007.1.20). 종단 집행부간의 갈등으로 종단이 분열의 위기가 슬기롭게 해결되기를 서원하며 실시한 철야법회는 매시간 발원문을 낭독하며 7시간 동안 한마음으로 지역청년회 전국청년회 종단발전을 서원하였다. 철야정진을 회향하고 위덕대에서 제31대 전국청년회 첫 이사회를 열고 '제2의 창립을 준비하는 청년회'를 활동지침으로 정하였다(2007.1.27). 청년회 이사회는 진청 30년사 편집위원 발족, 강원도 전라도 청년회 창립 등을 논의하였다. 전국청년회 활동은 종단의 갈등상황으로 공식 활동이 중지되었다.

종립 유치원의 설립이 늘어나고 운영방안이 다양하여 유치원의 효율적인 관리를 위해 운영관리 위원회를 구성하였다(2005.7.29). 유치원 운영관리위원회는 총무부장 수성이 당연직 위원장을 맡고 증광·경일·관천·덕운을 위원으로 선임하였다. 진각복지재단이 산하 유아원을 수탁하면서 유치원 어린이집 교사연수는 중요성이 인정되어 제20기 교사연수를 총인원과 평창에서 개최하는(2001.7.23) 등 지속적으로 다양하게 열었다. 종단은 장엄심인당 유치원을 신축하고 헌공불사를 하였다(2004.12.20). 대전 장애아 전담 용문어린이집 개원불사가 대전교구 스승과 신교도가 동참하여 열렸다(2004.8.24). 전라도 군산 보덕심인당 내에 보덕어린이집을 개설하고 신축 헌공불사를 하였다(2004.11.18). 보덕어린이집은 교육시설이 협소하여 증축하고 헌공하였다(2015.9.21). 울릉도에 진각복지재단이 울릉군립 꿈나무어린이집을 수탁하고 개원식을 올렸다(2006.8.2). 정지심인당 부설 유치원을 신축하기로 하여 신축 지진불사를 올리고(2006.11.21) 61년 신학기에 개원하기로 하였다.

종단은 산하 유치원이 상당수에 이르러서 유치원의 원활한 운영을 위해 진각종유치원연합회 구성을 결의하고 진각종유치원연합회를 결성하였다(2013.12.19). 진각유치원연합회는 제2차 회의를 열어서 증광·법정·보리수·관명·선덕을 이사로 선출하고 법정을 초대회장에 선출하였다. 또한 통리원과 유기적 협의체계를 위해서 덕정을 일반이사로 선출하였다. 진각유치원연합회는 유치원간 운영의 정보를 공유하고 자성학교 교화와 연계하는 방안을 모색하기로 하였다.

종단은 위덕대학교를 설립한 후 종립대학으로서 발전 방안을 모색하였다. 원의회는 대구 교구청에서 회의를 열어 위덕대학교 불교회관 건립을 위해 건평 1천여평의 총공사비 30억내에 지원하고 건축하기로 결의하였다(2001.8.30). 불교회관은 대학심인당과 불교학부의 강의실 종단관련 시설을 마련하여 종립대학교의 위상을 높이려는 목적으로 추진하였으나 중단되었다. 불교회관 건립 중단으로 대학교 심인실을 대학심인당으로 개설하고 구(舊) 원선심인당 명칭을 사용하였다. 대학심인당인 원선심인당 주교는 대학 정교실장인 덕일을 임명하고 상석심인당 주교는 이행정을 임명하였다(2005.3.30).

위덕대학교는 교수들이 중심으로 회당학원 50년사를 출판하여 대강당에서 출판기념식을 하였다(2001.5.29). 회당학원 50년사는 회당학원

교육사의 시작을 종조 회당대종사가 신교도들에게 한글을 깨우치게 하기 위하여 건립한 건국고등공민학교(1949.8.8)에 시원을 두고, 그 후 대구 심인중고, 서울 진선여중고 설립에 이어 위덕대학교 개교로써 1차 완성되었다고 기술하였다. 회당학원 50년사 출판기념식은 종단간부와 회당학원 임원을 비롯하여 스승과 신교도, 대학 교직원과 학생 및 경주시장 등 지역인사가 동참하여 성황을 이루었다. 위덕대학교는 인문사회관 금강관 URIS관(2004.3.28) 실내체육관 등을 신축하며 지역명문으로 발전하며 개교20주년을 맞아서 기념식을 개최하였다(2016.10.27).

덕일정사가 진선여중 교장에 취임하여 스승으로서 처음 종립학교 교장을 맡았다(2006.3.3). 종단 교직자의 신분으로 종립학교 교장을 역임한 덕일은 진선여중의 교육과 종립성 확립에 큰 업적을 남기고 퇴임하였다(2010.8.26). 진선여중고는 교내 회당기념관 전시실을 개관하여 종조 회당대종사 관련 유물을 전시하였다(2009.5.18). 교육원은 정부의 교육과정 개편에 맞추어서 종립중고등학교 종교교과서를 재발간하였다(2009.3.16). 종교교과서 재발간을 위해 교육원장 경정이 위원장을 맡고 집필위원회를 구성하여 전공별로 단원을 나누어 중고등 학생이 쉽고 친밀하게 읽을 수 있는 내용으로 집필하였다. 새로 발간한 종교 교과서는 심학 교과서 진각교본(1979.3.10)에서 시작하여 1996년 초판된 고등학교 종교교과서로는 14년 만에 개편하였고, 2000년 교육과정개편에 따른 중학교 종교교과서는 10년 만에 개편하였다. 종립학교 정교의 연수는 정교의 역량강화와 교육정보 교환을 위해 중단 없이 진행하여 종교 교과서 개편에 따라 하계연수회를 열었다(2009.8.12). 정교 연수는 개편한 교과서의 단위별 수업내용과 활용자료에 대한 발표와 토론으로 진행하였다.

교육원은 그 동안 실시한 교육내용을 인정받아서 서울시교육청의

특수 분야 직무연수기관으로 지정·승인받았다(2015.3.1). 특수분야 직무
연수기관은 서울시교육청이 서울시교육연수원에서 직접 운영할 수 없는
특수 분야에 대해 일정 요건을 갖춘 비영리기관을 매년 지정해 교원직무
학점을 부여하는 제도이었다. 교육원은 유치원 중등교원 직무연수기관으
로 지정 승인받아서 한국밀교의 이해와 마음수행 기초과정 직무연수를
시행하기로 하고 첫 연수교육을 유치원과 중등으로 나누어서 실시하였다
(2015.7.17-31).

한국 현대밀교사 필진

경정(김무생) 철학박사 대한불교진각종 정사
김경집 철학박사 진각대 교수

한국밀교문화총서 19
한국 현대밀교사

1판 1쇄 | 2020년 3월 13일
펴낸이 | 대한불교진각종 한국밀교문화총람사업단
지은이 | 경정(김무생) 김경집
펴낸곳 | 도서출판 진각종 해인행
　　　　출판신고번호 제 307-2001-000026호
　　　　서울특별시 성북구 화랑로13길 17
　　　　대표전화 02-913-0751

Copyright ⓒ 대한불교진각종 한국밀교문화총람사업단

ISBN 978-89-89228-66-0 94220
ISBN 978-89-89228-39-4 (세트)

값 12,000